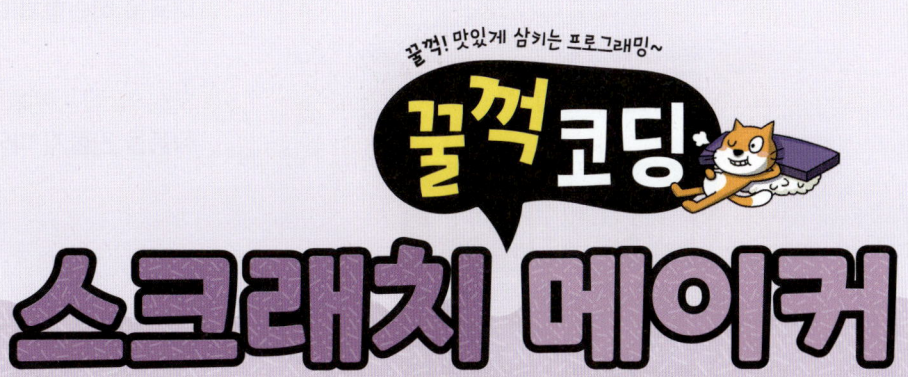

초판 발행일 | 2025년 11월 30일

지은이 | 창의코딩연구소
발행인 | 최용섭
책임편집 | 이준우
기획진행 | 송지효

㈜해람북스
주소 | 서울시 용산구 한남대로 11길 12, 6층
문의전화 | 02-6337-5419 **팩스** | 02-6337-5429
홈페이지 | https://class.edupartner.co.kr

발행처 | (주)미래엔에듀파트너
출판등록번호 | 제2020-000101호

ISBN 979-11-6571-246-4 13000

이 책은 저작권법에 따라 보호받는 저작물이므로 무단전재와 무단복제를 금지하며,
이 책 내용의 전부 또는 일부를 이용하려면 반드시 저작권자와 (주)미래엔에듀파트너의 서면동의를 받아야 합니다.

※ 잘못된 책은 바꾸어 드립니다.
※ 책 가격은 뒷면에 있습니다.

이 책의 구성

학습목표 : 단원별로 학습할 내용을 요약 정리하여 어떤 내용을 학습할지 미리 확인할 수 있도록 했어요.

오늘의 작품은? : 해당 단원에서 코딩을 통해 어떠한 작품을 만들지 파악할 수 있도록 했어요.

주요 블록 : 해당 단원에서 사용할 주요 블록들을 블록 이미지로 확인할 수 있도록 했어요.

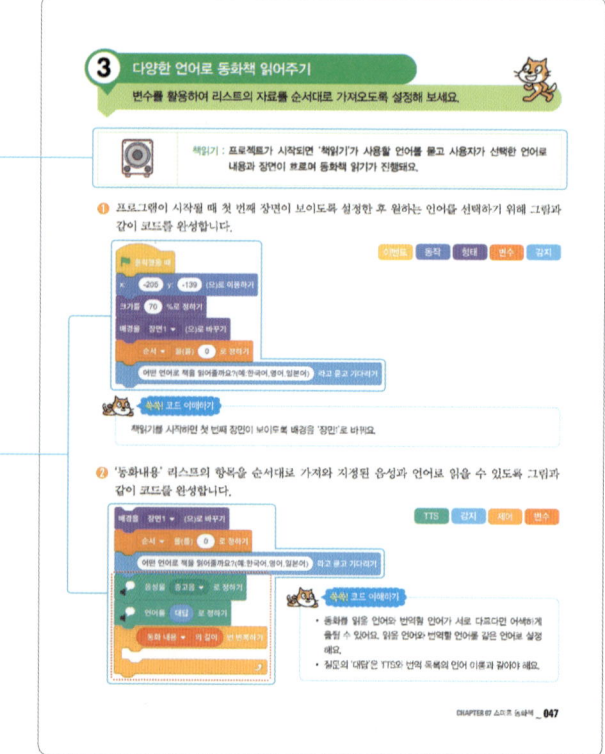

스프라이트 : 코드를 작성할 스프라이트의 이미지와 어떤 명령의 코드를 작성할지 확인할 수 있도록 했어요.

작성할 코드를 이미지로 보여주어 쉽게 따라할 수 있도록 했어요.

CONTENTS

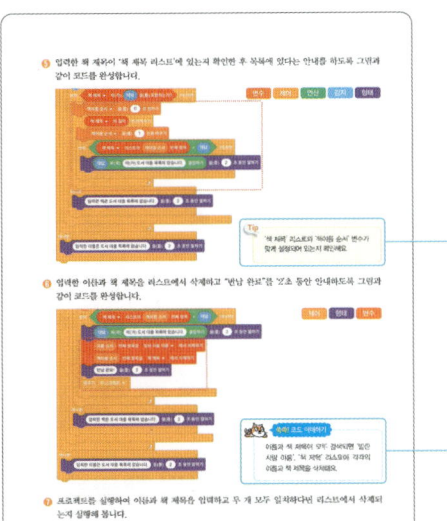

tip : 코드를 작성하며 알아두어야 할 내용이나 관련 정보, 주의할 점 등을 확인할 수 있어요.

쏙쏙! 코드 이해하기 : 작성한 코드가 어떠한 명령을 실행하기 위한 코드인지 알기 쉽게 설명해 두었어요.

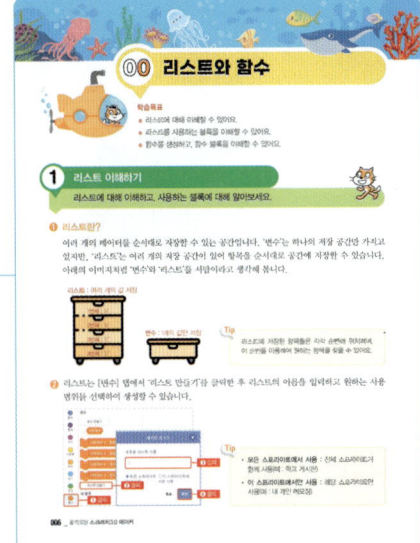

리스트, 함수 등 코드 작성 시 꼭 알아두어야 할 개념을 예시를 통해 알기 쉽게 설명해 두었어요.

스스로 코딩 : 학습한 내용을 활용하여 스스로 작품을 만들어 보며 학습 내용을 완벽히 습득하도록 했어요.

코드를 작성할 스프라이트를 이미지로 제공하고 미션을 해결하기 위한 조건들을 확인할 수 있도록 했어요.

이 책의 차례

01 가고 싶은 여행지

010

02 동화책을 읽고

016

03 놀이기구는 어디에?

021

07 스마트 동화책

044

08 뒤죽박죽 옷장

050

09 생일파티 랜덤음식

056

13 랜덤 악기 연주

087

14 바닷속 청소부

095

15 교통 신호 게임

105

19 춤 동작 기억 챌린지

137

20 해적선을 물리쳐라!

146

21 이메일 아이디 만들기

158

CONTENTS

04 게임 아이템을 정리해요	05 학교 행사 일정표	06 도서 반납 확인하기
 026	 033	 038
10 장기자랑 발표 순서	11 랜덤 수학 문제	12 공연 준비물 찾기 게임
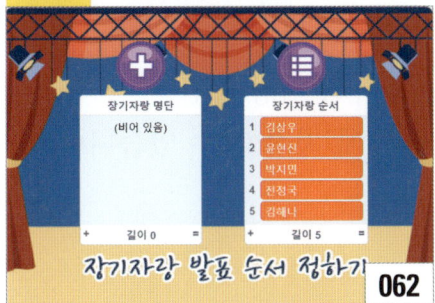 062	 068	 076
16 장난감 정리 게임	17 정글 탐험가	18 성벽을 지켜라!
 113	 122	 129
22 로그인 설정하기	23 과학 퀴즈 대회 순위	24 키 순서 정렬하기
 166	 175	 183

00 리스트와 함수

학습목표
- 리스트에 대해 이해할 수 있어요.
- 리스트를 사용하는 블록을 이해할 수 있어요.
- 함수를 생성하고, 함수 블록을 이해할 수 있어요.

1 리스트 이해하기

리스트에 대해 이해하고, 사용하는 블록에 대해 알아보세요.

❶ 리스트란?

여러 개의 데이터를 순서대로 저장할 수 있는 공간입니다. '변수'는 하나의 저장 공간만 가지고 있지만, '리스트'는 여러 개의 저장 공간이 있어 항목을 순서대로 공간에 저장할 수 있습니다. 아래의 이미지처럼 '변수'와 '리스트'를 서랍이라고 생각해 봅니다.

> **Tip**
> 리스트에 저장된 항목들은 각각 순번에 위치하며, 이 순번을 이용하여 원하는 항목을 찾을 수 있어요.

❷ 리스트는 [변수] 탭에서 '리스트 만들기'를 클릭한 후 리스트의 이름을 입력하고 원하는 사용 범위를 선택하여 생성할 수 있습니다.

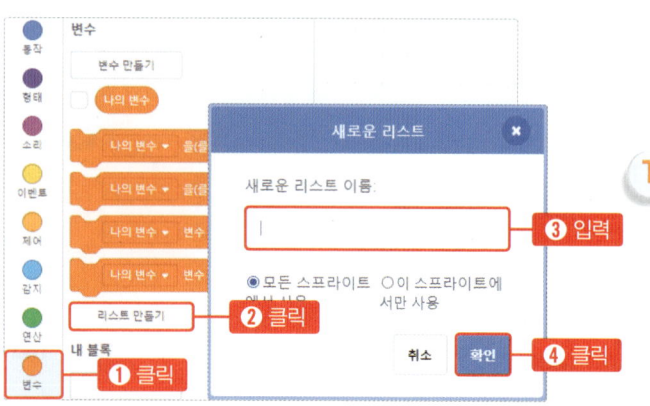

> **Tip**
> - 모든 스프라이트에서 사용 : 전체 스프라이트가 함께 사용(예 : 학교 게시판)
> - 이 스프라이트에서만 사용 : 해당 스프라이트만 사용(예 : 내 개인 메모장)

❸ 리스트의 명령 블록을 확인하고, 활용 방법을 이해해 봅니다.

블록	설명
10 을(를) TEST ▼ 에 추가하기	'10'이라는 자료를 'TEST'라는 리스트에 순서대로 추가합니다.
1 번째 항목을 TEST ▼ 에서 삭제하기	'1'번째 위치에 있는 항목(자료)을 'TEST'라는 리스트에서 삭제합니다.
10 을(를) TEST ▼ 리스트의 1 번째에 넣기	'10'을 'TEST' 리스트의 '1'번째 위치에 추가합니다. 원래 '1'번째 위치의 항목(자료)과 함께 모든 순번에 위치한 항목(자료)들의 순번이 밀려납니다.
TEST ▼ 리스트의 1 번째 항목을 10 으로 바꾸기	'TEST' 리스트의 '1'번째 위치의 항목(자료)를 '10'으로 변경합니다. 해당 위치의 항목(자료)만 바꾸고 다른 순번의 항목들은 밀려나지 않습니다.
TEST ▼ 의 길이	'TEST' 리스트에 항목(자료)이 몇 개 있는지 알 수 있습니다.
TEST ▼ 이(가) 10 을(를) 포함하는가?	'TEST' 리스트의 항목 중에 '10'이 포함되어 있는지 확인합니다. 해당 항목의 위치는 알 수 없습니다.

> **Tip**
> - **항목** : 리스트의 각 순번에 있는 내용(자료)를 의미해요. 예를 들어, 리스트에 '사과'가 입력되어 있으면 '사과'가 항목인 것이에요.
> - **'○'번째에 넣기** : 항목(자료)을 리스트에서 지정한 순번에 추가해요.
> - **바꾸기** : 해당 순번에 있는 항목(자료)을 새로운 항목(자료)으로 바꿔요.

❹ **리스트와 변수 함께 활용하기**

리스트에서 필요한 항목을 가져오려면 해당 항목이 리스트의 몇 번째 위치에 저장되었는지 알아야 합니다. 이 때, 변수를 활용하여 항목(자료)이 리스트의 어느 위치에 있는지 찾을 수 있습니다.

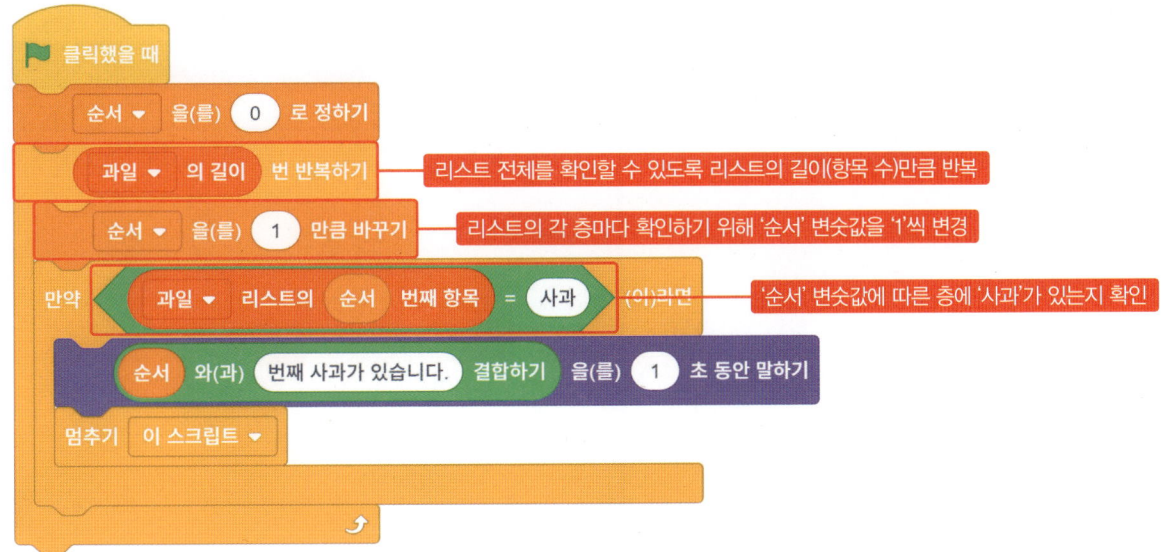

2 함수 이해하기

함수 설정 방법에 대해 이해하고, 함수 사용 방법에 대해 알아 보세요.

❶ 함수란?

특정 작업을 수행하는 여러 개의 블록들을 하나로 묶어 놓은 블록입니다. 같은 코드를 반복해 사용해야 할 때, 함수를 호출하면 설정한 블록들이 실행됩니다. '함수'는 신호와 달리 값을 함께 보낼 수 있어서, 스프라이트마다 다른 값을 넣어 실행할 수 있는 장점이 있습니다.

Tip
- 배달기사(함수): 음식 주문을 받으면 입력받은 메뉴에 따라 배달해요.
- 음식 주문(함수 호출하기): '음식'을 주문하면 배달기사가 해당 음식을 배달하도록 해요.
- 치킨/피자(입력값): 배달기사가 배달할 메뉴를 입력해요.

❷ 함수는 [내 블록] 탭에서 생성할 수 있으며 '블록 이름'에 호출 시 사용할 함수명을 입력합니다.

❸ 함수를 정의하는데 필요한 입력값(매개변수) 및 옵션을 선택합니다.

입력값 / 옵션	설명
입력값 추가하기(숫자/문자)	숫자나 문자를 전달할 수 있습니다.
입력값 추가하기(논리값)	참/거짓의 두 가지 논리값을 입력할 수 있습니다.
라벨 넣기	입력값 설명 상자로 블록 안에 글자를 입력합니다.
☐ 화면 새로고침 없이 실행하기	실행되는 과정이 애니메이션처럼 단계별로 보이게 됩니다.
☑ 화면 새로고침 없이 실행하기	속도는 빠르지만 중간 과정 없이 최종 완성된 모습만 보이게 됩니다.

❹ 주문 음식과 시간에 따라 음식 배달을 하는 함수를 확인해 봅니다.

▲ 호출 받아 음식을 배달하는 함수 블록

▲ 주문 음식과 배달 시간을 넘겨주는 함수 호출 블록

01 가고 싶은 여행지

학습목표
- 리스트를 생성할 수 있어요.
- 대답으로 입력한 자료를 리스트에 기록할 수 있어요.

오늘의 작품은?

여행 브이로그를 보니 어른이 되면 여행을 떠나고 싶어요. 어디로 떠나면 좋을지 생각해봐요. 그동안 궁금했던 여행지나 가고 싶던 여행지를 미리 적는다면 어떨까요? 가고 싶은 여행지 리스트를 만들어 봐요.

• 예제 파일 : 01강 여행지 리스트(예제).sb3   • 완성 파일 : 01강 여행지 리스트(완성).sb3

주요 블록

너 이름이 뭐니? 라고 묻고 기다리기   대답

항목 을(를) 가고 싶은 여행지 ▼ 에 추가하기   가고 싶은 여행지 ▼ 리스트 보이기

010 _ 꿀꺽코딩 스크래치3.0 메이커

1 리스트 생성하기

리스트를 만들고 스테이지에 설정해 보세요.

① '01강 여행지 리스트(예제).sb3' 파일을 불러온 후 [변수] 탭-[리스트 만들기]를 클릭하여 새로운 리스트 이름('가고 싶은 여행지')를 입력하고, '모든 스프라이트에서 사용'을 선택한 후 [확인]을 클릭합니다.

Tip
전체 스프라이트에서 사용할 수 있도록 '모든 스프라이트에서 사용'을 선택해요.

② 스테이지에서 리스트를 드래그하여 위치와 크기를 조절합니다.

2 대답으로 항목 추가하기

리스트에 사용자가 입력한 대답을 항목으로 추가해 보세요.

 **추가 버튼** : '추가 버튼'을 눌러 가고 싶은 여행지를 입력하면 리스트에 기록돼요.

❶ 프로젝트를 시작한 후 가고 싶은 여행지의 내용을 확인할 수 있도록 [변수] 탭에서 리스트('가고 싶은 여행지')를 체크 해제하여 스테이지에서 숨깁니다.

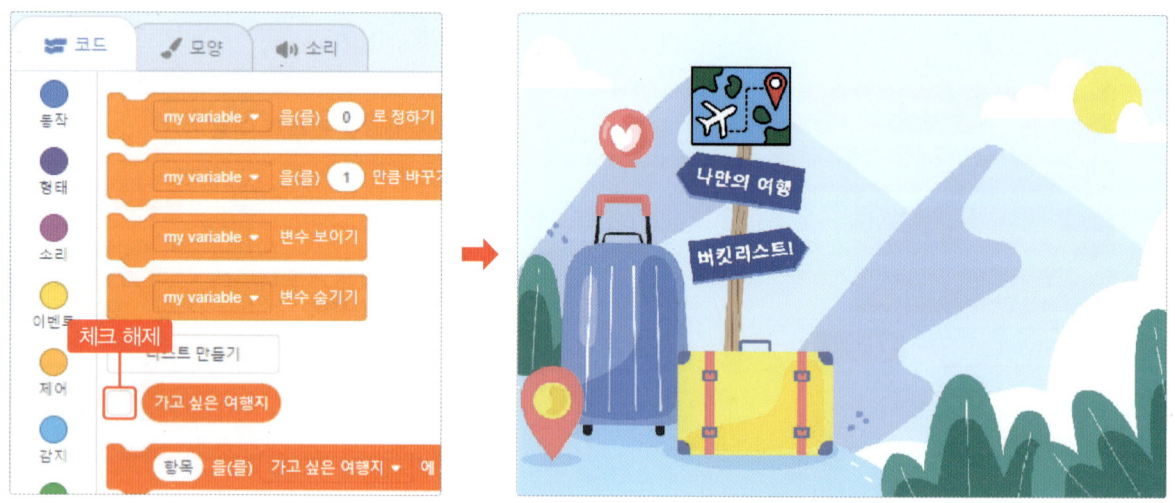

Tip

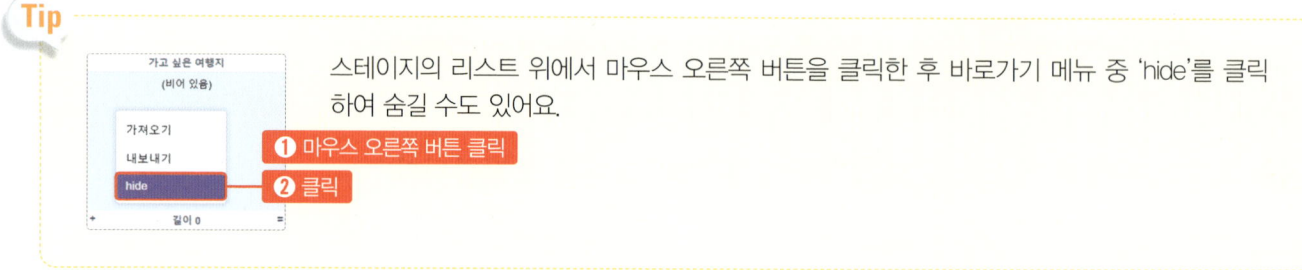

스테이지의 리스트 위에서 마우스 오른쪽 버튼을 클릭한 후 바로가기 메뉴 중 'hide'를 클릭하여 숨길 수도 있어요.

❶ 마우스 오른쪽 버튼 클릭
❷ 클릭

❷ 프로젝트가 시작되면 '가고 싶은 여행지' 리스트가 스테이지에 보이도록 그림과 같이 코드를 완성합니다.

이벤트 동작 형태 변수

❸ '추가 버튼'을 클릭하면 사용자에게 "가고 싶은 여행지를 입력하세요."라고 질문할 수 있도록 그림과 같이 코드를 완성합니다.

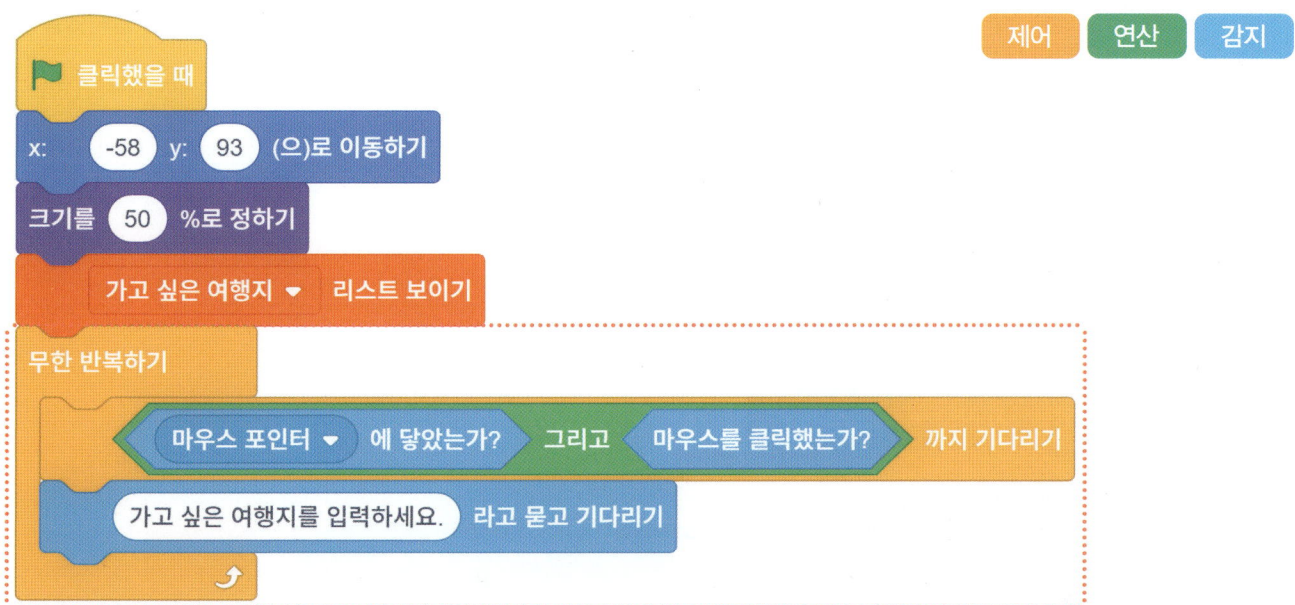

❹ 사용자의 '대답'을 '가고 싶은 여행지' 리스트에 추가하도록 그림과 같이 코드를 완성합니다.

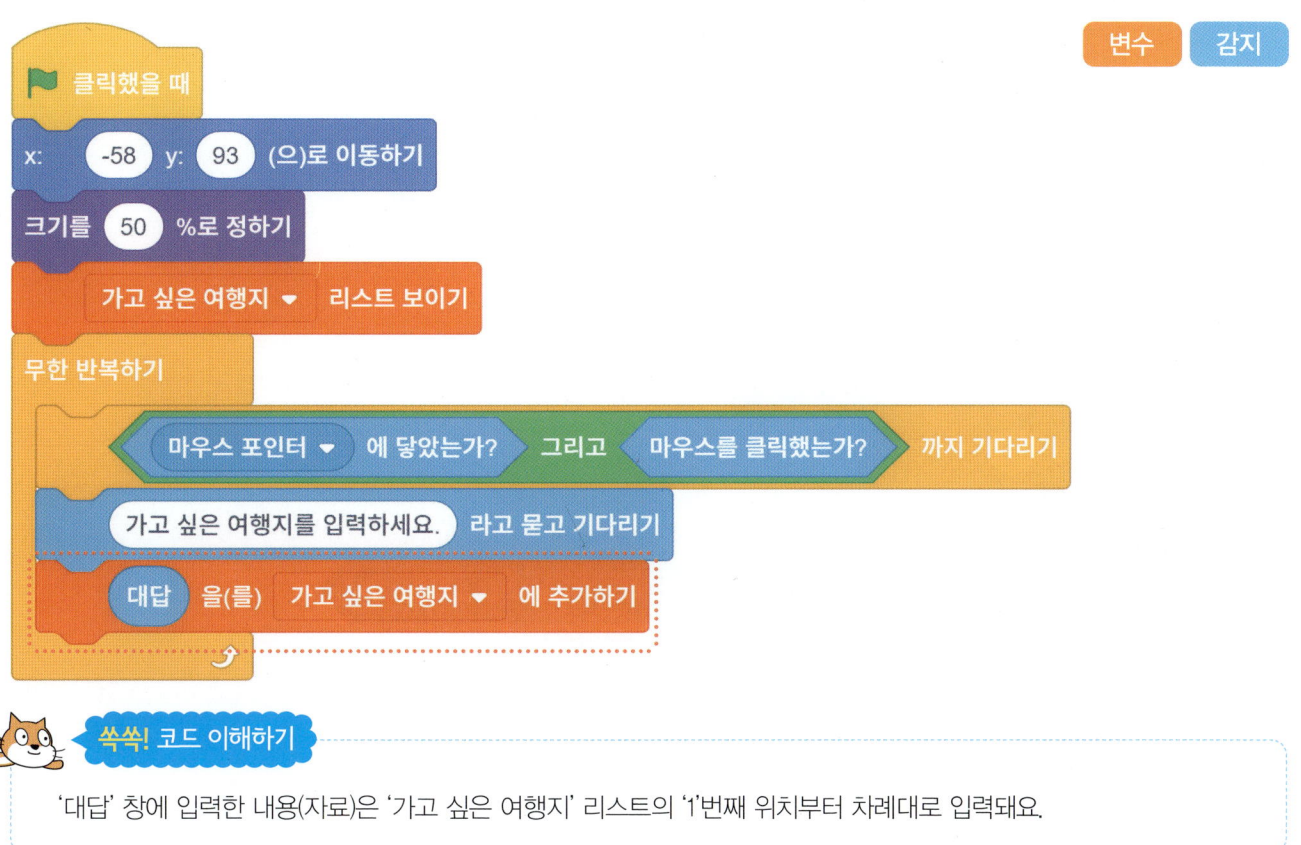

쏙쏙! 코드 이해하기

'대답' 창에 입력한 내용(자료)은 '가고 싶은 여행지' 리스트의 '1'번째 위치부터 차례대로 입력돼요.

❺ 프로젝트를 실행한 후 '가고 싶은 여행지' 이름을 입력하여 리스트에 기록해 봅니다.

> **Tip**
>
> **스프라이트를 클릭하여 항목을 입력하는 방법에 대해 알아보기**
>
> ❶ '01강 클릭 입력 방법(예제)' 파일을 열고 스프라이트 목록에서 '지구본'을 선택한 후 '지구본'을 클릭했을 때만 '리스트'의 내용이 보이도록 그림과 같이 코드를 완성해 봐요.

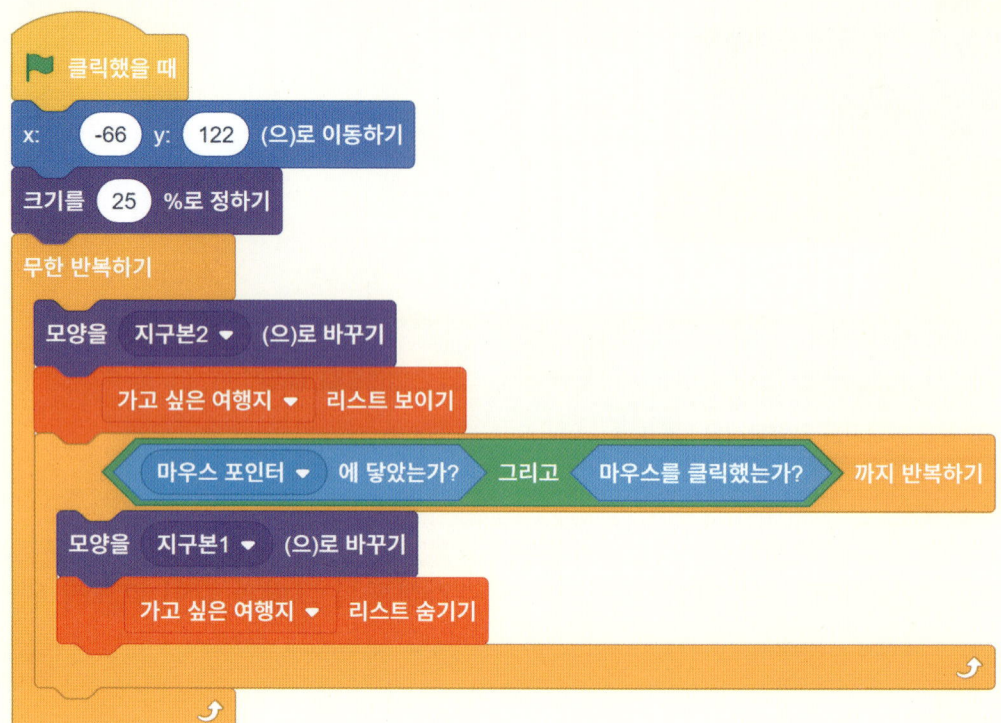

> ❷ 스프라이트 목록에서 '제주도'를 선택한 후 '제주도'를 클릭하면 '가고 싶은 여행지' 리스트에 '제주도'가 입력되도록 그림과 같이 코드를 완성해 봐요.

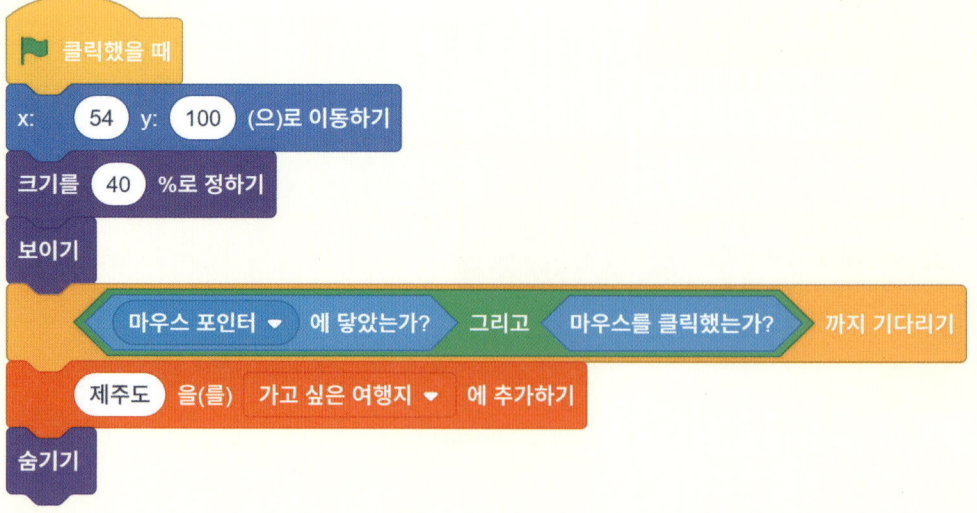

> ❸ '파리', '뉴욕', '싱가포르', '발리' 모두 '제주도'와 동일한 코드를 추가한 후 리스트에 추가할 항목의 이름을 해당 여행지로 변경해요.
>
> ❹ 코드가 완성되면 프로젝트를 실행하여 가고 싶은 여행지를 클릭해 리스트에 추가해요.

01 스스로 코딩

• 예제 파일 : 01강 읽고 싶은 책(예제).sb3   • 완성 파일 : 01강 읽고 싶은 책(완성).sb3

미션 1 예제 파일을 불러와 책 이름을 클릭하면 리스트에 추가하도록 코딩해 보세요.

 책 이름
① '읽고 싶은 책' 리스트를 만들어요.
② '읽고 싶은 책' 리스트가 스테이지에 보이지 않도록 숨겨요.
③ 스테이지에 있는 책 이름을 클릭하면 리스트에 기록돼요.

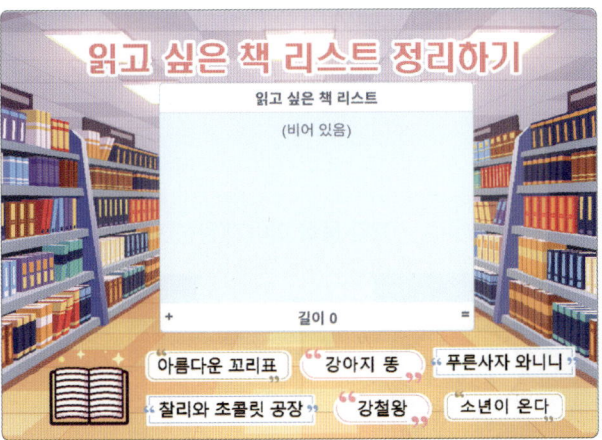
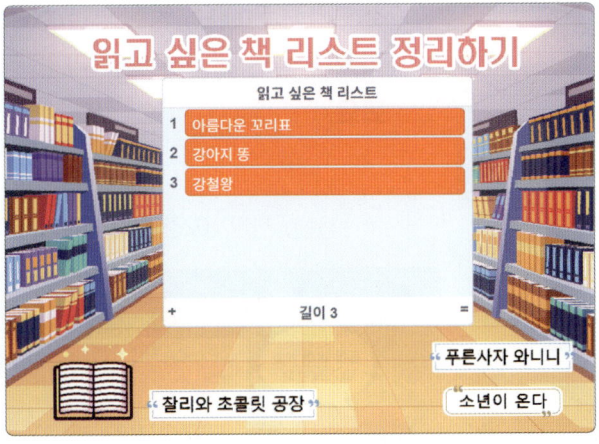

미션 2 '책 선택'을 클릭하여 직접 추가할 수 있도록 코딩해 보세요.

 책 선택
① '책 선택'을 클릭하면 사용자에게 질문("읽고 싶은 책 이름을 입력하세요.")을 해요.
② 사용자가 입력한 대답이 '읽고 싶은 책' 리스트에 추가돼요.

02 동화책을 읽고

학습목표
- 리스트의 항목을 불러올 수 있어요.
- 리스트의 특정 위치에 항목을 추가할 수 있어요.

도서관에서 빌린 동화책의 줄거리를 정리하는데 옆에서 지켜보던 동생이 "내용이 이상해~"라고 말해요. 동화책과 정리한 줄거리를 비교해보았어요. "아하! 동생이 볏단을 가져다 놓는 내용이 빠졌구나!" 중간에 빠진 내용을 추가하여 동화책 줄거리를 완성해봐요.

• 예제 파일 : 02강 동화 이야기(예제).sb3　　• 완성 파일 : 02강 동화 이야기(완성).sb3

주요 블록

 대답　 순서　 항목 을(를) 동화책 줄거리 ▼ 리스트의 1 번째에 넣기

1 리스트에 항목 가져오기

리스트를 만들고 '가져오기'를 이용하여 항목을 추가해 보세요.

❶ '02강 동화 이야기(예제).sb3' 파일을 불러온 후 [변수] 탭에서 '순서' 변수와 '동화책 줄거리' 리스트를 생성합니다. '순서' 변수는 체크 해제하여 스테이지에서 숨기고 '동화책 줄거리' 리스트는 그림과 같이 위치합니다.

Tip '순서' 변수와 '동화책 줄거리' 리스트를 만들 때, '모든 스프라이트에서 사용'을 선택해요.

❷ 스테이지의 '동화책 줄거리' 리스트에서 마우스 오른쪽 버튼을 클릭하여 [가져오기]를 선택합니다. '열기' 창이 열리면 [02강 예제] 폴더에 있는 '02강 동화책 줄거리.txt' 파일을 선택하여 [열기]를 클릭합니다.

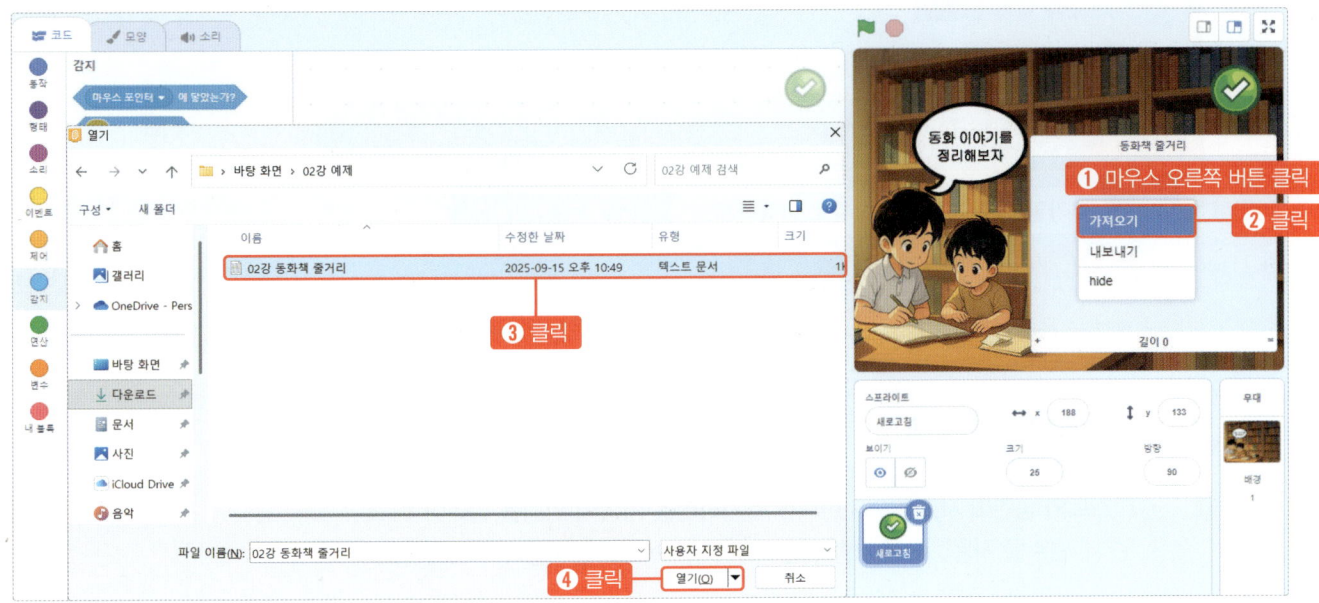

2 리스트에 추가하기

동화책 줄거리의 빠진 내용을 '새로고침'을 눌러 추가할 수 있도록 설정해 보세요.

 새로고침 : '새로고침'을 클릭하면 리스트에 자료를 추가할 수 있어요.

❶ '새로고침'을 클릭하면 사용자에게 질문("추가할 내용의 위치를 숫자로 입력하세요.")할 수 있도록 그림과 같이 코드를 완성합니다.

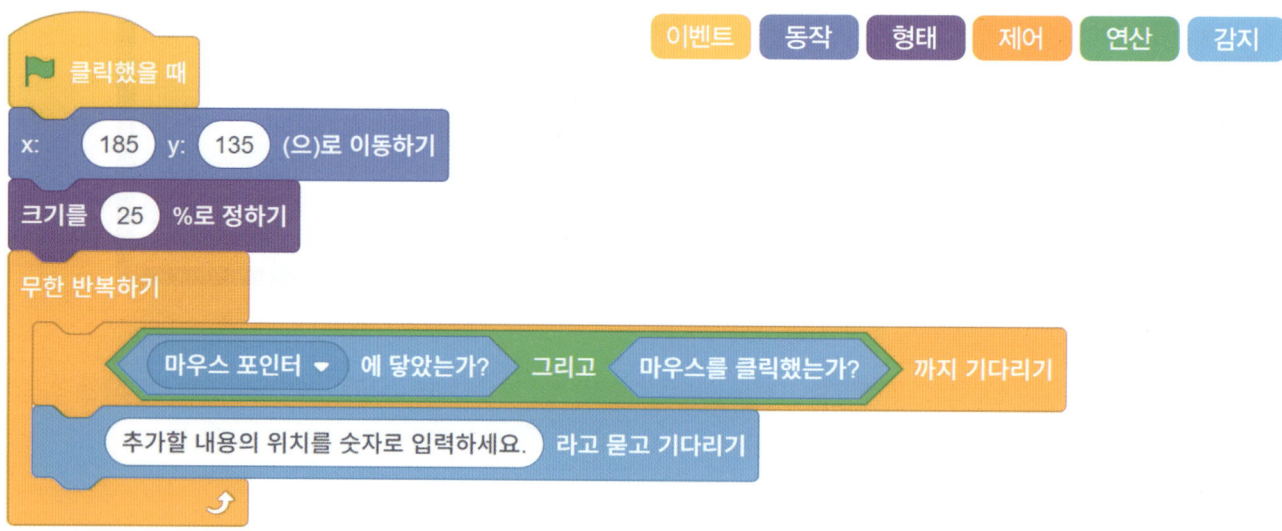

❷ 입력한 값을 '순서' 변수에 기록할 수 있도록 그림과 같이 코드를 완성합니다.

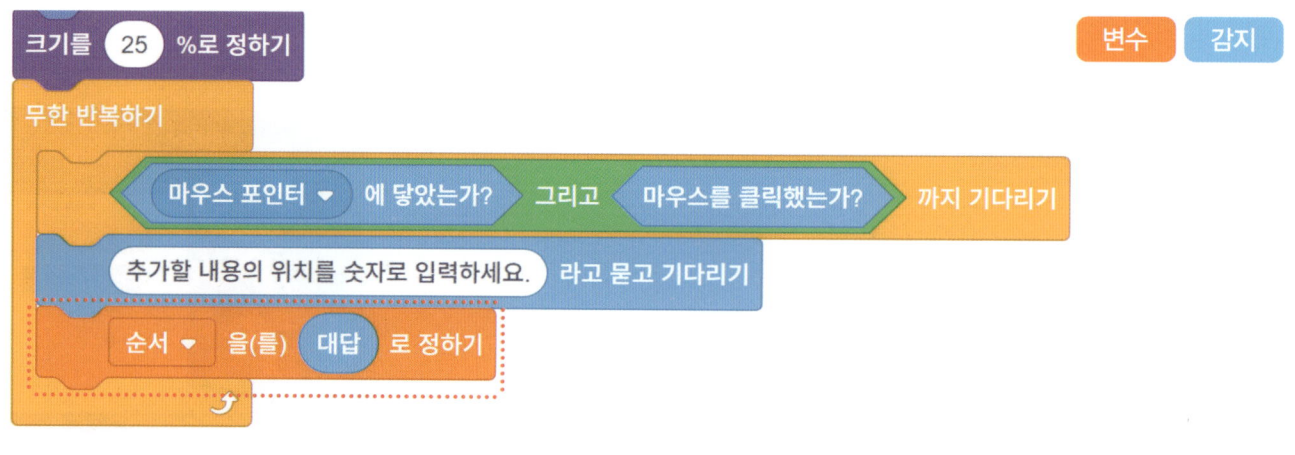

쏙쏙! 코드 이해하기

- 리스트의 중간에 자료를 추가하려면 추가하려는 항목의 위치를 알아야 해요.
- '순서' 변수를 사용하여 추가할 내용의 위치를 숫자로 입력받아 기록해둬요.

❸ 이어서 사용자에게 "추가하고 싶은 동화책 줄거리 내용을 입력하세요."라고 질문한 후 대답을 리스트에 추가할 수 있도록 그림과 같이 코드를 완성합니다.

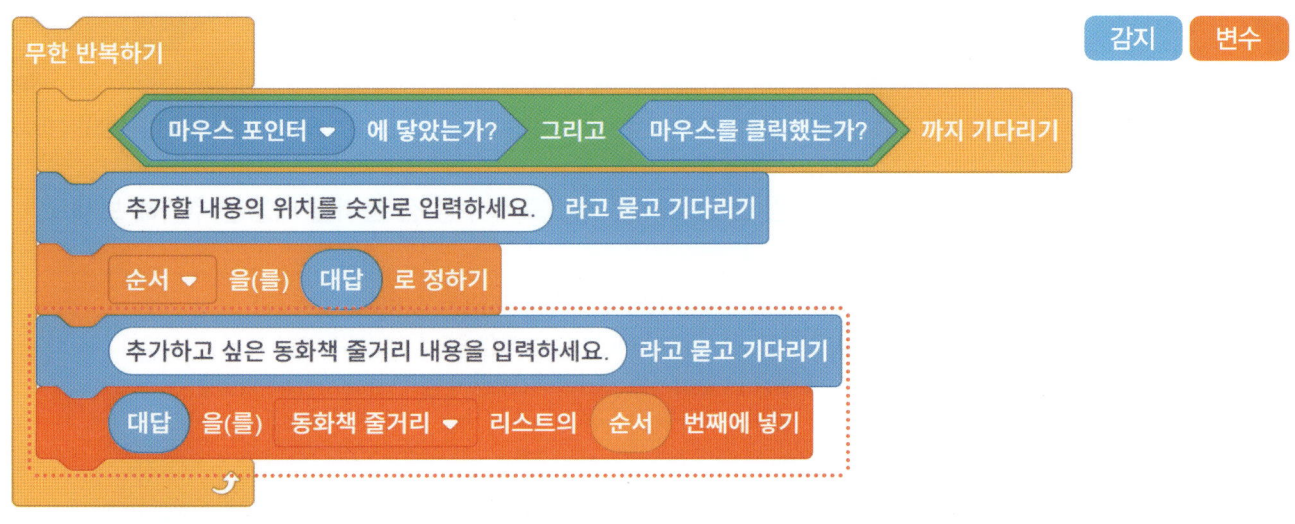

 코드 이해하기

추가할 내용의 위치는 '순서' 변수에 기록해두었기 때문에 추가할 내용을 리스트의 '순서' 변숫값 번째에 추가하도록 해요.

❹ 입력이 끝나면 '1'초 동안 '입력 완료' 메시지가 나타나도록 그림과 같이 코드를 완성합니다.

❺ 프로젝트를 실행한 후 '새로고침'을 클릭하여 리스트의 '6'번째 위치에 "동생도 밤에 자기 볏가리를 덜어 형 논에 보냈어요."를 추가해 봅니다.

02 스스로 코딩

• 예제 파일 : 02강 수영 전 준비사항(예제).sb3   • 완성 파일 : 02강 수영 전 준비사항(완성).sb3

미션 1 예제 파일을 불러와 '수영 전 준비사항' 리스트에 수영 전 준비할 내용을 추가해 보세요.

 추가
① '순서' 변수를 생성하고, 스테이지에서 숨겨요.
② '수영 전 준비사항' 리스트를 생성해요.
③ '수영 전 준비사항' 리스트에 '02강 수영 전 준비사항.txt' 파일을 가져와요.

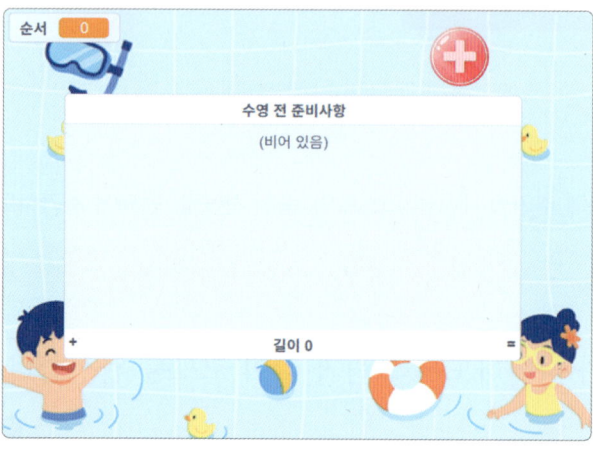
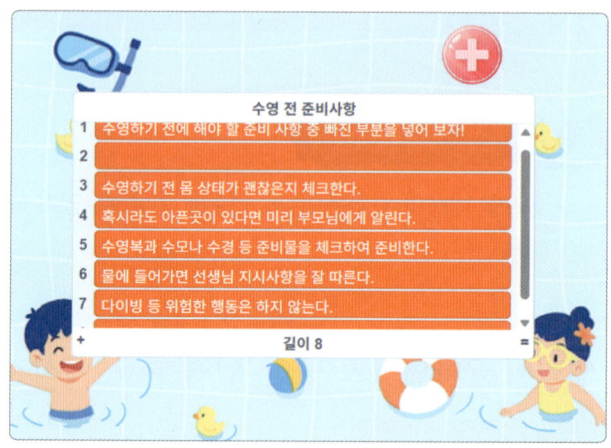

| 힌트 | '순서' 변수와 '수영 전 준비사항' 리스트는 '모든 스프라이트에서 사용'으로 선택해요.

미션 2 '추가'를 클릭하고 리스트의 원하는 위치에 내용을 추가할 수 있도록 코딩해 보세요.

 추가
① '추가'를 클릭하면 리스트에서 추가할 위치를 물어봐요.
② 대답한 위치를 '순서' 변숫값에 저장해요.
③ 리스트에 추가할 내용을 물어봐요.
④ 내용을 대답하고 해당 내용이 리스트의 '순서' 번째에 추가되었는지 확인해요.

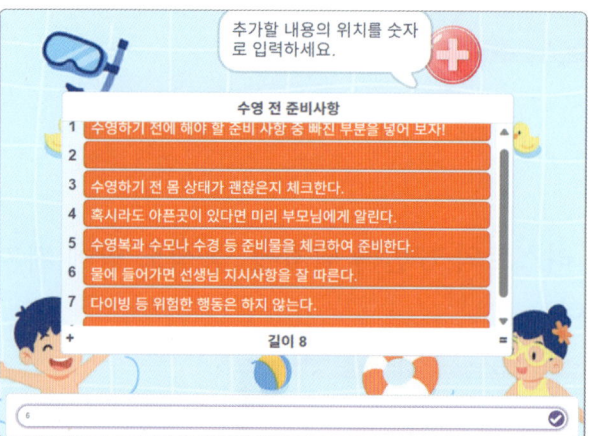
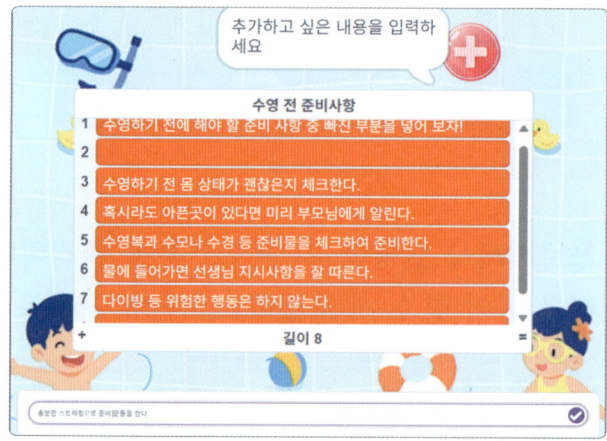

| 힌트 | 빠진 내용은 '02강 수영 전 준비사항(정답).txt' 파일의 내용과 비교하여 찾아보세요.

03 놀이기구는 어디에?

학습목표
- 놀이기구 이름을 리스트에 추가할 수 있어요.
- 리스트 항목 중에 타고 싶은 놀이기구가 있는지 검색할 수 있어요.
- 검색한 놀이기구가 어디에 있는지 말할 수 있어요.

놀이공원으로 소풍을 왔어요. 커다란 놀이공원을 시간 안에 구경하려면 검색부터 해야겠죠? 바이킹, 회전목마, 롤러코스터까지 좋아하는 놀이기구가 있는지 검색해 봐야겠어요. 타고 싶은 놀이기구가 놀이공원에 있다면 어디에 있는지까지 알려주는 검색대가 필요해요.

• 예제 파일 : 03강 놀이기구 찾기(예제).sb3   • 완성 파일 : 03강 놀이기구 찾기(완성).sb3

주요 블록

`가위 와(과) 나무 결합하기`   `놀이기구 종류 ▼ 리스트의 1 번째 항목`   `놀이기구 종류 이(가) 가 을(를) 포함하는가?`

1 리스트 생성하기

놀이기구를 검색할 수 있도록 리스트를 만들어 보세요.

❶ '03강 놀이기구 찾기(예제).sb3' 파일을 실행하고, [변수] 탭에서 '순서' 변수와 '놀이기구 종류' 리스트를 생성한 후 '순서' 변수를 체크 해제하여 스테이지에서 숨기고 '놀이기구 종류' 리스트는 그림과 같이 위치합니다.

❷ 스테이지의 '놀이기구 종류' 리스트에서 마우스 오른쪽 버튼을 클릭하여 [가져오기]를 선택하고 [03강 예제] 폴더에 있는 '03강 놀이기구 이름.txt' 파일을 선택하여 [열기]를 클릭합니다.

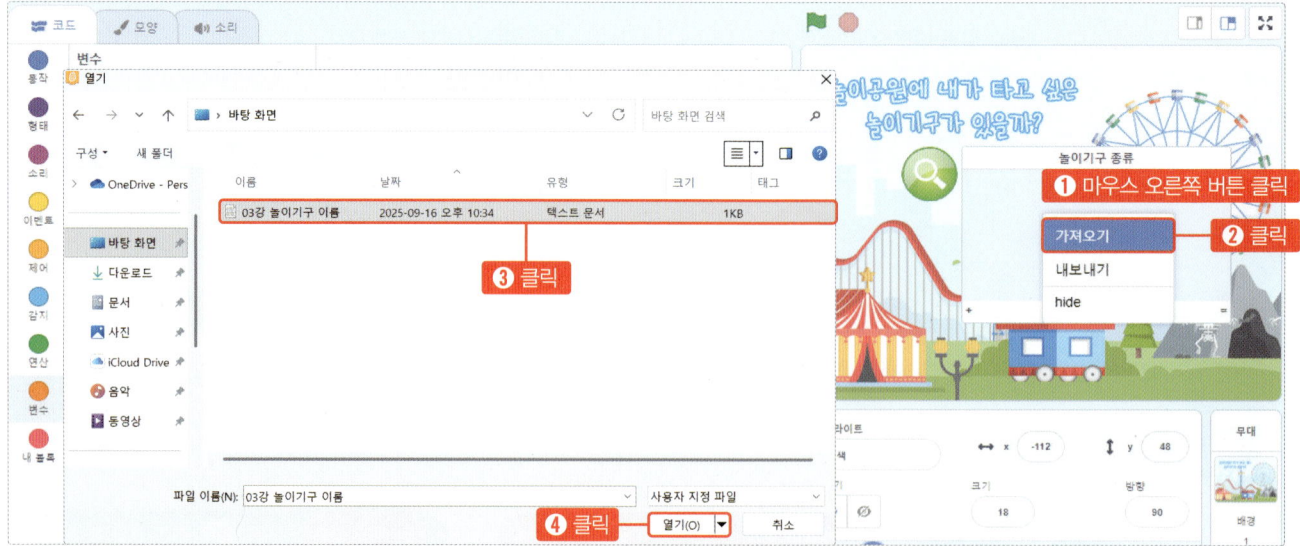

❸ [변수] 탭에서 '놀이기구 종류' 리스트를 체크 해제(놀이기구 종류)하여 숨깁니다.

2 놀이기구 검색하기

검색한 놀이기구가 놀이공원에 있는지 확인해 보세요.

검색 : '검색'을 클릭하면 검색한 놀이기구가 놀이공원에 있는지, 있다면 몇 구역에 있는지 확인할 수 있어요.

❶ '검색'을 클릭하면 '리스트 검색' 신호를 보낼 수 있도록 그림과 같이 코드를 완성합니다.

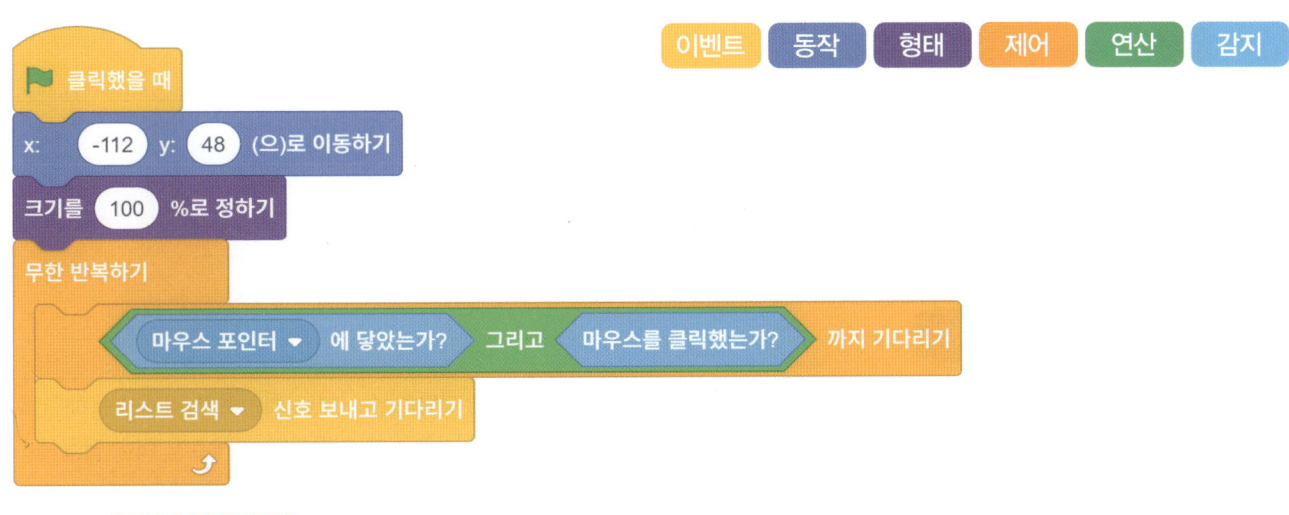

쏙쏙! 코드 이해하기

다시 '검색'을 클릭하여 리스트의 항목을 검색할 수 있도록 '신호 보내고 기다리기' 블록을 사용해요.

❷ '리스트 검색' 신호를 받으면 사용자에게 "검색할 놀이기구 이름을 띄어쓰기 없이 입력하세요."라고 묻고 검색한 놀이기구가 '놀이기구 종류' 리스트에 있는지 확인한 후 '2'초 동안 있는지 없는지를 안내할 수 있도록 그림과 같이 코드를 완성합니다.

쏙쏙! 코드 이해하기

대답으로 입력한 놀이기구 이름이 리스트에 있는지 판단해요.

CHAPTER 03 놀이기구는 어디에? _ **023**

❸ 놀이공원에 검색한 놀이기구가 있다면 '놀이기구 종류' 리스트의 첫 번째 항목부터 마지막 항목까지 확인하며 몇번째 항목에 있는지 확인할 수 있도록 그림과 같이 코드를 완성합니다.

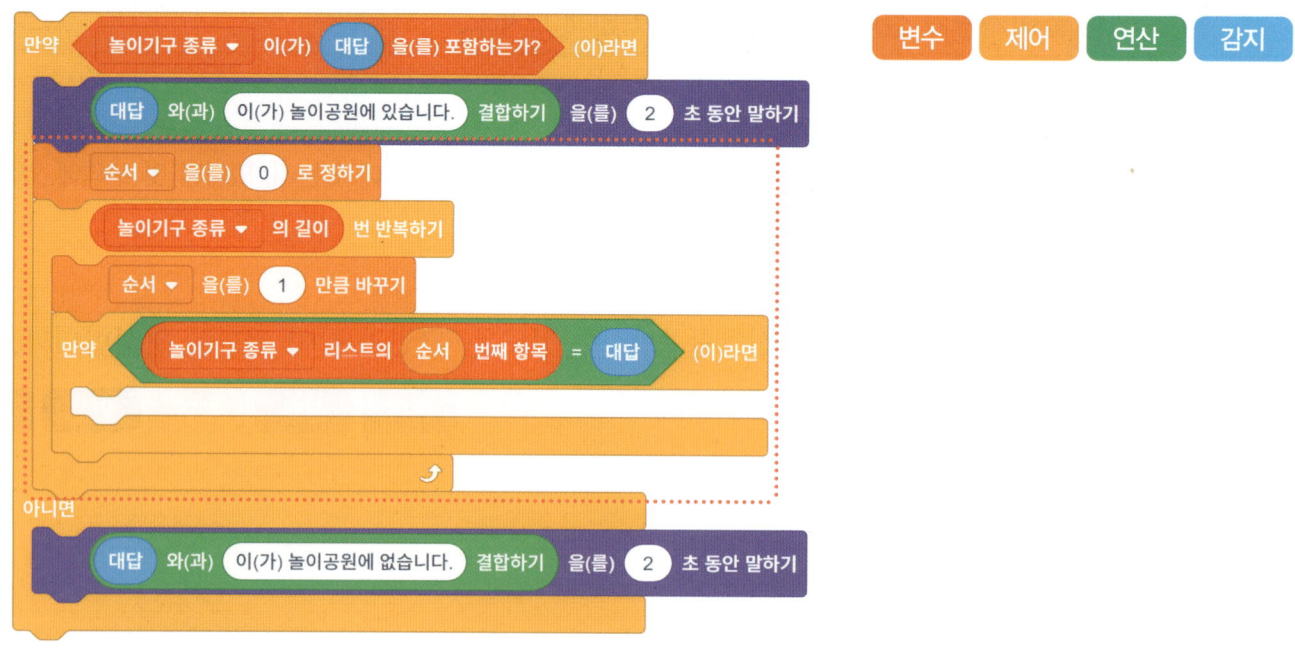

쏙쏙! 코드 이해하기

'순서' 변수는 리스트의 첫 번째 항목부터 마지막 항목까지 확인할 때 자료를 순서대로 확인하기 위해 사용해요. 예를 들어 '놀이기구 종류' 리스트의 길이가 '5'라면 '순서' 변숫값이 '1','2','3','4','5'번째 항목마다 차례로 입력한 답을 찾도록 도와요.

❹ 검색한 놀이기구의 항목 위치를 찾으면 놀이기구가 몇 구역에 있는지 안내하고, 반복문을 빠져나가도록 그림과 같이 코드를 완성합니다.

❺ 프로젝트를 실행하여 놀이기구를 검색해 봅니다.

03 스스로 코딩

• 예제 파일 : 03강 전시품 찾기(예제).sb3   • 완성 파일 : 03강 전시품 찾기(완성).sb3

미션 1 예제 파일을 불러와 '전시품 이름' 리스트를 생성한 후 자료를 추가해 보세요.

 검색

① '전시품 이름' 리스트를 생성해요.
② '03강 전시품.txt' 파일을 가져와 '전시품 이름' 리스트에 추가해요.
③ '전시품 이름' 리스트가 스테이지에 보이지 않도록 리스트를 숨겨요.
④ '순서' 변수를 생성하고 스테이지에서 '순서' 변수를 숨겨요.

미션 2 '검색'을 클릭하여 전시품을 검색할 수 있도록 코딩해 보세요.

 검색

① '검색'을 클릭하여 찾고 싶은 전시품 이름을 검색해요.
② 검색한 전시품이 리스트에 있다면 박물관에 있다는 메시지를, 없다면 박물관에 없다는 메시지가 나타나도록 해요.
③ 전시품이 리스트에 있다면 '몇층 전시장에 있다는 메시지가 나타나도록 해요.

| 힌트 | '리스트 검색' 신호를 사용해요.

04 게임 아이템을 정리해요

학습목표
- 리스트에서 원하는 자료를 찾을 수 있어요.
- 리스트에서 원하는 순번의 항목을 삭제할 수 있어요.

오늘의 작품은?

오랜만에 게임에서 접속하니 아이템 창이 가득 차 있어요. 회복 물약, 검, 방패, 낡은 단검, 오래된 망토, 불꽃 마법서 등등 오래되고 쓰지 않는 아이템들이 자리하고 있네요. 더 이상 사용하지 않는 아이템들의 이름을 입력해서 아이템 목록에서 삭제해봐요.

• 예제 파일 : 04강 게임 아이템(예제).sb3   • 완성 파일 : 04강 게임 아이템(완성).sb3

주요 블록

1 리스트에 자료 가져오기

리스트를 만든 후 가져오기를 이용하여 항목을 추가해 보세요.

❶ '04강 게임 아이템(예제).sb3' 파일을 실행한 후 [변수] 탭에서 '순서' 변수와 '아이템 목록' 리스트를 생성하고 '순서' 변수를 체크 해제하여 스테이지에서 숨긴 후 '아이템 목록' 리스트의 크기와 위치를 변경합니다.

❷ '아이템 목록' 리스트에서 마우스 오른쪽 버튼을 클릭하여 [가져오기]를 선택하고 [04강 예제] 폴더에 있는 '04강 아이템 목록.txt' 파일을 선택하여 [열기]를 클릭합니다.

2 아이템 검색하여 삭제하기

리스트에서 검색한 아이템이 있다면 삭제할 수 있도록 설정해 보세요.

 삭제 : '삭제'를 누르면 '아이템 목록' 리스트에서 아이템을 삭제할 수 있어요.

❶ 프로젝트를 시작하고 '삭제'를 클릭하면 '리스트 검색' 신호를 호출할 수 있도록 그림과 같이 코드를 완성합니다.

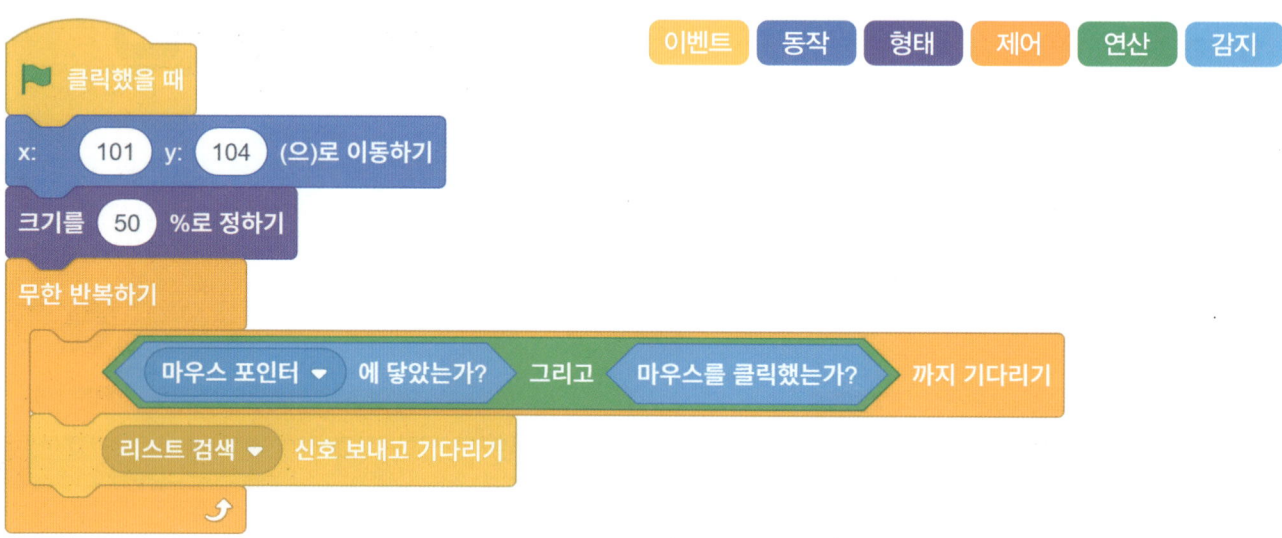

❷ '리스트 검색' 신호를 받으면 사용자에게 "삭제하고 싶은 아이템 이름을 입력하세요."를 묻고 입력한 아이템이 '아이템 목록' 리스트에 있는지 확인하도록 그림과 같이 코드를 완성합니다.

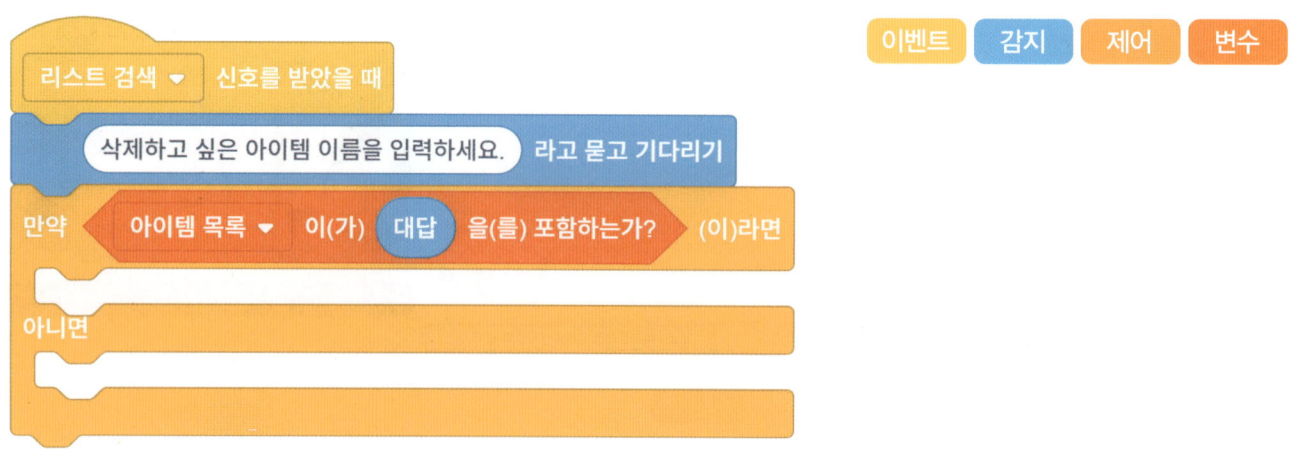

❸ '아이템 목록' 리스트에 없다면 '2'초 동안 "입력한 아이템은 목록에 없습니다."를 말하도록 그림과 같이 코드를 완성합니다.

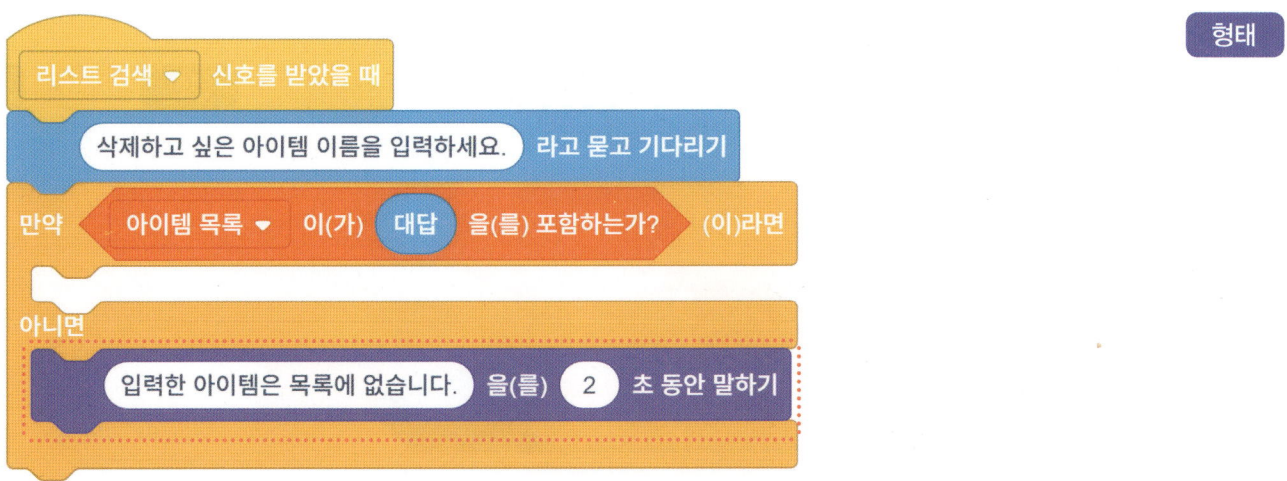

❹ 검색한 아이템 이름이 '아이템 목록' 리스트에 있다면 '아이템 목록'에 있는 물건을 하나씩 확인하기 위해 '아이템 목록'의 항목 수만큼 반복하여 '순서' 변숫값을 '1'씩 증가하도록 그림과 같이 코드를 완성합니다.

쏙쏙! 코드 이해하기

'순서' 변수를 이용하여 '아이템 목록' 리스트에 첫 번째 항목부터 마지막 항목까지 확인해요.

❺ '아이템 목록' 리스트의 '순서' 변숫값 번째 있는 아이템의 이름과 사용자가 입력한 아이템의 이름이 같다면 '순서' 변숫값 번째 아이템의 이름을 '아이템 목록' 리스트에서 삭제할 수 있도록 그림과 같이 코드를 완성합니다.

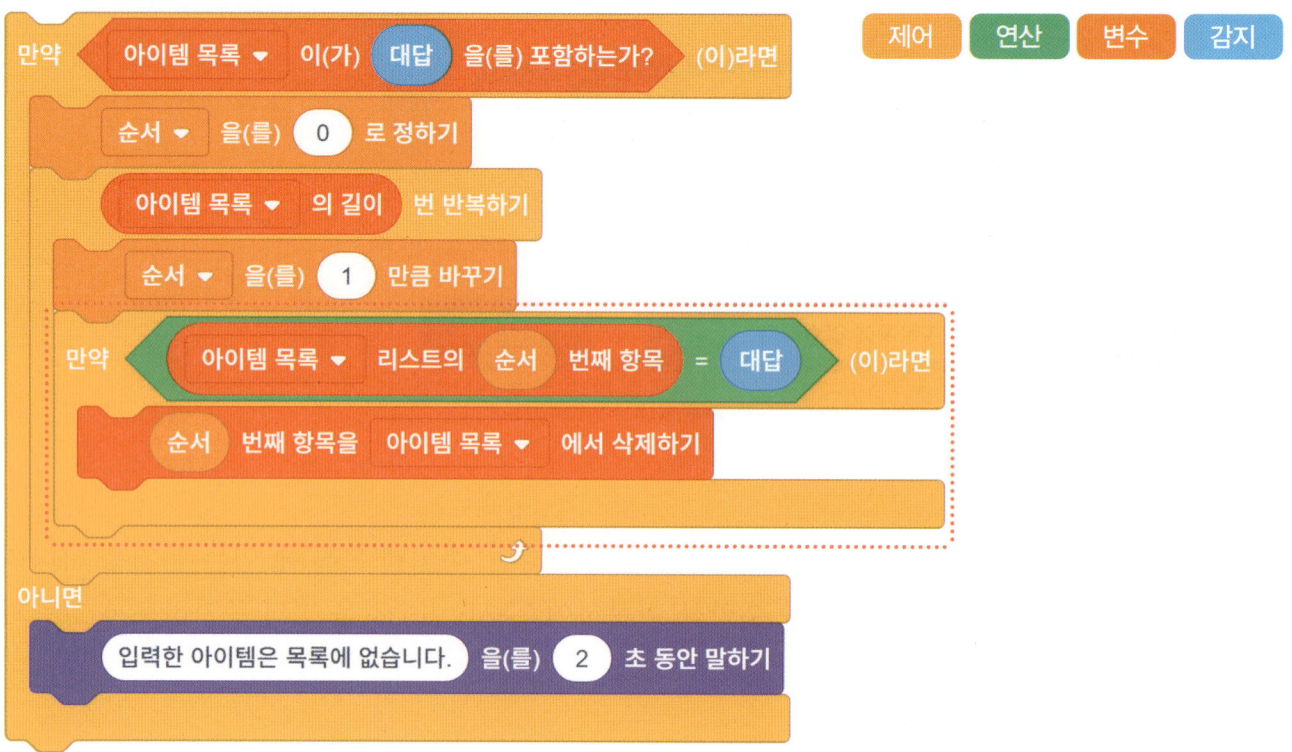

❻ 사용자에게 '아이템 목록'에서 삭제한 아이템을 안내하고, 반복문을 빠져 나오도록 그림과 같이 코드를 완성합니다.

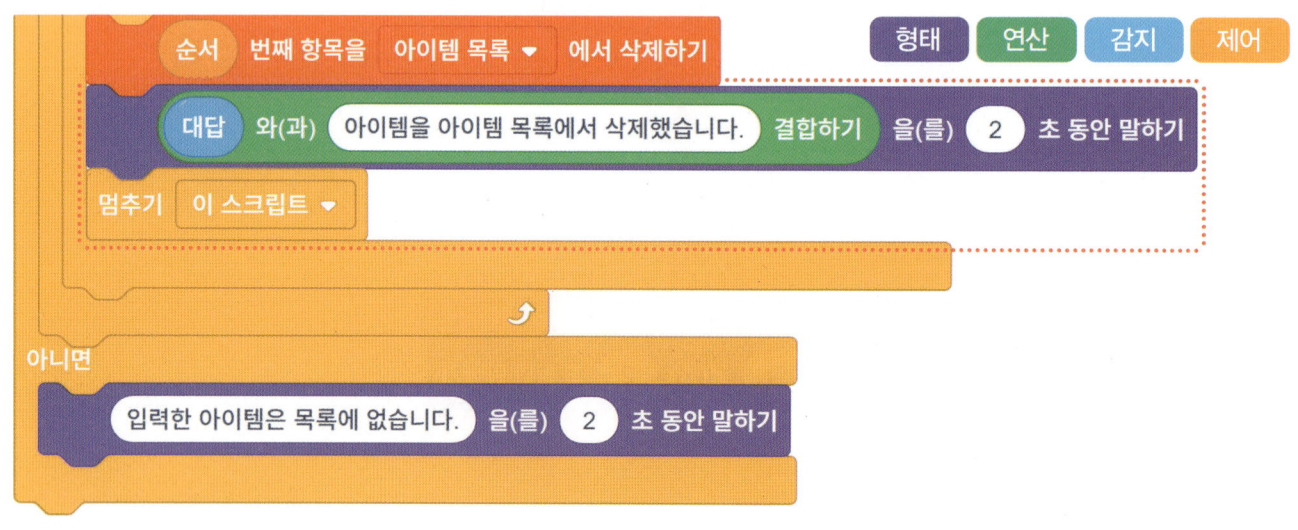

쏙쏙! 코드 이해하기

'아이템 목록'에서 필요한 항목을 찾았기 때문에 '멈추기-이 스크립트' 블록을 사용하여 '아이템 목록의 길이' 번 반복하는 명령을 멈춰요.

> **Tip**
>
> 입력한 아이템이 '아이템 목록' 리스트에 있을 때, 다시 한번 질문한 후 삭제하는 코드로 만들어 봐요.
>
> ```
> [리스트 검색] 신호를 받았을 때
> (삭제하고 싶은 아이템 이름을 입력하세요.) 라고 묻고 기다리기
> 만약 <아이템 목록▼ 이(가) (대답) 을(를) 포함하는가?> (이)라면
>     [순서▼] 을(를) (0) 로 정하기
>     (아이템 목록▼ 의 길이) 번 반복하기
>         [순서▼] 을(를) (1) 만큼 바꾸기
>         만약 <(아이템 목록▼ 리스트의 (순서) 번째 항목) = (대답)> (이)라면
>   ❶      (정말로 아이템을 삭제하시겠습니까?(예 / 아니오)) 라고 묻고 기다리기
>             만약 <(대답) = (예)> (이)라면
>   ❷          (순서) 번째 항목을 아이템 목록▼ 에서 삭제하기
>                ((대답) 와(과) (아이템을 아이템 목록에서 삭제했습니다.) 결합하기) 을(를) (2) 초 동안 말하기
>                멈추기 [이 스크립트▼]
>             아니면
>   ❸          ((대답) 와(과) (아이템을 삭제하지 않았습니다.) 결합하기) 을(를) (2) 초 동안 말하기
>                멈추기 [이 스크립트▼]
> 아니면
>     (입력한 아이템은 목록에 없습니다.) 을(를) (2) 초 동안 말하기
> ```
>
> ❶ '아이템 목록' 리스트에 입력한 아이템 이름이 있다면 사용자에게 다시 한번 질문("정말로 아이템을 삭제하시겠습니까?(예/아니오)") 해요.
>
> ❷ 사용자가 "예"를 입력하면 '순서' 변숫값 번째 항목 아이템 이름을 '아이템 목록' 리스트에서 삭제한 후 반복을 중지해요.
>
> ❸ 사용자가 "아니오"를 입력하면 아이템을 삭제하지 않고 반복을 중지해요.

❼ 프로젝트를 실행한 후 삭제할 아이템을 입력하여 아이템 목록에서 삭제해 봅니다.

04 스스로 코딩

• 예제 파일 : 04강 냉장고 정리(예제).sb3   • 완성 파일 : 04강 냉장고 정리(완성).sb3

미션 1 예제 파일을 불러와 '냉장고 음식' 리스트를 생성한 후 자료를 추가해 보세요.

 정리
① '냉장고 음식' 리스트를 생성해요.
② '04강 냉장고 음식.txt' 파일을 가져와 리스트에 추가해 보세요.
③ '순서' 변수를 생성하고 스테이지에서 숨겨요.

미션 2 '정리'를 클릭하여 '냉장고 음식' 리스트에서 삭제할 수 있도록 코딩해 보세요.

 정리
① '정리'를 클릭하고 삭제하고 싶은 음식 이름을 입력해요.
② '냉장고 음식' 리스트에 입력한 음식 이름이 있는지 확인해요.
③ 입력한 음식 이름이 있다면 '냉장고 음식' 리스트에서 위치를 찾아 삭제해요.

| 힌트 | '리스트 작성' 신호를 사용해요.

05 학교 행사 일정표

학습목표
- 리스트에서 가져오기를 이용하여 항목을 채울 수 있어요.
- 리스트에서 원하는 순번의 항목을 변경할 수 있어요.

친구들과 학급 게시판에 학교 행사 일정표를 만들어 두었어요. 그런데 선생님께서 "현장학습 날짜가 바뀌었으니 일정표를 고쳐주겠니?"라고 물으시네요. 변경된 현장학습 날짜를 수정하고 나니, 다른 행사 일정은 바뀐 것이 없는지 다시 한번 확인해봐야겠어요.

• 예제 파일 : 05강 학교 행사 일정(예제).sb3   • 완성 파일 : 05강 학교 행사 일정(완성).sb3

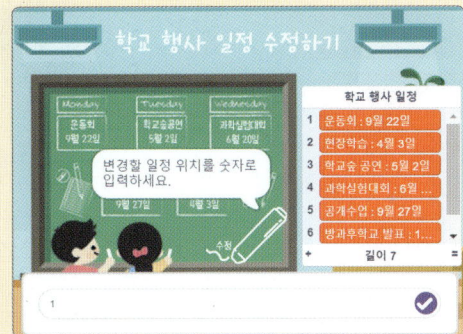

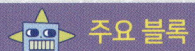 주요 블록

CHAPTER 05 학교 행사 일정표 _ **033**

1 리스트에 항목 추가하기

리스트를 생성한 후 가져오기를 이용하여 항목을 추가해 보세요.

❶ '05강 학교 행사 일정(예제).sb3' 파일을 불러온 후 [변경] 탭에서 '위치' 변수와 '학교 행사 일정' 리스트를 생성하고 '위치' 변수를 체크 해제하여 숨긴 후 '학교 행사 일정' 리스트는 크기와 위치를 조절합니다.

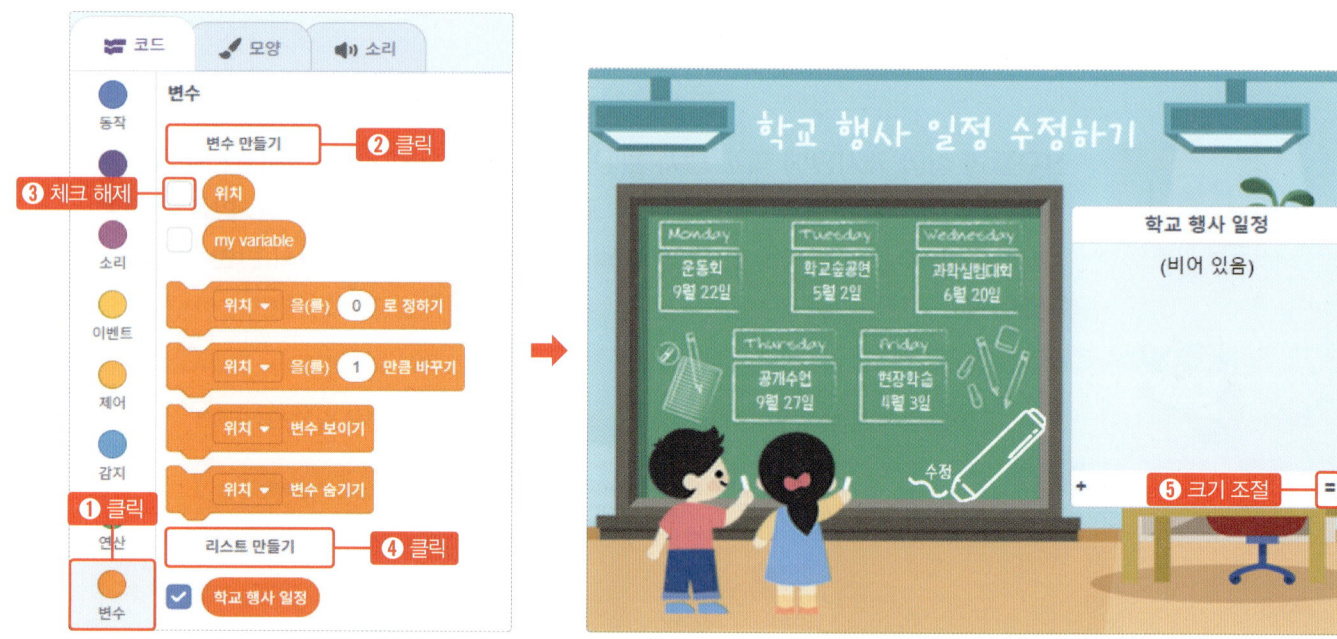

❷ '학교 행사 일정' 리스트에서 마우스 오른쪽 버튼을 클릭하여 [가져오기]를 선택하고 [05강 예제] 폴더에 있는 '05강 행사일정.txt' 파일을 선택하여 [열기]를 클릭합니다.

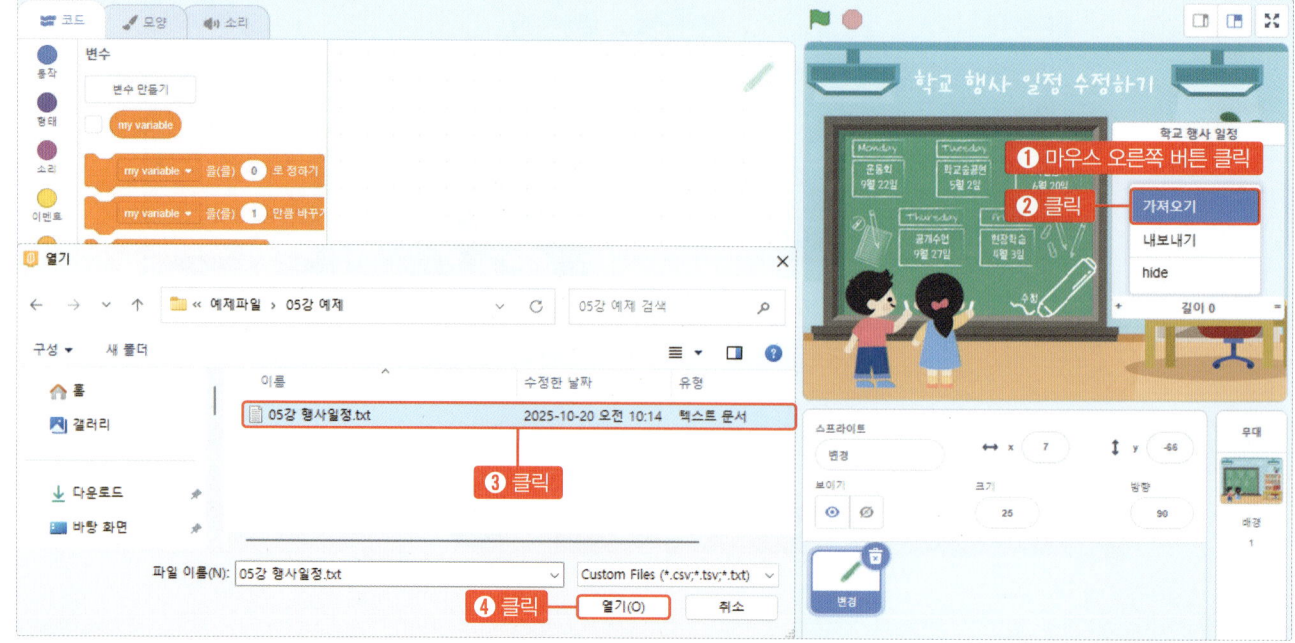

2 학교 행사 일정 변경하기

학교 행사 일정 중 원하는 항목을 새로운 일정으로 변경해 보세요.

변경 : '변경'을 클릭하면 학교 행사 일정을 변경할 수 있어요.

❶ 프로젝트를 시작하고 '변경'을 클릭하면 '리스트 검색' 신호를 보내도록 그림과 같이 코드를 완성합니다.

❷ '리스트 검색' 신호를 받으면 변경하고 싶은 일정의 위치를 '위치' 변수에 기록할 수 있도록 질문("변경할 일정 위치를 숫자로 입력하세요.")을 합니다. 이어서 변경할 내용을 입력받고 '위치' 변숫값 번째 항목을 입력한 내용으로 바꾸도록 그림과 같이 코드를 완성합니다.

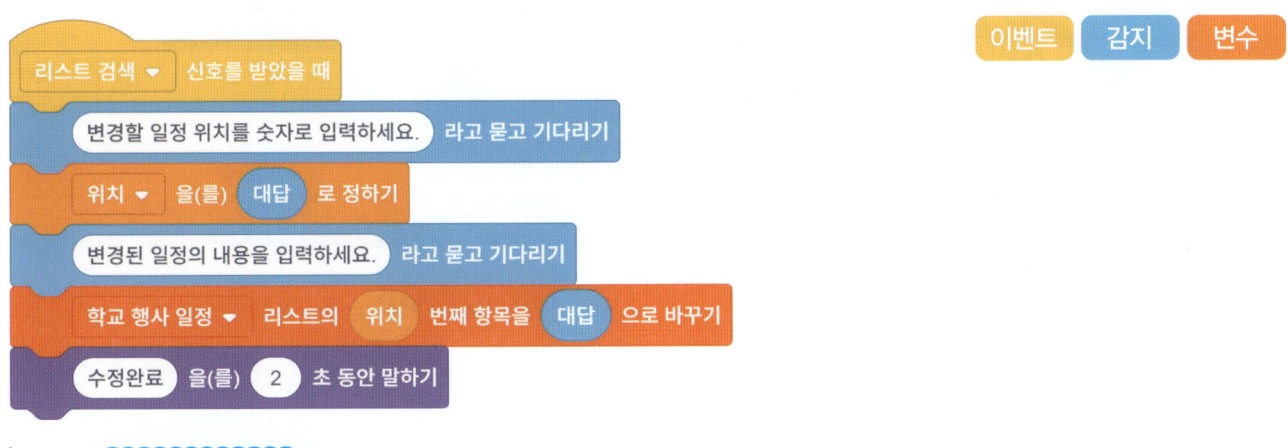

쏙쏙! 코드 이해하기

- 변경할 항목의 위치를 확인한 후 대답을 '위치' 변수에 저장해요.
- 변경할 내용을 입력받은 후 '위치' 변수에 저장했던 변숫값 번째 항목으로 바꾸도록 해요.

❸ 사용자에게 '수정 완료'라는 메시지를 띄우도록 그림과 같이 코드를 완성합니다.

형태

쏙쏙! 코드 이해하기

리스트에 항목을 추가하거나 삭제, 수정한 후 '말하기' 블록 등을 이용하면 사용자가 리스트를 확인하지 않아도 변경된 것을 알 수 있어요.

❹ 프로젝트를 시작하고 기존의 학교 행사 일정에서 수정 후 일정으로 변경해 봅니다.

수정 전	수정 후
운동회 : 9월 22일	운동회 : 10월 5일 09:00–14:00
현장학습 : 4월 3일	현장학습 : 현장학습은 2학기로 변경
학교숲 공연 : 5월 2일	학교숲 공연 : 5월 2일 (점심시간)
과학실험대회 : 6월 20일	과학실험대회 : 변경 일정 추후 알림
공개수업 : 9월 27일	공개수업 : 9월 25일 (3교시)
방과후학교 발표 : 10월 22일	방과후 학교 전시 : 10월 22일~25일

05 스스로 코딩

• 예제 파일 : 05강 선수교체(예제).sb3   • 완성 파일 : 05강 선수교체(완성).sb3

미션 1 예제 파일을 불러와 '축구경기 라인업' 리스트를 생성한 후 자료를 추가해 보세요.

선수 교체

① '축구경기 라인업' 리스트를 생성해요.
② '05강 축구선수.txt' 파일을 가져와 항목을 추가해 보세요.
③ '위치' 변수를 생성한 뒤 숨겨요.

미션 2 '축구경기 라인업' 리스트에서 선수 이름과 포지션을 변경할 수 있도록 코딩해 보세요.

선수 교체

① '축구경기 라인업' 리스트에서 교체할 선수(OUT)의 위치를 숫자로 입력해요.
② 이어서 투입할 선수(IN) 이름과 포지션을 입력해요.
③ 변경된 '축구경기 라인업' 리스트를 확인해요.

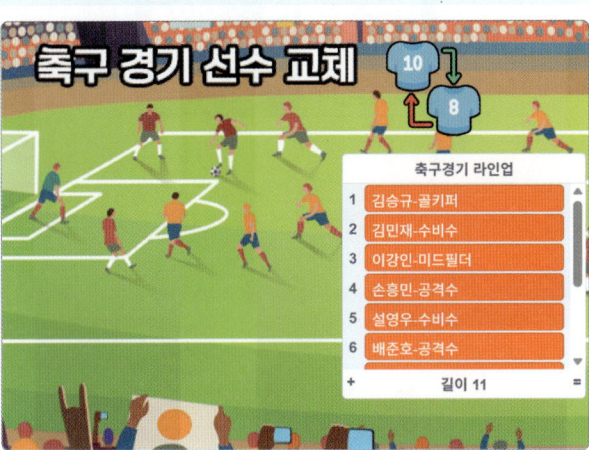

06 도서 반납 확인하기

학습목표
- 두 개의 리스트를 만들 수 있어요.
- 입력한 값에 따라 리스트의 항목을 삭제할 수 있어요.

오늘의 작품은?

빌린 책을 반납하기 위해 도서관에 갔어요. 책을 빌린 사람들의 이름과 대여 중인 책의 목록이 있네요. 나의 이름과 오늘 반납할 책의 이름을 사서 선생님께서 검색하시니 내 이름과 책 제목 모두 목록에서 사라지며 "반납 완료!"라는 메시지가 보였어요.

• 예제 파일 : 06강 책 반납하기(예제).sb3   • 완성 파일 : 06강 책 반납하기(완성).sb3

주요 블록

[1 번째 항목을 빌린 사람 이름 ▼ 에서 삭제하기]

[책이름 순서 ▼ 을(를) 0 로 정하기]   [빌린 사람 이름 ▼ 이(가) 항목 을(를) 포함하는가?]

1 리스트에 항목 가져오기

변수와 리스트를 만들고 항목을 가져오도록 설정해 보세요.

① '06강 책 반납하기(예제).sb3' 파일을 실행하고, [변수] 탭에서 '이름 순서', '책이름 순서' 변수와 '빌린 사람 이름', '책 제목' 리스트를 생성한 후 '이름 순서', '책이름 순서' 변수를 체크 해제하여 숨깁니다.

② '빌린 사람 이름' 리스트와 '책 제목' 리스트에서 각각 마우스 오른쪽 버튼을 클릭하여 [가져오기]를 선택한 후 [06강 예제] 폴더에 있는 이름에 맞추어 '06강 빌린사람 이름.txt', '06강 책 제목.txt' 파일을 각각 선택하여 [열기]를 클릭합니다.

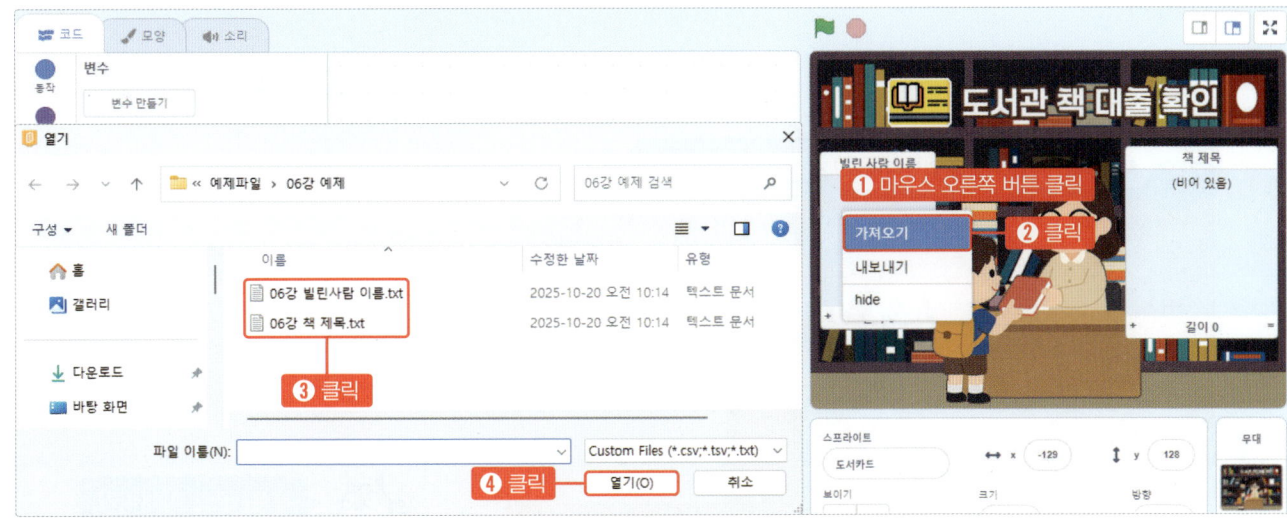

> **Tip**
> 여러 개의 리스트를 만들어 사용할 때는 만든 리스트의 이름을 정확히 확인하여 활용해요..

CHAPTER 06 도서 반납 확인하기 _ **039**

2 빌려간 사람과 책 제목 찾기

두 개의 목록에서 각각 입력한 값을 찾은 후 일치할 경우 삭제해 보세요.

 도서카드 : '도서 카드'를 눌러 '이름'을 입력하고 책 빌려간 사람에 입력한 이름이 있다면 '책 제목'을 확인하여 삭제해요.

❶ 프로젝트를 시작하고 '도서카드'를 클릭하면 '리스트 검색' 신호를 보낼 수 있도록 그림과 같이 코드를 완성합니다.

❷ '리스트 검색' 신호를 받으면 사용자에게 질문("책 빌려간 사람 이름을 입력하세요.")을 하고 입력한 이름이 '빌린 사람 이름' 리스트에 이름이 있는지 확인하도록 그림과 같이 코드를 완성합니다.

쏙쏙! 코드 이해하기

'빌린 사람 이름' 리스트에 이름이 없다면 목록에 없다고 말해요.

❸ 입력한 이름이 '빌린 사람 이름' 리스트에 있다면 '이름'이 있다는 안내를 하고 이어서 책 제목을 검색할 수 있도록 그림과 같이 코드를 완성합니다.

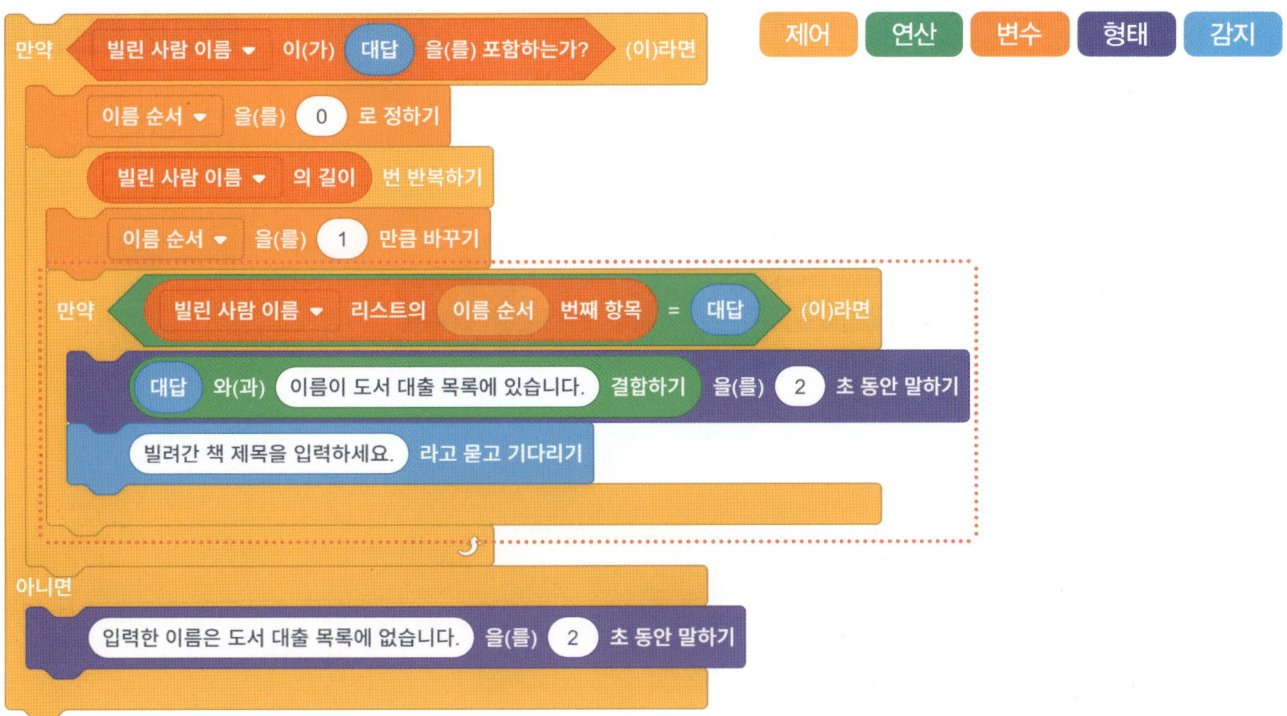

❹ 입력한 책 제목이 '책 제목 리스트'에 있는지 확인하고 만약 없다면 목록에 없다는 안내를 하도록 그림과 같이 코드를 완성합니다.

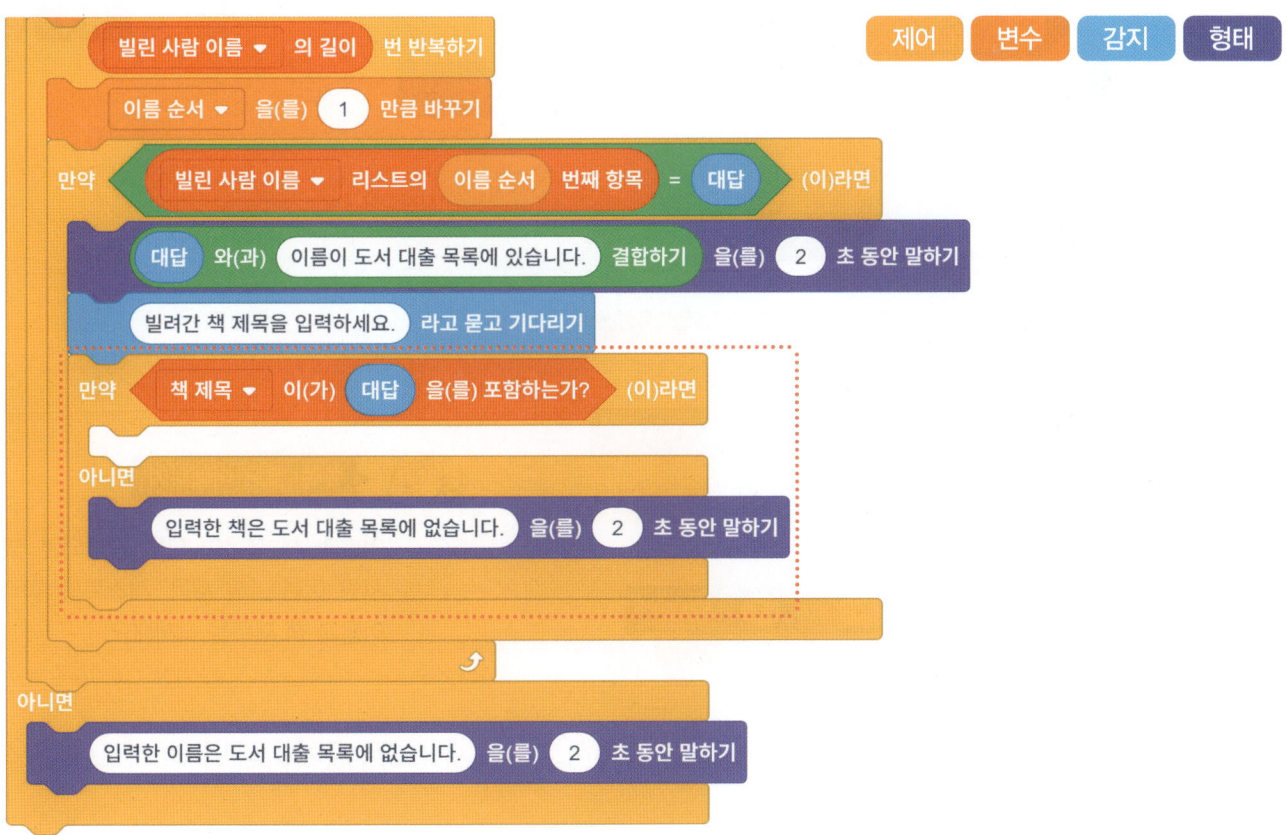

❺ 입력한 책 제목이 '책 제목 리스트'에 있는지 확인한 후 목록에 있다는 안내를 하도록 그림과 같이 코드를 완성합니다.

Tip
'책 제목' 리스트와 '책이름 순서' 변수가 맞게 설정되어 있는지 확인해요.

❻ 입력한 이름과 책 제목을 리스트에서 삭제하고 "반납 완료"를 '2'초 동안 안내하도록 그림과 같이 코드를 완성합니다.

쏙쏙! 코드 이해하기

이름과 책 제목이 모두 검색되면 '빌린 사람 이름', '책 제목' 리스트에 각각의 이름과 책 제목을 삭제해요.

❼ 프로젝트를 실행하여 이름과 책 제목을 입력하고 두 개 모두 일치하다면 리스트에서 삭제되는지 실행해 봅니다.

• 예제 파일 : 06강 영화관 예매 확인(예제).sb3 • 완성 파일 : 06강 영화관 예매 확인(완성).sb3

 예제 파일을 불러와 '영화 제목', '좌석 번호' 리스트를 생성한 후 자료를 추가해 보세요.

영화표
① '영화 제목', '좌석 번호' 리스트를 생성해요.
② '06강 좌석번호.txt', '06강 영화제목.txt' 파일을 가져와 리스트에 추가해 보세요.
③ '영화제목 순서', '좌석번호 순서' 변수를 생성하고 숨겨요.

 '영화표'를 눌러 영화 제목과 좌석번호를 입력하고 '입장 완료'가 안내되도록 코딩해 보세요.

영화표
① '영화표'를 클릭하면 영화 제목을 입력할 수 있어요.
② 영화 제목을 입력한 후 '영화 제목' 리스트에 포함되는지 확인해요.
③ 영화 제목이 있다면 이어서 좌석 번호를 검색하고 '좌석 번호' 리스트에 입력한 좌석 번호가 있다면 '입장 완료' 안내가 출력되도록 해요.

| 힌트 | '입장 완료'가 되면 해당 좌석 번호와 영화 제목은 각각 리스트에서 삭제돼요.

07 스마트 동화책

학습목표
- 두 개의 리스트를 만들고 자료를 가져올 수 있어요.
- 번역과 TTS 기능을 이해하고 추가할 수 있어요.
- 변수를 이용하여 장면과 내용이 바뀌는 동화책을 읽을 수 있어요.

미국, 일본, 중국 등 가깝고도 먼 나라의 친구들과 함께 즐길 수 있는 동화를 만들었어요. 책장을 넘기지 않아도 내용에 따라 장면이 바뀌고, 한글을 읽지 못하더라도 원하는 나라의 언어를 입력하면 똑똑한 스피커에서 번역하여 들려줄 수 있어요. 나만의 스마트한 동화책을 구경해볼래요?

• 예제 파일 : 07강 스마트한 동화책(예제).sb3   • 완성 파일 : 07강 스마트한 동화책(완성).sb3

주요 블록

1 리스트에 항목 추가하기

동화책을 만들기 위한 리스트를 만들고 가져오기로 항목을 추가해보세요.

① '07강 스마트한 동화책(예제).sb3' 파일을 실행하고, [변수] 탭에서 '순서' 변수와 '장면 순서', '동화내용' 리스트를 생성한 후 '순서' 변수를 체크 해제하여 숨기고 리스트의 크기와 위치를 조절합니다.

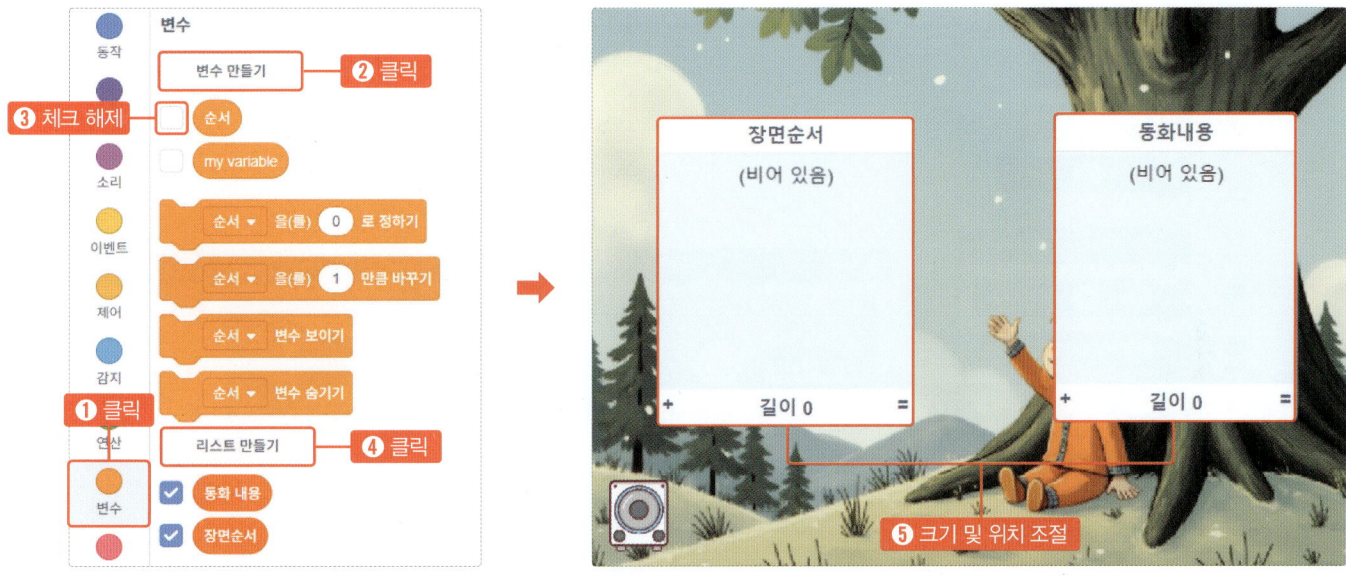

② '장면순서', '동화내용' 리스트에서 각각 마우스 오른쪽 버튼을 클릭하여 [가져오기]를 선택하고 [07강 예제] 폴더에 있는 '07강 장면.txt', '07강 책읽기.txt' 파일을 선택하여 [열기]를 클릭합니다.

③ 리스트에 항목을 가져오기한 후 [변수] 탭의 '장면순서', '동화내용' 리스트를 체크 해제(☐ 동화 내용, ☐ 장면순서)하여 숨깁니다.

2 번역과 TTS 이해하기

스크래치 확장 기능에서 번역과 TTS를 추가해 보세요.

❶ 음성 변환 및 번역 블록을 사용하기 위해 화면 왼쪽 하단의 [확장 기능 추가하기]를 클릭하고 '텍스트 음성 변환'과 '번역'을 각각 클릭하여 블록을 추가합니다.

Tip

텍스트 음성 변환과 번역 블록에 대해 알아봐요.

확장 기능	블록	내용
TTS	안녕 말하기	입력된 텍스트를 소리내어 읽어주고, 입력한 텍스트를 모두 읽은 후 다음 블록을 실행해요.
	음성을 중고음 로 정하기	입력된 텍스트를 읽을 음성의 종류(중고음/중저음/고음/저음/고양이)를 설정할 수 있어요.
	언어를 한국어 로 정하기	입력된 텍스트를 읽을 때 사용하는 언어를 정할 수 있어요.
번역	안녕 을(를) 한국어 로 번역하기	입력된 텍스트를 원하는 언어로 번역할 수 있어요.

3 다양한 언어로 동화책 읽어주기

변수를 활용하여 리스트의 자료를 순서대로 가져오도록 설정해 보세요.

 **책읽기** : 프로젝트가 시작되면 '책읽기'가 사용할 언어를 묻고 사용자가 선택한 언어로 내용과 장면이 흐르며 동화책 읽기가 진행돼요.

❶ 프로그램이 시작될 때 첫 번째 장면이 보이도록 설정한 후 원하는 언어를 선택하기 위해 그림과 같이 코드를 완성합니다.

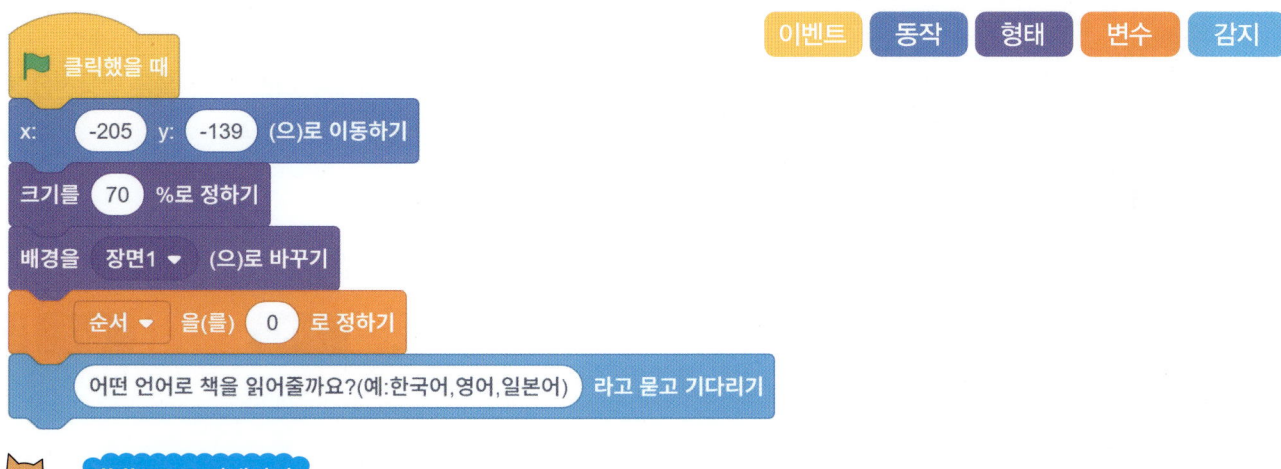

쏙쏙! 코드 이해하기

책읽기를 시작하면 첫 번째 장면이 보이도록 배경을 '장면1'로 바꿔요.

❷ '동화내용' 리스트의 항목을 순서대로 가져와 지정된 음성과 언어로 읽을 수 있도록 그림과 같이 코드를 완성합니다.

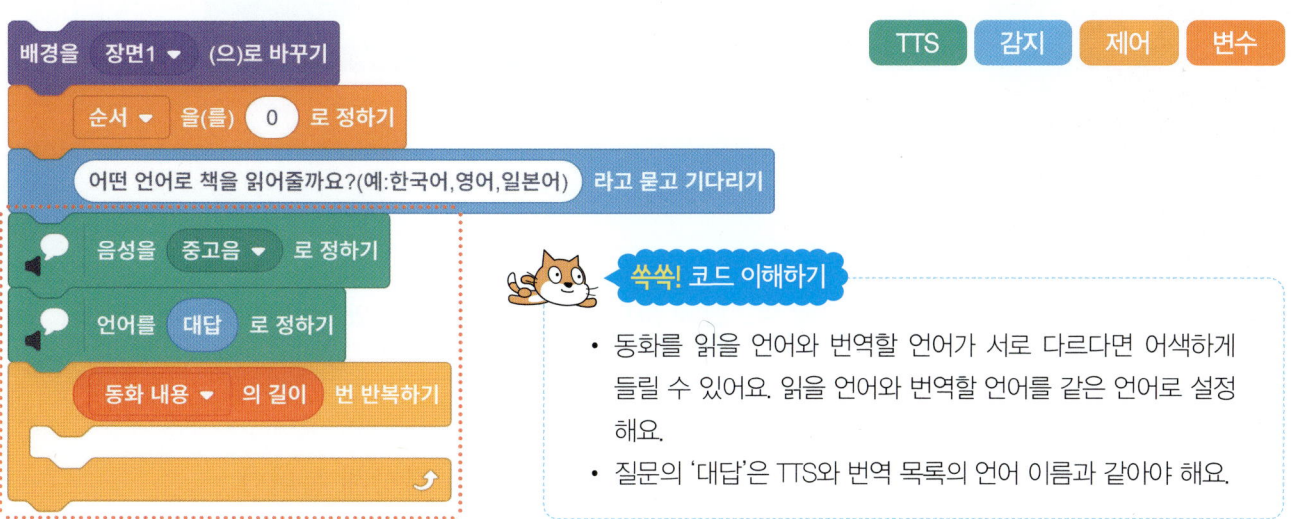

쏙쏙! 코드 이해하기

- 동화를 읽을 언어와 번역할 언어가 서로 다르다면 어색하게 들릴 수 있어요. 읽을 언어와 번역할 언어를 같은 언어로 설정해요.
- 질문의 '대답'은 TTS와 번역 목록의 언어 이름과 같아야 해요.

CHAPTER 07 스마트 동화책 _ **047**

❸ 순서대로 '장면순서'에 따라 배경이 보이면서 '동화내용'의 항목을 읽어주도록 그림과 같이 코드를 완성합니다.

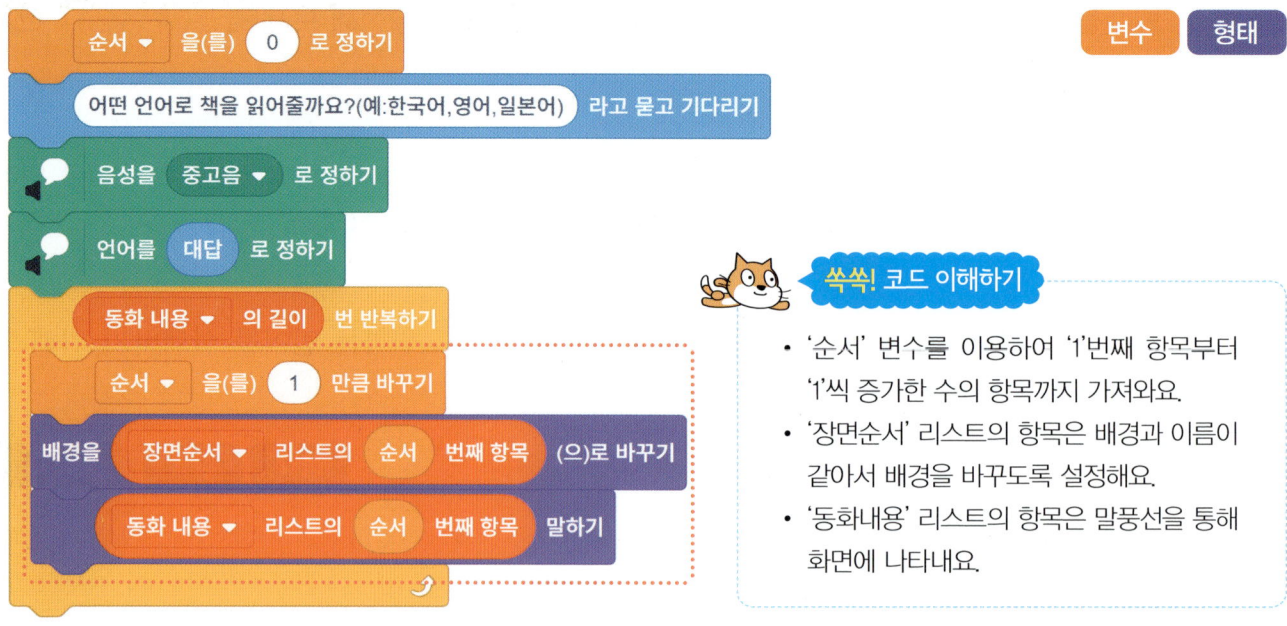

❹ '동화내용'의 항목을 입력받은 언어로 번역하여 읽도록 그림과 같이 코드를 완성합니다.

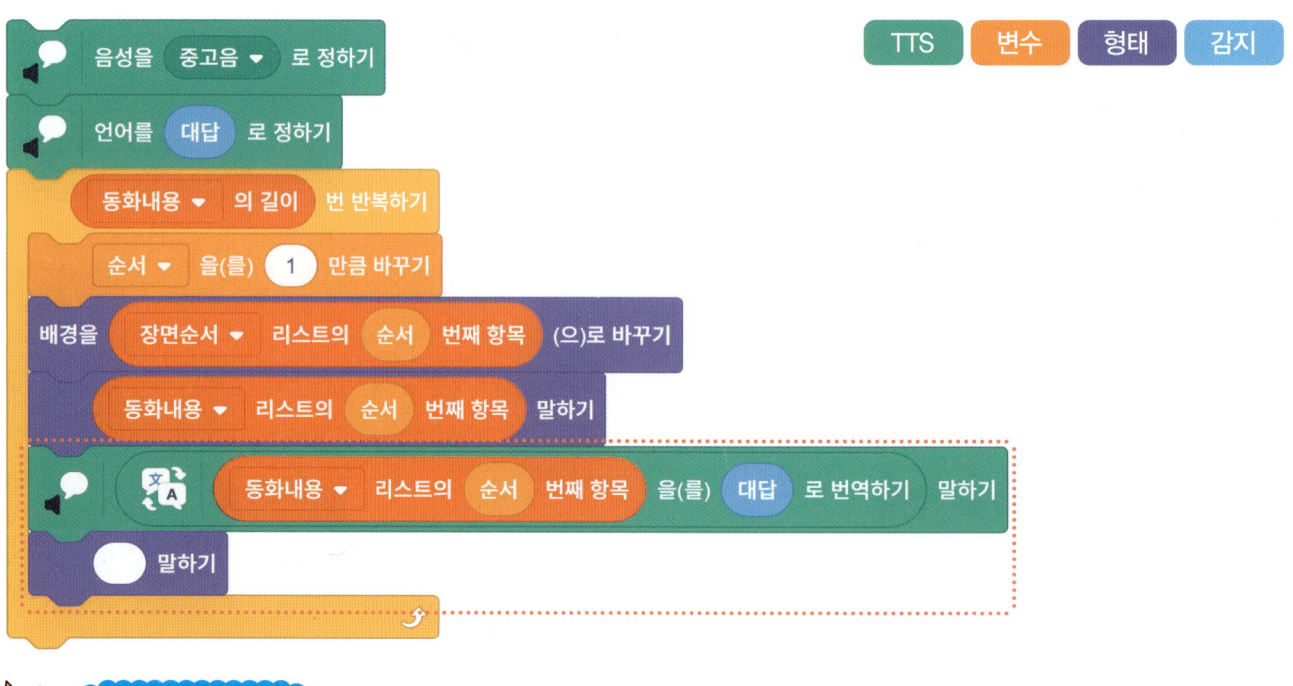

쏙쏙! 코드 이해하기

'동화내용' 리스트를 말풍선과 TTS로 읽고 난 후 마지막 말풍선이 사라질 수 있도록 텍스트를 비운 '말하기' 블록을 추가해요.

❺ 프로젝트를 실행하여 듣고 싶은 언어를 입력하고 동화를 감상해 봅니다.

07 스스로 코딩

• 예제 파일 : 07강 나의 하루를 들어봐(예제).sb3　　• 완성 파일 : 07강 나의 하루를 들어봐(완성).sb3

미션 1 예제 파일을 불러와 '나의 하루' 리스트를 생성한 후 자료를 추가해 보세요.

나의하루

① '나의 하루', '장면 순서' 리스트를 생성한 후 가져오기로 항목을 추가해요.
② '나의 하루', '장면 순서' 리스트를 숨겨요.
③ [확장 기능 추가하기] 탭에서 '텍스트 음성 변환' 블록을 불러와요.

| 힌트 |　• [07강 예제] 폴더의 '07강 나의 하루.txt'와 '07강 하루 순서.txt'를 이용해요.
　　　　• '나의 하루' 리스트에 자신의 하루 일과를 적어봐요.

미션 2 프로젝트가 실행되면 '나의 하루'를 순서에 맞춰 읽어주도록 코딩해 보세요.

나의하루

① '나의 하루' 리스트의 자료를 하나씩 불러오기 위해 '순서' 변수를 생성해요.
② '나의 하루' 리스트 길이만큼 반복하여 배경을 바꾸고, '나의 하루'를 말해요.
③ 말풍선에 나타나는 내용과 같은 내용을 음성으로 읽어줘요.

| 힌트 |　TTS의 음성 종류를 자유롭게 설정해 보세요.

08 뒤죽박죽 옷장

학습목표
- 임시 변수를 생성하여 리스트의 항목을 저장할 수 있어요.
- 두 리스트의 항목을 서로 바꿀 수 있어요.

아침에 옷을 고르려고 옷장을 열었는데 깜짝 놀랐어요. 티셔츠, 바지, 잠옷이 뒤죽박죽 걸려있는거에요! "옷걸이에 어떤 옷을 걸지 잘 쓰여있었는데 누가 그런거지?" 옷끼리 서로서로 자리를 바꿔주며 옷걸이를 원래대로 맞춰봐요.

• 예제 파일 : 08강 옷장 정리하기(예제).sb3   • 완성 파일 : 08강 옷장 정리하기(완성).sb3

 주요 블록

  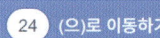

1 리스트와 변수 만들기

리스트와 변수를 만들고 섞여있는 옷장 항목을 추가해 보세요.

① '08강 옷장 정리하기(예제).sb3' 파일을 실행하고, [변수] 탭에서 '위치', '위치 값 저장' 변수와 '옷장 위치' 리스트를 생성한 후 모든 변수를 체크 해제하여 스테이지에서 숨기고 '옷장 위치' 리스트의 크기와 위치를 조절합니다.

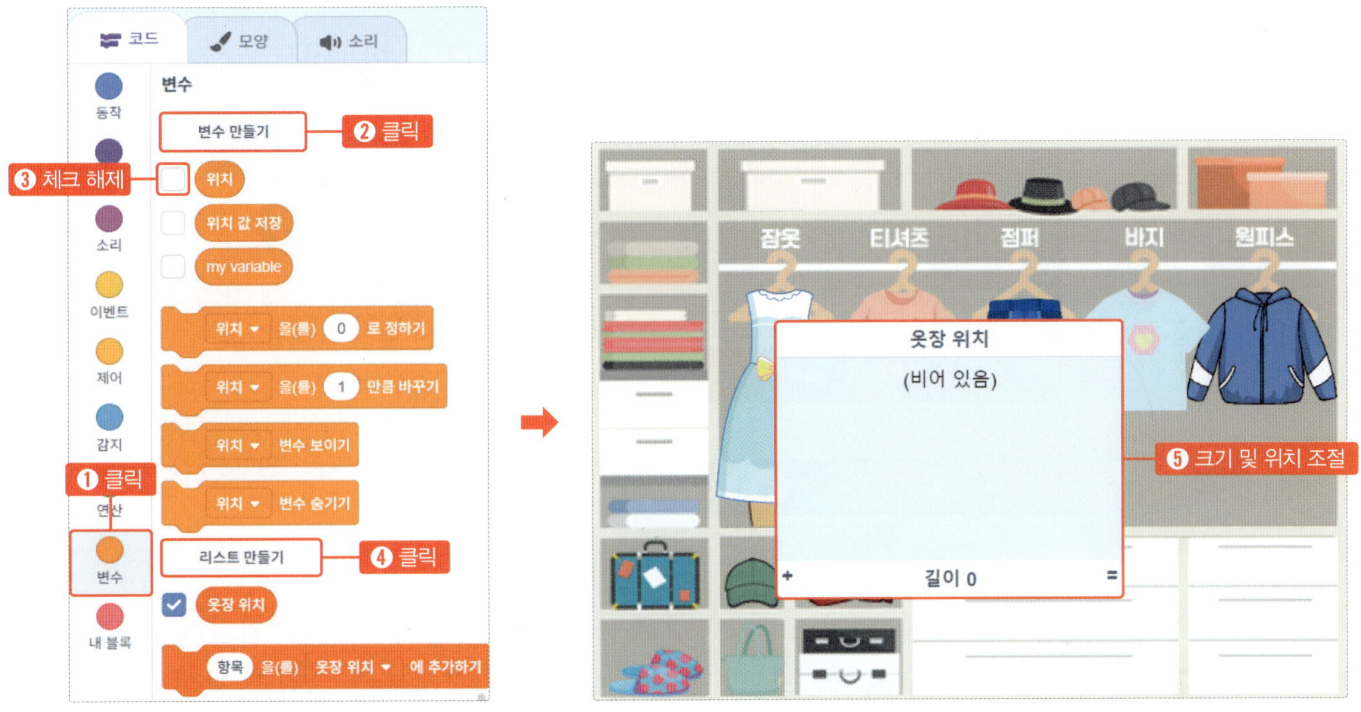

② '옷장 위치' 리스트에서 마우스 오른쪽 버튼을 클릭하여 [가져오기]를 선택하고 [08강 예제] 폴더에 있는 '08강 옷장 위치.txt' 파일을 선택하여 [열기]를 클릭합니다.

③ 리스트에 항목이 추가되면 [변수] 탭의 '옷장 위치' 리스트를 체크 해제(옷장 위치)하여 숨깁니다.

2 옷장 속 옷 정리하기

임시 변수를 생성한 후 두 리스트의 값을 서로 바꿀 수 있도록 설정해 보세요.

 원피스 : '원피스'를 클릭한 후 다른 옷을 클릭하면 두 옷의 위치가 바뀌어요.

❶ 프로젝트가 시작되면 '원피스'가 옷장 안 첫 번째 옷걸이 위치로 이동하도록 그림과 같이 코드를 완성합니다.

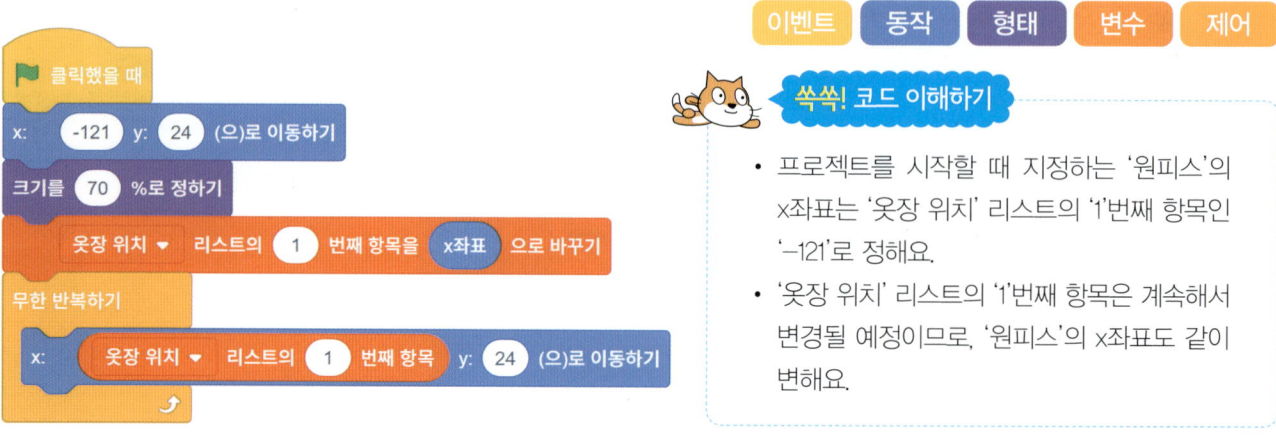

- 프로젝트를 시작할 때 지정하는 '원피스'의 x좌표는 '옷장 위치' 리스트의 '1'번째 항목인 '-121'로 정해요.
- '옷장 위치' 리스트의 '1'번째 항목은 계속해서 변경될 예정이므로, '원피스'의 x좌표도 같이 변해요.

❷ 옷의 위치를 변경하기 위해 '원피스'를 1번째로 클릭했다면 임시 변수인 '위치값 저장' 변수에 '원피스'의 x좌표인 '옷장 위치' 리스트의 '1'번째 항목을 저장하도록 그림과 같이 코드를 완성합니다.

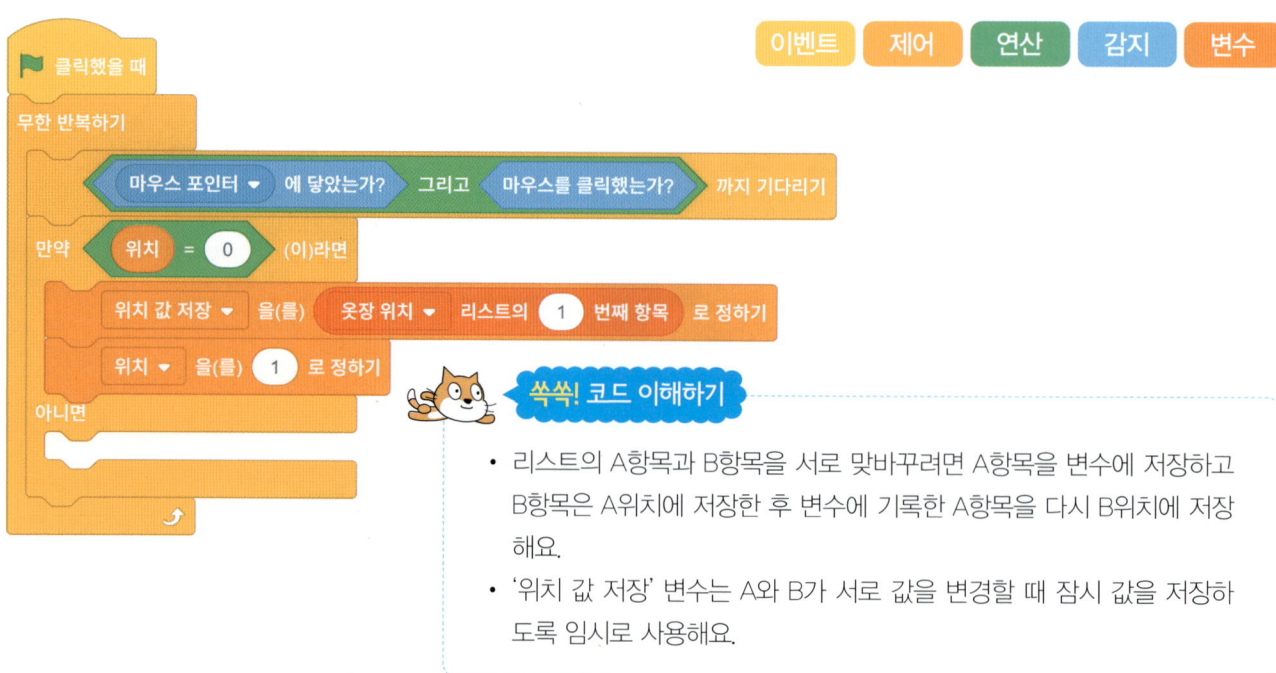

- 리스트의 A항목과 B항목을 서로 맞바꾸려면 A항목을 변수에 저장하고 B항목은 A위치에 저장한 후 변수에 기록한 A항목을 다시 B위치에 저장해요.
- '위치 값 저장' 변수는 A와 B가 서로 값을 변경할 때 잠시 값을 저장하도록 임시로 사용해요.

❸ '원피스'를 2번째로 클릭했다면 '원피스'의 위치는 1번째 클릭한 옷의 위치 값으로 입력하고, '원피스'의 원래 위치 값(x:'-121')은 1번째 클릭한 옷의 위치로 값이 입력되도록 그림과 같이 코드를 완성합니다.

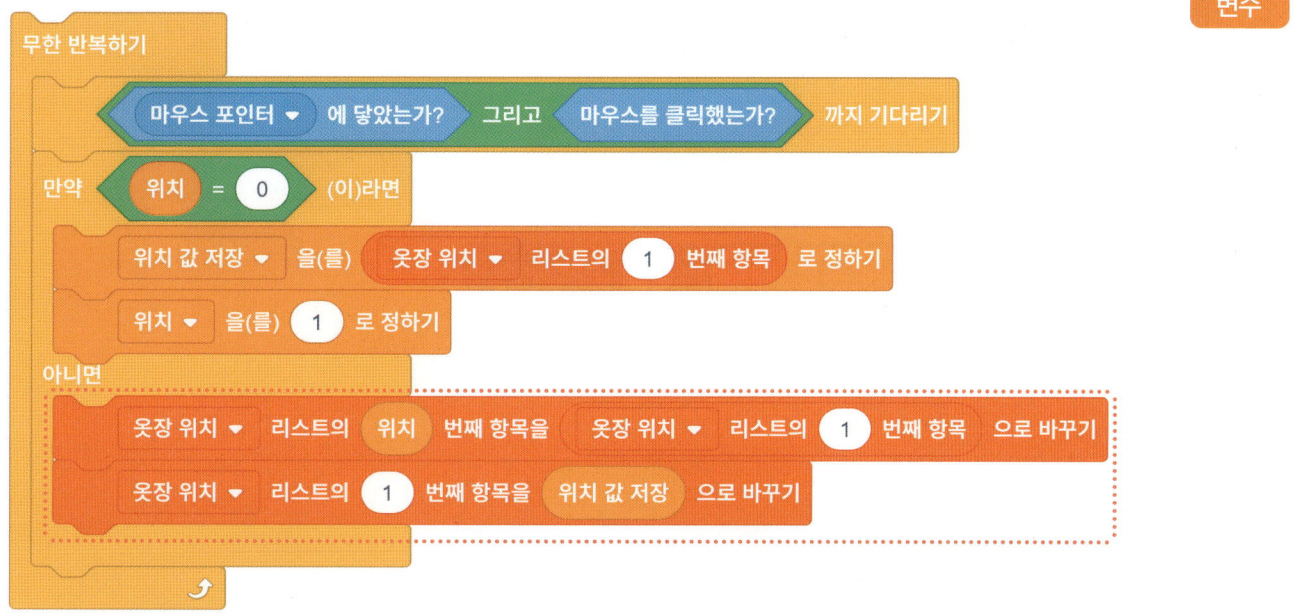

 **쏙쏙! 코드 이해하기**

- 예를 들어 자리를 바꾸기 위해 '잠옷'과 '원피스'를 순서대로 클릭한다면, '잠옷'을 먼저 클릭했을때 '위치' 변숫값이 '0'이므로 '위치 값 저장' 변숫값은 '옷장 위치' 리스트의 '2'번째 항목('-44')으로, '위치' 변숫값은 '2'로 저장돼요.
- 이어서 '원피스'를 클릭하면 '위치' 변숫값이 '0'이 아니므로 '옷장 위치' 리스트의 '위치' 변숫값('2') 번째 항목을 1번째 항목('-121')으로 변경하고 1번째 항목에 '위치 값 저장' 변숫값('-44')으로 변경하여 두 오브젝트의 위치를 변경할 수 있어요.

❹ 다른 옷도 정리할 수 있도록 '위치', '위치값 저장' 변숫값이 '0'으로 초기화되도록 그림과 같이 코드를 완성합니다.

쏙쏙! 코드 이해하기

스프라이트가 여러번 클릭되지 않도록 '1'초를 기다려요.

❺ ❶~❹와 같은 방법으로 '잠옷' 스프라이트가 이동할 수 있도록 그림과 같이 코드를 완성합니다.

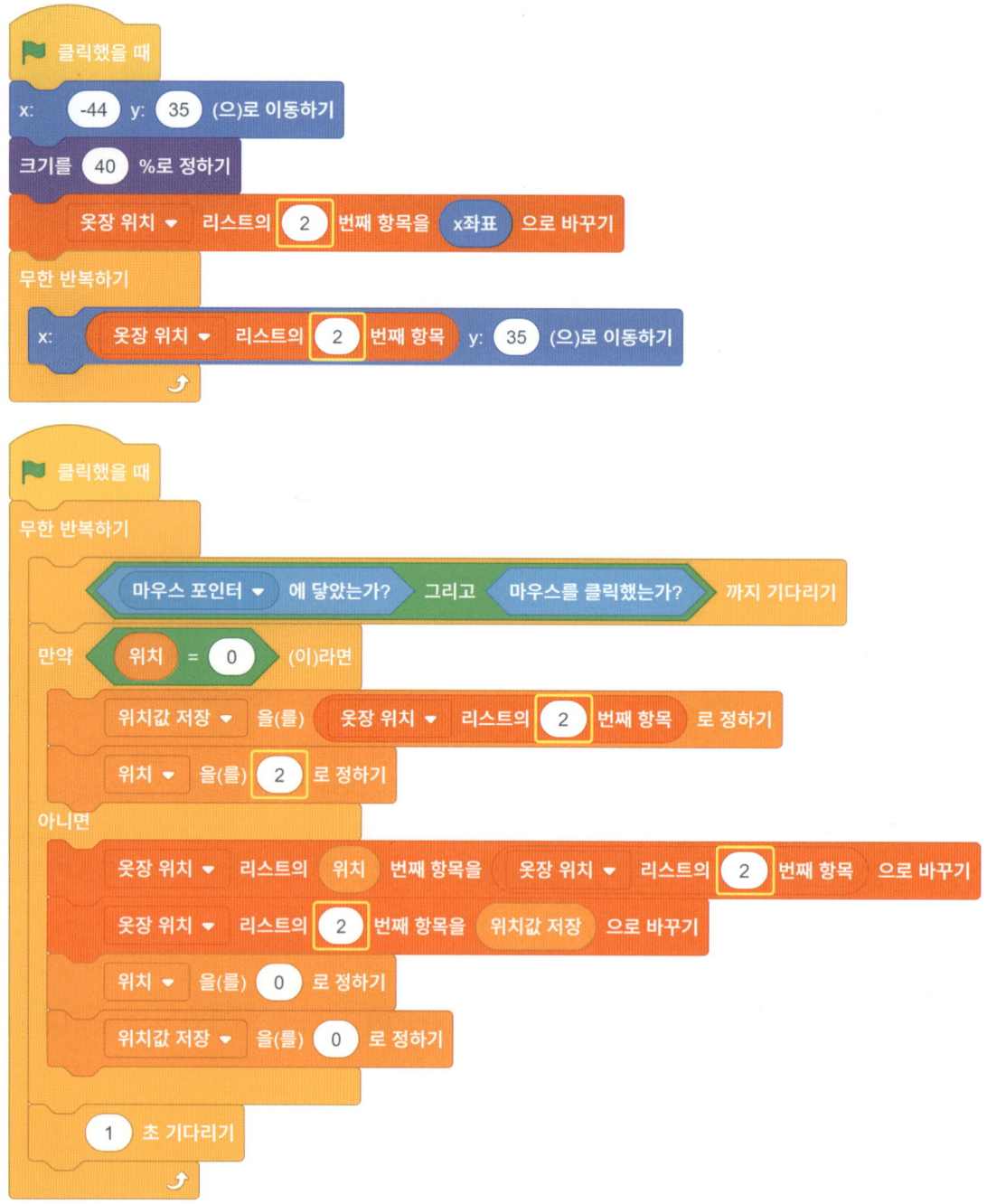

❻ '바지', '티셔츠', '점퍼' 스프라이트도 코드를 완성하고 리스트의 항목 위치를 변경합니다.

스프라이트 이름	항목 위치
바지	3
티셔츠	4
점퍼	5

❼ 프로젝트를 실행하여 위치가 섞인 옷들을 차례로 클릭하여 위치를 바꿔봅니다.

08 스스로 코딩

• 예제 파일 : 08강 책상 정리(예제).sb3   • 완성 파일 : 08강 책상 정리(완성).sb3

 예제 파일을 불러와 'x좌표', 'y좌표' 리스트를 생성하고, 자료를 추가해 보세요.

 필기도구1
① 'x좌표', 'y좌표' 리스트와 '위치', 'x좌표 위치', 'y좌표 위치' 변수를 만들어요.
② 변수와 리스트를 숨겨요.
③ 'x좌표', 'y좌표' 리스트에 항목을 추가해요.

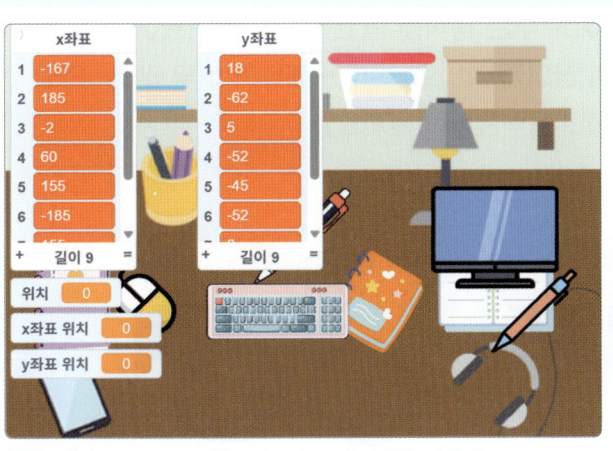

| 힌트 | '08강 x좌표.txt', '08강 y좌표.txt' 파일을 이용해요.

 책상 위의 물품들을 차례로 클릭하면 자리가 서로 변경되도록 코딩해 보세요.

 필기도구1~컴퓨터3
① 물품을 클릭하면 첫 번째 선택한 스프라이트인지 확인한 후 'x좌표 위치', 'y좌표 위치' 변수에 첫 번째 스프라이트의 x, y좌표값이 입력돼요.
② 두 번째 물품은 첫 번째 물품 위치로 이동하고, 첫 번째 물품이 두 번째 물품 위치로 이동해요.

| 힌트 | 스프라이트가 바로 클릭되지 않도록 '1'초를 기다려요.

09 생일파티 랜덤음식

학습목표
- 음식을 클릭하여 리스트에 항목을 추가할 수 있어요.
- 배달 상자를 클릭하면 리스트 중 랜덤으로 항목을 불러올 수 있어요.

오늘의 작품은?

즐거운 생일파티가 있는 날! 친구들에게 무슨 음식을 먹고 싶은지 물어봤어요. 피자, 떡볶이, 초밥, 치킨 등등 음식 이름이 끊이지 않네요. "으악~ 메뉴가 너무 많아~ 안되겠어! 뽑기로 정하자!" 과연 오늘의 파티 음식은 무엇일까요?

• 예제 파일 : 09강 음식 랜덤 뽑기(예제).sb3   • 완성 파일 : 09강 음식 랜덤 뽑기(완성).sb3

주요 블록

| 상자 확인 ▼ 신호 보내기 | 항목 을(를) 음식 ▼ 에 추가하기 | 1 부터 10 사이의 난수 | 모양 이름 ▼ |

1 리스트에 음식 담기

음식을 클릭하면 '음식' 리스트에 항목으로 추가되도록 설정해 보세요.

① '09강 음식 랜덤 뽑기(예제).sb3' 파일을 실행하고, [변수] 탭에서 '음식' 리스트를 생성한 후 리스트를 스테이지에서 숨깁니다.

 스파게티 : '스파게티'를 클릭하면 '스파게티'가 생일파티 '음식' 리스트에 담기고 사라져요.

② '스파게티'를 클릭하면 '음식' 리스트에 '스파게티' 이름이 추가되고 스테이지에서 사라지도록 그림과 같이 코드를 완성합니다.

CHAPTER 09 생일파티 랜덤음식 _ **057**

❸ '상자 확인' 신호를 받으면 다른 스크립트를 멈추고 '스파게티'의 모습을 숨기도록 그림과 같이 코드를 완성합니다.

❹ ❷~❸과 같은 방법으로 '돈까스'~'치킨'을 클릭하면 모양 이름을 '음식' 리스트에 추가하고, '상자 확인' 신호를 받으면 모습을 숨기도록 코드를 완성해 봅니다.

> **Tip**
> '스파게티'의 코드를 복사하여 붙여 넣은 후 x좌표, y좌표, 크기의 값만 변경하여 사용해요.

 **선택** : '선택'을 클릭하면 '음식 뽑기' 장면으로 넘어가요.

❺ '선택'을 클릭하면 '음식 뽑기' 배경이 보이도록 그림과 같이 코드를 완성합니다.

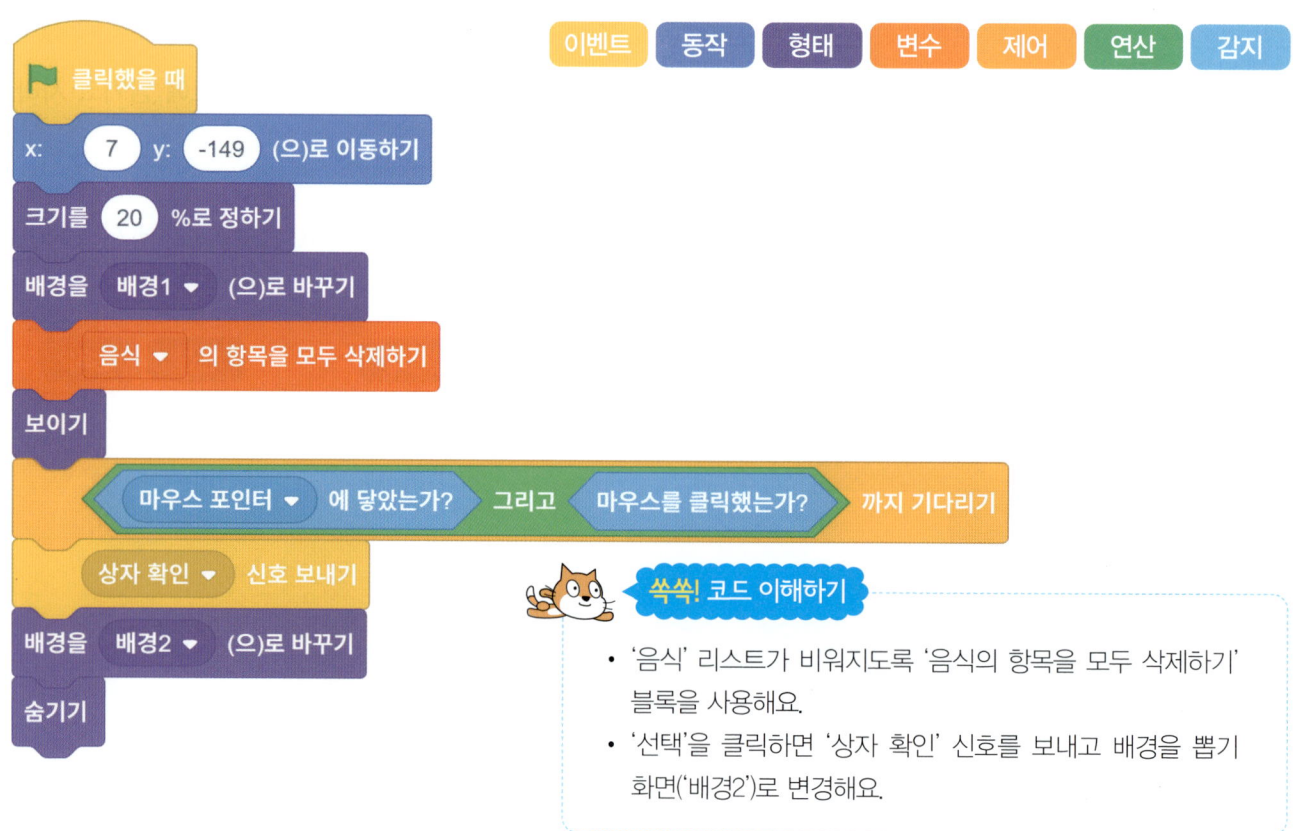

쏙쏙! 코드 이해하기
- '음식' 리스트가 비워지도록 '음식의 항목을 모두 삭제하기' 블록을 사용해요.
- '선택'을 클릭하면 '상자 확인' 신호를 보내고 배경을 뽑기 화면('배경2')로 변경해요.

2 생일파티 음식 뽑기

'배달 상자'를 클릭하면 '음식' 리스트 중 하나가 랜덤으로 선택되도록 설정해 보세요.

 배달 상자 : '배달 상자'를 클릭하면 '배달 상자'가 좌우로 흔들리다가 음식을 뽑아요.

① 프로젝트가 시작되면 '배달 상자'의 위치와 크기를 초기화한 후 모습을 숨기도록 그림과 같이 코드를 완성합니다.

② '상자 확인' 신호를 받으면 스테이지에 나타나고 '배달 상자'를 클릭하면 좌우로 흔들리다가 '음식 뽑기' 신호를 보내도록 그림과 같이 코드를 완성합니다.

당첨 : 음식 리스트에 있는 음식 중 하나가 선택되어 상자 안에서 나와요.

❸ '음식 뽑기' 신호를 받으면 '음식' 리스트의 첫 번째 항목부터 마지막 항목 중에서 랜덤으로 선택된 모양으로 바뀌도록 그림과 같이 코드를 완성합니다.

쏙쏙! 코드 이해하기

'리스트의 길이' 블록은 리스트에 추가되어 있는 항목의 전체 개수를 알 수 있어요.

❹ '음식'이 상자 안에서 나오는 것처럼 보이도록 반복문을 활용해 '음식'의 크기와 위치가 변하도록 그림과 같이 코드를 완성합니다.

쏙쏙! 코드 이해하기

크기와 위치를 반복해 변경하면 음식이 '배달 상자'에서 튀어나온 것 같은 느낌을 표현할 수 있어요.

❺ 프로젝트를 실행한 후 생일파티 음식들을 리스트에 넣고 랜덤으로 선택해 봅니다.

09 스스로 코딩

• 예제 파일 : 09강 비밀 편지 뽑기(예제).sb3   • 완성 파일 : 09강 비밀 편지 뽑기(완성).sb3

미션 1 예제 파일을 불러와 리스트와 신호를 생성한 후 비밀편지를 선택할 수 있게 코딩해 보세요.

| 비밀편지① | '비밀편지1'~ '비밀편지6' | ① '비밀편지' 리스트와 '편지뽑기' 신호를 생성해요. ② '비밀편지1'를 클릭하면 '비밀편지' 리스트에 모양 이름이 추가돼요. ③ 리스트에 추가되면 '비밀편지1' 스프라이트를 숨겨요. ④ '비밀편지2~6'도 '비밀편지1'과 같이 코드를 완성해요. |

| 힌트 | • '비밀편지' 리스트는 스테이지에서 숨겨요.
• '비밀편지1'의 코드를 복사하여 위치와 크기를 변경한 후 다른 스프라이트에 사용해요.

미션 2 '봉투'를 클릭하면 비밀 편지 메세지가 선택되도록 코딩해 보세요.

봉투

① '선택'을 누르면 비밀편지 뽑기 배경으로 변경해요.
② '봉투'를 클릭하면 '봉투'가 좌우로 흔들려요.
③ '봉투'가 멈추고 '비밀 편지 메세지'가 랜덤으로 선택된 후 확대돼요.

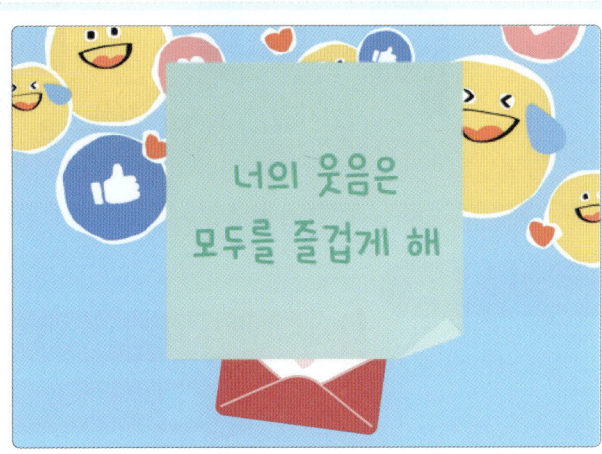

10 장기자랑 발표 순서

학습목표
- 입력을 클릭하여 장기자랑 명단에 이름을 입력할 수 있어요.
- 순서를 클릭하여 명단의 이름을 랜덤으로 가져올 수 있어요.
- 장기자랑 명단에 이미 등록된 이름은 입력할 수 없어요.

오늘은 기다리던 장기자랑 발표회예요. 모두 들뜬 마음으로 발표할 장기를 연습하느라 분주한 가운데 갑자기 사회자가 소리쳤어요. "맙소사! 참가자 명단과 순서표 모두 사라졌어!" 우왕좌왕 혼란스러워하는 친구들에게 스크래치를 이용하여 명단과 순서표를 만들어줘요.

• 예제 파일 : 10강 장기자랑 순서(예제).sb3   • 완성 파일 : 10강 장기자랑 순서(완성).sb3

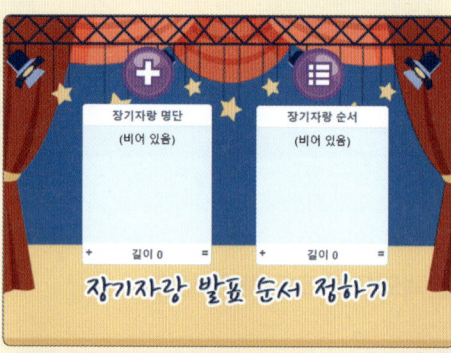
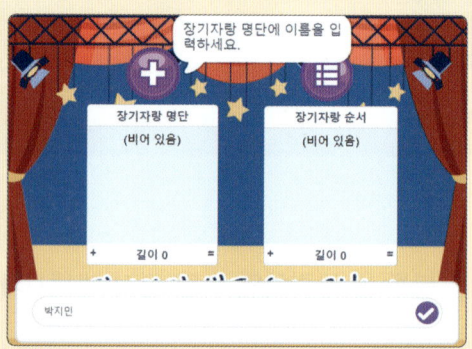

주요 블록

`장기자랑 명단 ▼ 의 항목을 모두 삭제하기`

`항목 을(를) 장기자랑 순서 ▼ 에 추가하기`

`1 번째 항목을 장기자랑 명단 ▼ 에서 삭제하기`

`장기자랑 명단 ▼ 리스트의 1 번째 항목`

1 장기자랑 명단 만들기

'입력'을 눌러 장기자랑 명단을 만들 수 있도록 설정해 보세요.

❶ '10강 장기자랑 순서(예제).sb3' 파일을 실행하고, [변수] 탭에서 '랜덤 뽑기' 변수와 '장기자랑 순서', '장기자랑 명단' 리스트를 생성한 후 '랜덤 뽑기' 변수를 숨깁니다.

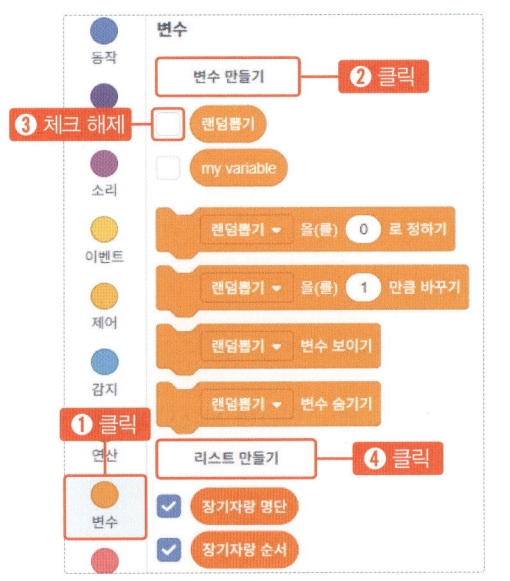
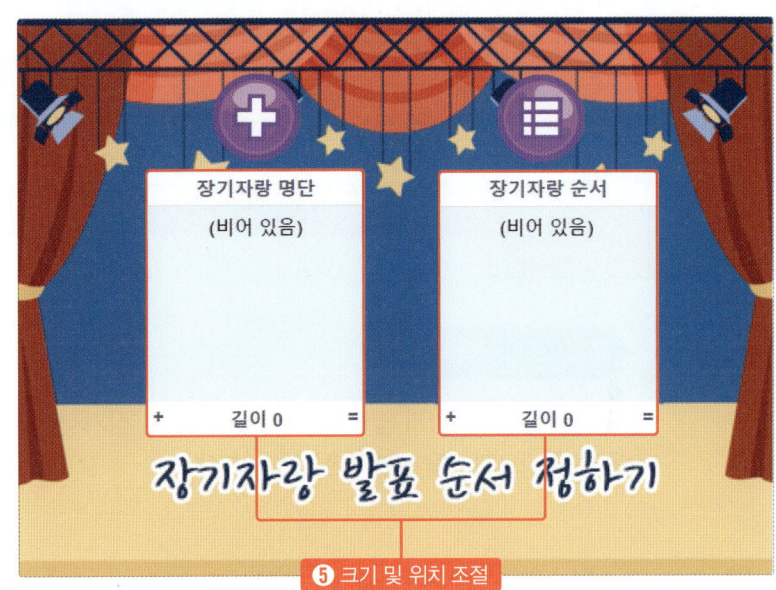

입력 : '입력'을 누르면 장기자랑 명단을 입력할 수 있어요.

❷ '입력'을 클릭하면 사용자에게 질문("장기자랑 명단에 이름을 입력하세요.")을 하도록 그림과 같이 코드를 완성합니다.

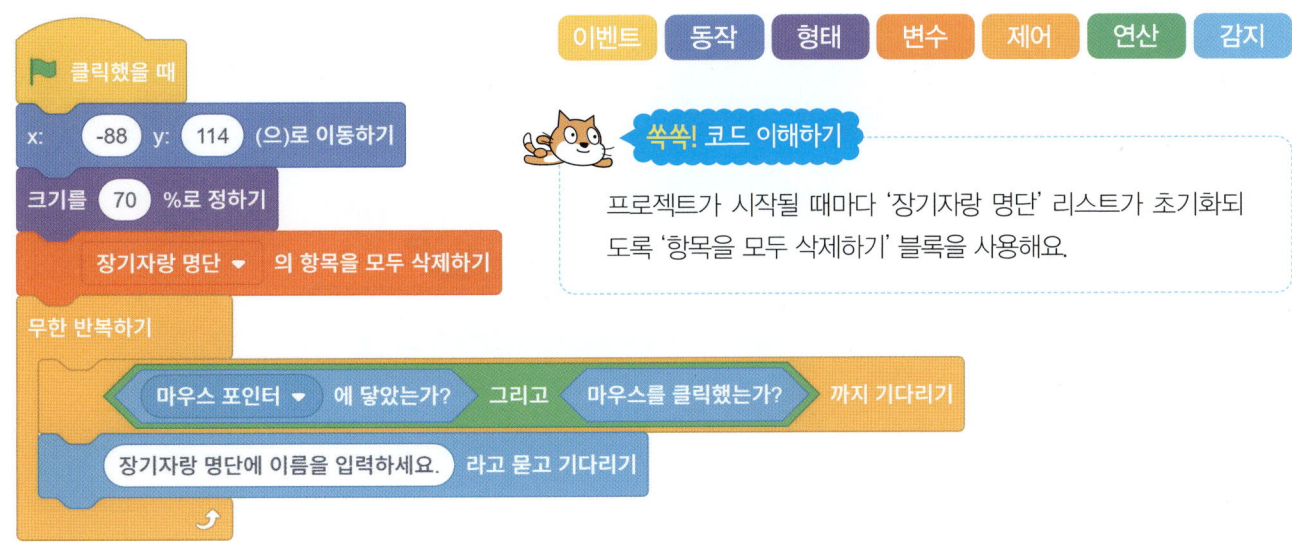

쏙쏙! 코드 이해하기

프로젝트가 시작될 때마다 '장기자랑 명단' 리스트가 초기화되도록 '항목을 모두 삭제하기' 블록을 사용해요.

❸ '장기자랑 명단' 리스트에 입력한 이름이 있는지 확인한 후 이름이 있다면 사용자에게 다시 질문("장기자랑 명단에 동일한 이름이 있습니다. 다른 이름을 입력하세요.") 하도록 그림과 같이 코드를 완성합니다.

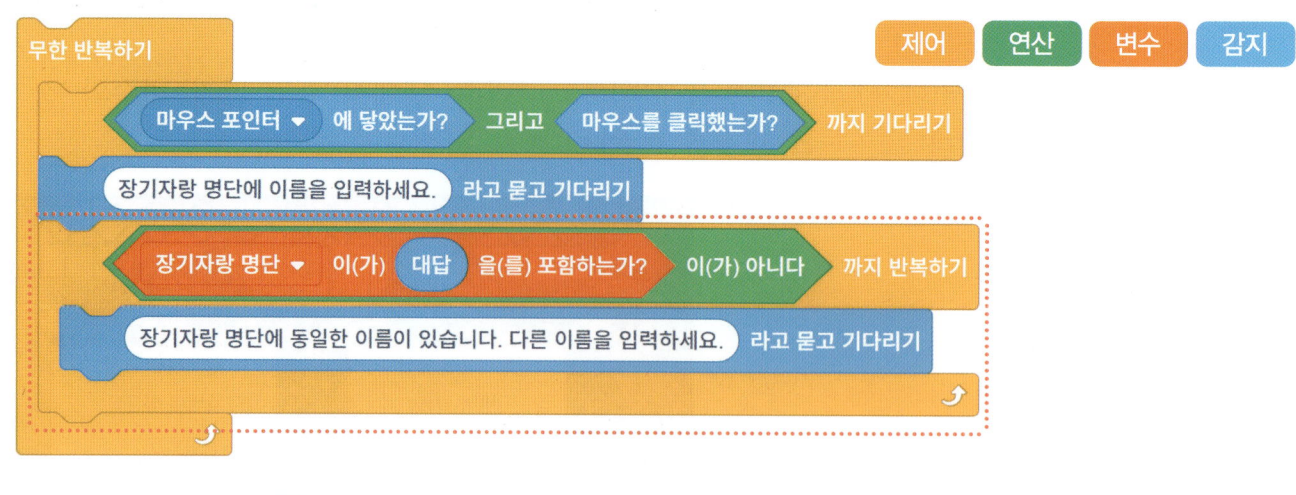

중복된 항목을 추가하지 않도록 사용하는 코드로, '장기자랑 명단' 리스트에 같은 이름이 있다면 사용자의 대답에서 같은 이름 나오지 않을 때까지 질문을 반복해요.

❹ '장기자랑 명단' 리스트에 입력한 대답과 동일한 이름이 없다면 '대답'을 '장기자랑 명단' 리스트에 추가하도록 그림과 같이 코드를 완성합니다.

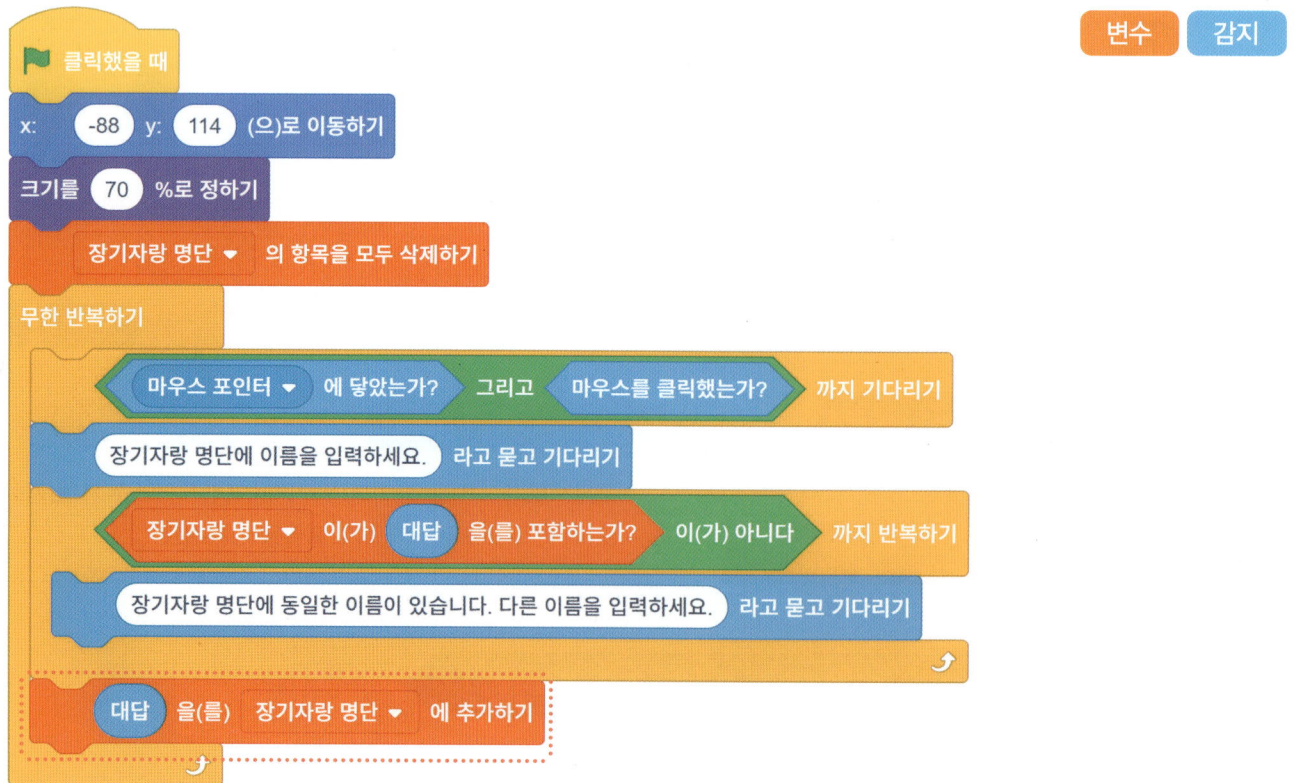

2 랜덤으로 장기자랑 순서 뽑기

'장기자랑 명단'에 있는 이름을 랜덤으로 뽑아 장기자랑 순서를 설정해 보세요.

 순서 : '순서'를 클릭하면 '장기자랑 명단'에 있는 이름이 랜덤으로 선택되어 '장기자랑 순서'를 정해요.

① '순서'를 클릭하면 '장기자랑 명단' 리스트의 항목 수만큼 반복하여 랜덤으로 뽑아 '장기자랑 순서' 리스트에 기록하도록 그림과 같이 코드를 완성합니다.

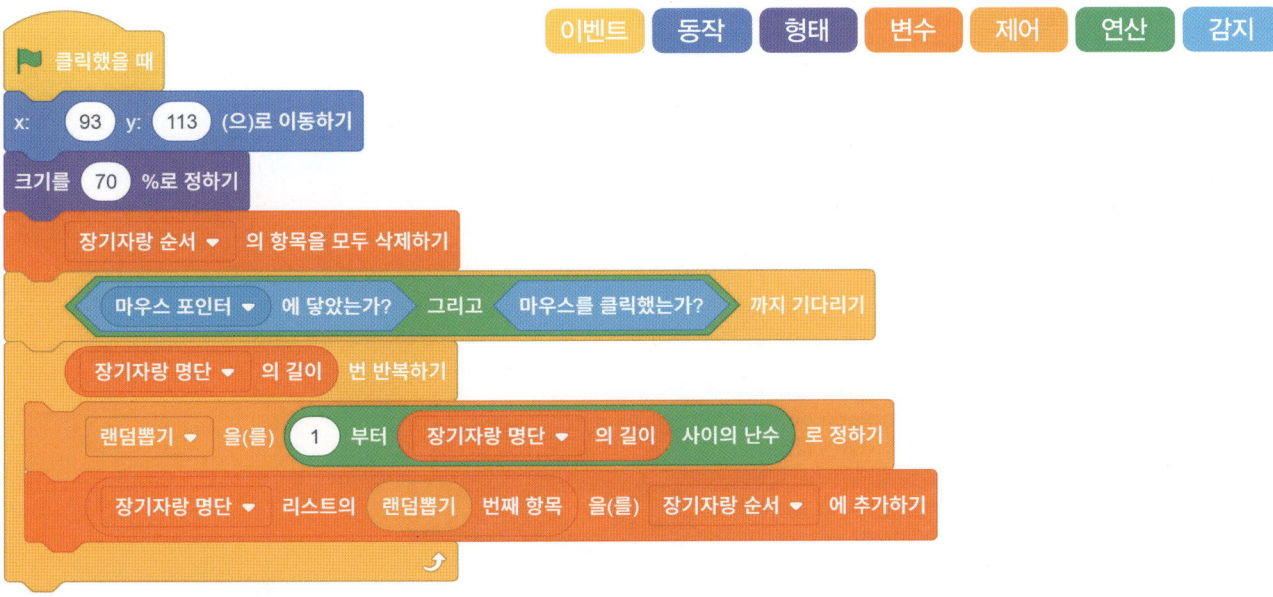

쏙쏙! 코드 이해하기
- 모든 장기자랑 참가자의 순서를 뽑기 위해 '장기자랑 명단'의 길이(항목 수)만큼 반복하여 항목을 추가해요.
- 랜덤으로 저장된 '랜덤뽑기' 변숫값을 이용하여 '장기자랑 순서' 리스트에 추가해요.

② '장기자랑 순서' 리스트에 기록된 이름이 '장기자랑 명단' 리스트에서 삭제되도록 그림과 같이 코드를 완성합니다.

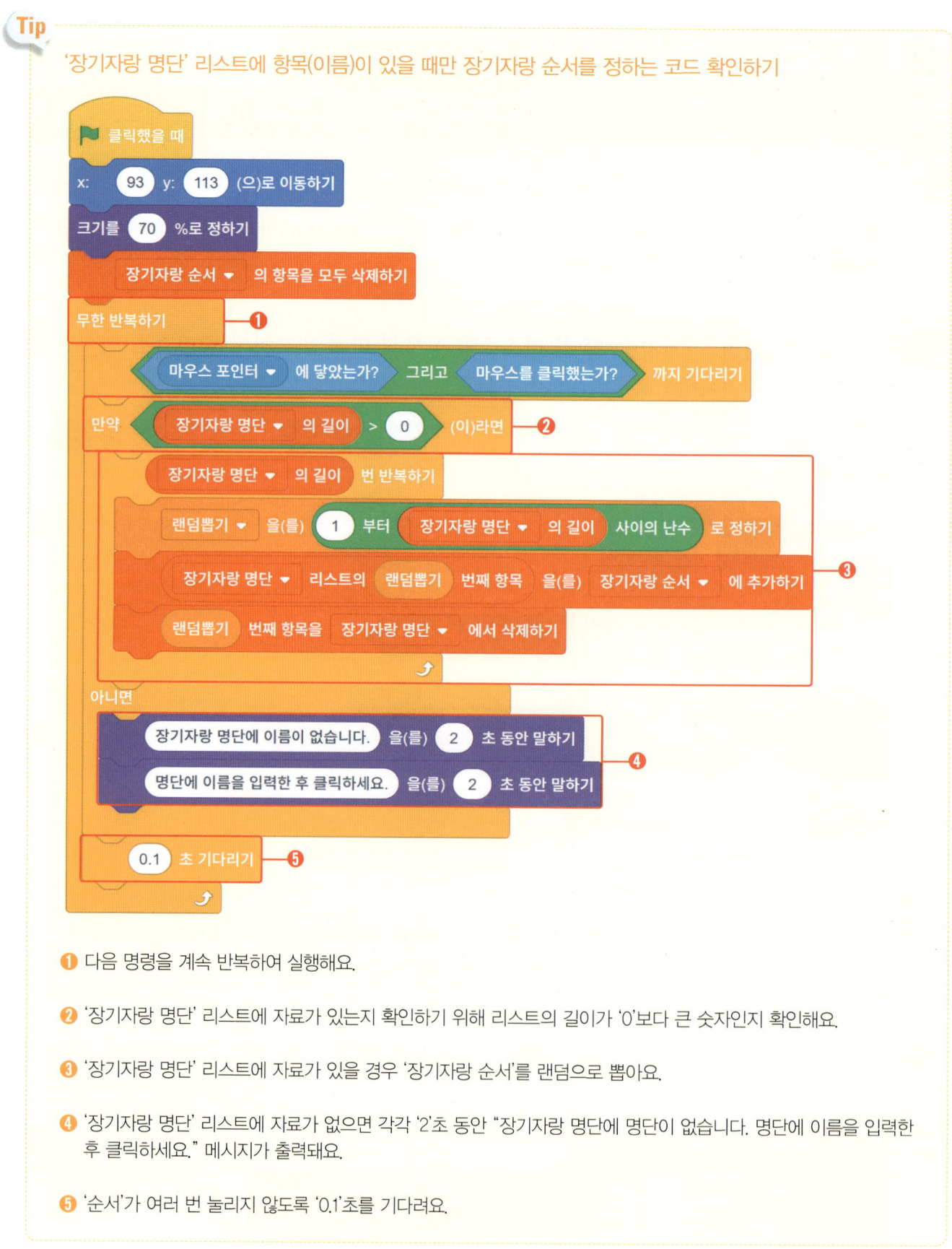

❶ 다음 명령을 계속 반복하여 실행해요.

❷ '장기자랑 명단' 리스트에 자료가 있는지 확인하기 위해 리스트의 길이가 '0'보다 큰 숫자인지 확인해요.

❸ '장기자랑 명단' 리스트에 자료가 있을 경우 '장기자랑 순서'를 랜덤으로 뽑아요.

❹ '장기자랑 명단' 리스트에 자료가 없으면 각각 '2'초 동안 "장기자랑 명단에 명단이 없습니다. 명단에 이름을 입력한 후 클릭하세요." 메시지가 출력돼요.

❺ '순서'가 여러 번 눌리지 않도록 '0.1'초를 기다려요.

❸ 프로젝트를 실행하여 명단을 입력하고 장기자랑 순서를 랜덤으로 뽑아 봅니다.

10 스스로 코딩

• 예제 파일 : 10강 이어달리기 순서(예제).sb3   • 완성 파일 : 10강 이어달리기 순서(완성).sb3

미션 1 예제 파일을 불러와 '입력'을 클릭하면 '이어달리기 명단'을 추가할 수 있도록 코딩해 보세요.

   입력
① '이어달리기 순서', '이어달리기 명단' 리스트와 '랜덤 뽑기' 변수를 생성한 후 변수를 숨겨요.
② '입력'을 누르고 이름을 입력하면 '이어달리기 명단'에 추가하고 같은 이름은 입력되지 않도록 해요.

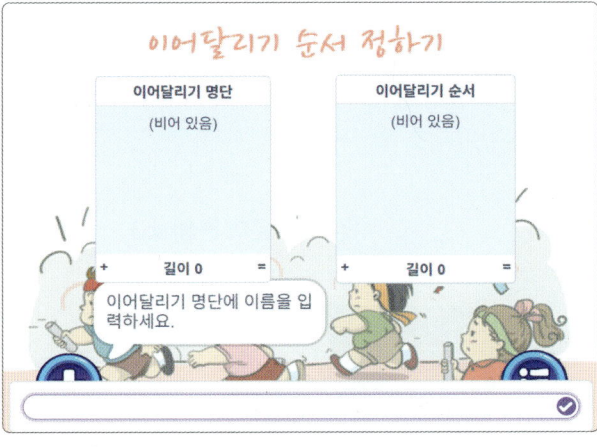

미션 2 '순서'를 클릭하면 '이어달리기 명단'의 순서가 랜덤으로 정렬되도록 코딩해 보세요.

   순서
① '순서'를 클릭하면 '이어달리기 명단'에 있는 이름이 랜덤으로 선택되어 '이어달리기 순서' 리스트로 이동해요.
② 이동한 이름은 '이어달리기 명단'에서 삭제돼요.

11 랜덤 수학 문제

학습목표
- 숫자와 연산이 랜덤으로 출제되는 문제를 만들 수 있어요.
- 틀린 문제는 리스트의 마지막 항목으로 설정할 수 있어요.
- 문제와 같은 순서에 정답을 기록할 수 있어요.

요즘 수학 문제 푸는 게 재미있어요. 처음엔 틀리는 문제도 많았지만, 다시 풀어보면서 실력이 늘었어요. 어려운 문제를 맞추면 뿌듯함까지 느껴졌어요. "오늘은 몇 문제나 맞출 수 있을까?" 하며 도전 중이에요!

• 예제 파일 : 11강 수학 문제(예제).sb3   • 완성 파일 : 11강 수학 문제(완성).sb3

주요 블록

1 문제 만들기

'문제', '정답' 리스트를 이용하여 랜덤으로 문제를 만들도록 설정해 보세요.

❶ '11강 수학 문제(예제).sb3' 파일을 실행하고, [변수] 탭에서 '연산', '숫자1', '숫자2', '문제 출제' 변수와 '문제', '정답' 리스트를 생성한 후 모든 변수와 리스트를 숨깁니다.

 시작 : '시작'을 클릭하면 '10'개의 수학 문제 출제돼요.

❷ '시작'을 클릭하면 문제를 '10'번 생성하기 위해 반복하여 '숫자1', '숫자2', '연산' 변수에 랜덤 값이 설정되도록 그림과 같이 코드를 완성합니다.

❸ 랜덤으로 선택된 '연산' 변숫값이 '1'이라면 덧셈 문제를 생성하여 '문제' 리스트에 추가하고, 해당 문제의 정답을 '정답' 리스트에 추가하도록 그림과 같이 코드를 완성합니다.

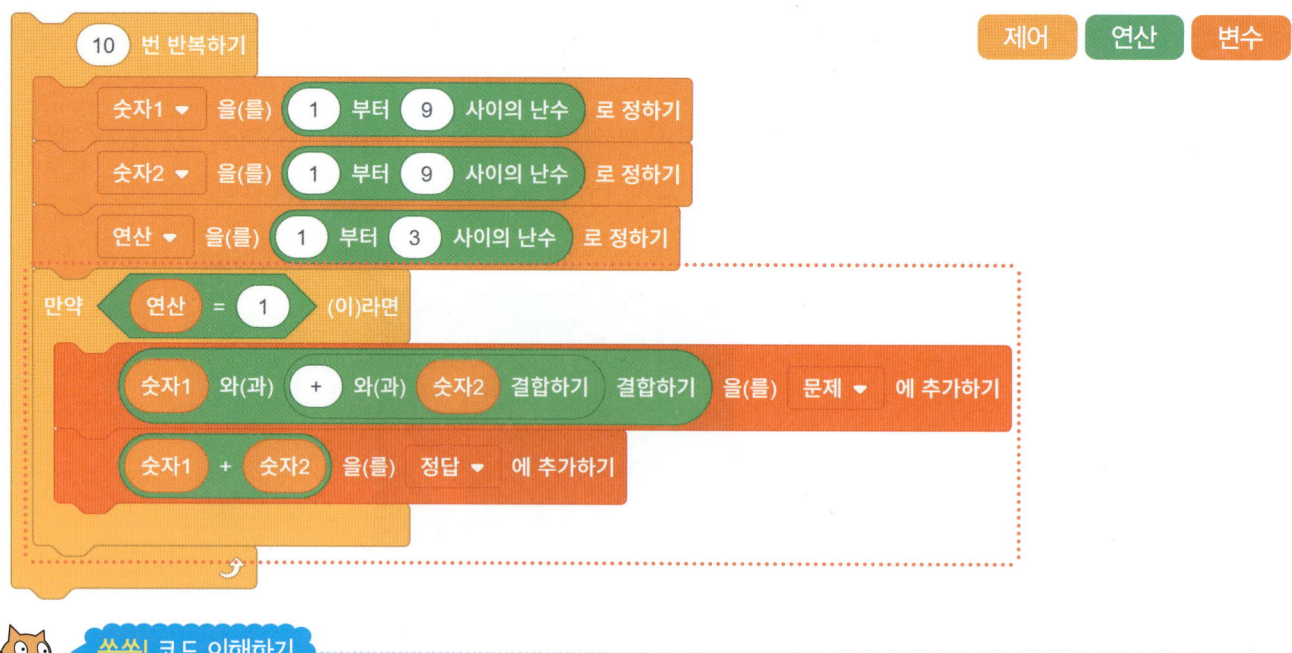

쏙쏙! 코드 이해하기
- '문제' 리스트에는 결합하기 블록으로 만든 문제 문장을 추가해요.
- '정답' 리스트에는 덧셈 결과를 계산해 추가해요.

❹ '연산' 변숫값이 '2'일 때는 뺄셈, '3'일 때는 곱셈으로 문제를 생성하여 '문제'와 '정답' 리스트에 추가되도록 설정하고, '10'문제 만들어지면 '출제' 신호를 보내도록 그림과 같이 코드를 완성합니다.

2 수학 문제 출제하기

랜덤으로 만들어진 수학 문제를 풀도록 설정해 보세요.

문제 : 문제가 출제되면 계산 문제가 나타나고, 정답을 입력할 수 있는 질문 창이 나타나요.

❶ 프로젝트가 시작되면 '문제'가 스테이지에 나타나고 메시지("아래 버튼을 누르면 문제 풀기가 시작됩니다.")가 나타나도록 그림과 같이 코드를 완성합니다.

```
▶ 클릭했을 때
x: 0 y: 42 (으)로 이동하기
크기를 40 %로 정하기
모양을 문제 ▼ (으)로 바꾸기
보이기
아래 버튼을 누르면 문제 풀기가 시작됩니다. 을(를) 3 초 동안 말하기
```

이벤트 동작 형태

❷ '출제' 신호를 받으면 문제를 전부 풀 때까지 '첫 번째 숫자 표시', '연산 표시', '두 번째 숫자 표시' 신호를 보낼 수 있도록 그림과 같이 코드를 완성합니다.

이벤트 형태 제어 연산 변수

 **쏙쏙! 코드 이해하기**

문제의 정답을 맞추면 '1'번째 항목을 삭제하기 때문에 사용자는 항상 '문제' 리스트의 '1'번째 항목을 풀어요.

❸ 사용자에게 질문("정답 입력")을 하고, 입력한 대답이 문제의 정답과 같다면 '문제'와 '정답' 리스트에서 첫 번째 항목을 삭제하도록 그림과 같이 코드를 완성합니다.

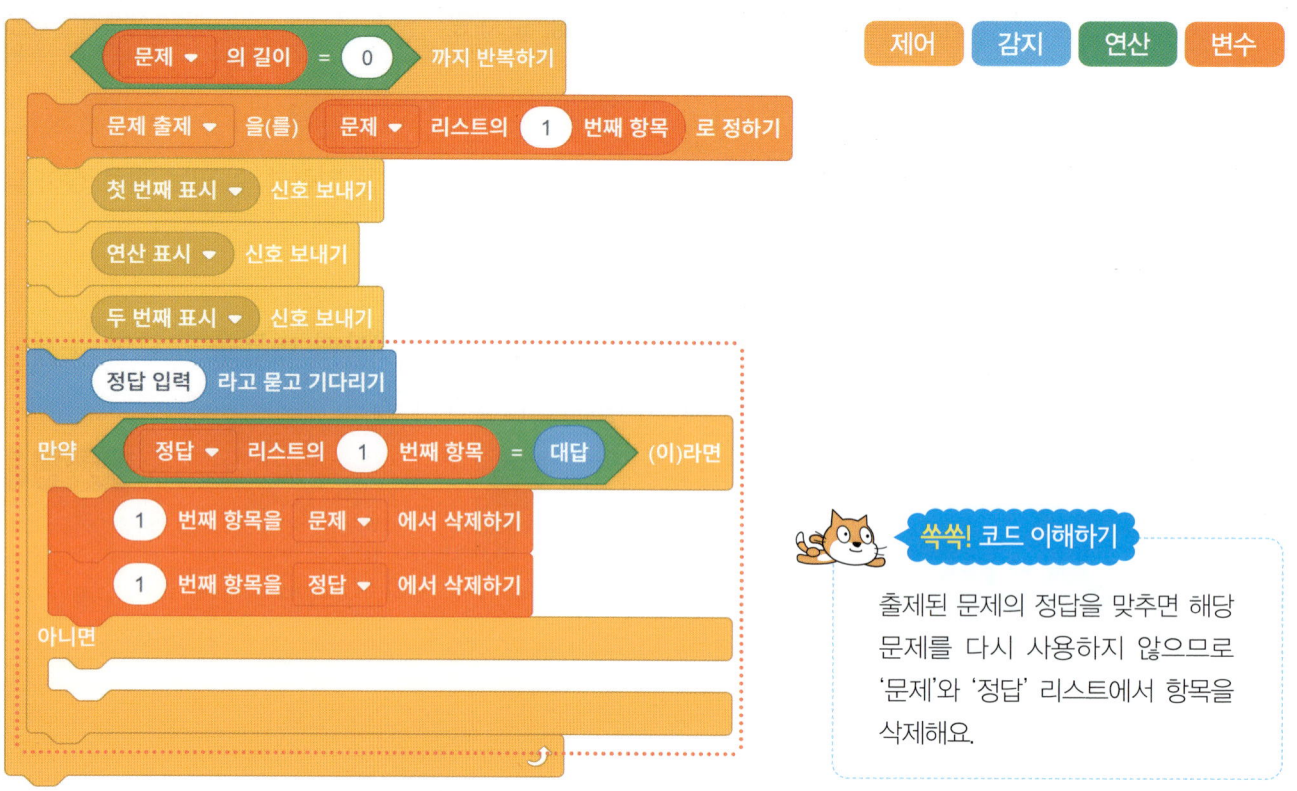

쏙쏙! 코드 이해하기

출제된 문제의 정답을 맞추면 해당 문제를 다시 사용하지 않으므로 '문제'와 '정답' 리스트에서 항목을 삭제해요.

❹ 입력한 대답이 오답이라면 사용자가 문제를 다시 풀 수 있도록 해당 문제와 정답을 '문제' 리스트와 '정답' 리스트의 마지막에 추가하도록 그림과 같이 코드를 완성합니다.

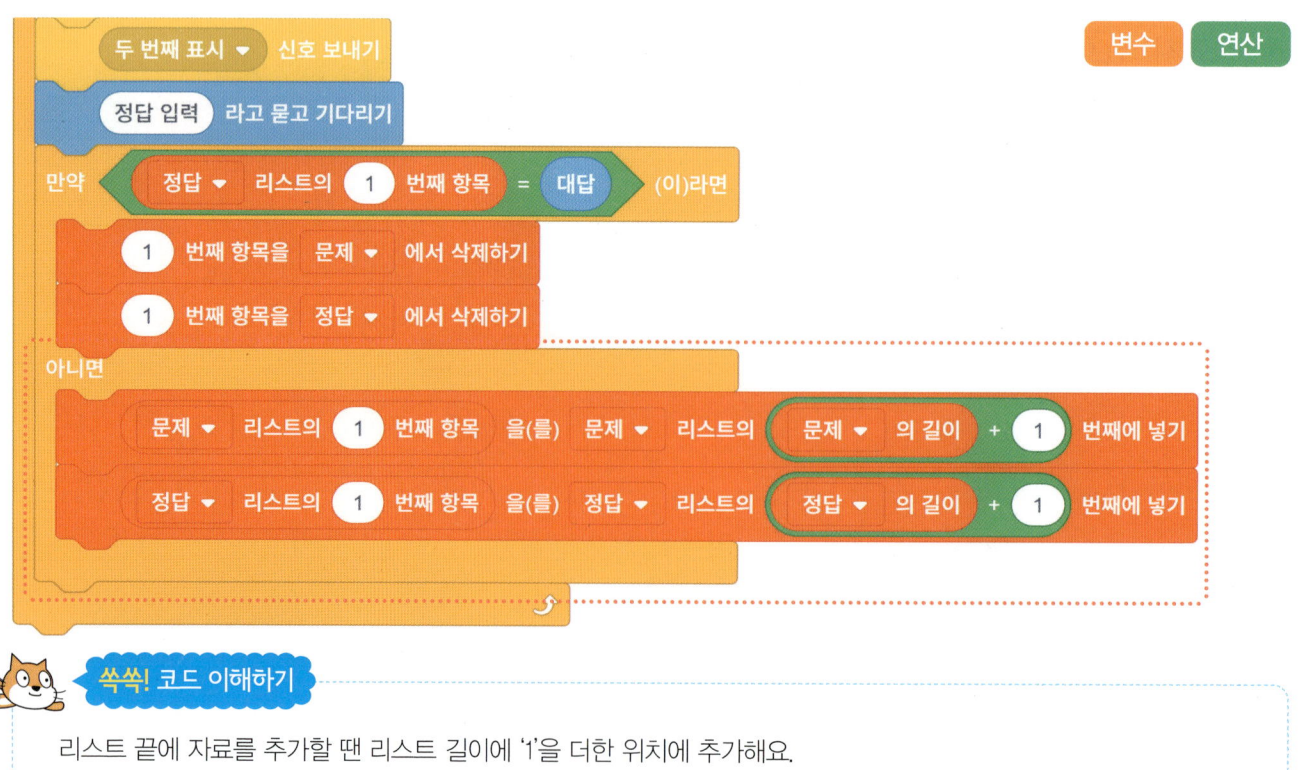

쏙쏙! 코드 이해하기

리스트 끝에 자료를 추가할 땐 리스트 길이에 '1'을 더한 위치에 추가해요.

❺ 사용자가 풀었던 첫 번째 문제는 삭제하고, 이후 '10'문제를 다 풀면 '공부 종료' 신호를 보내고 '끝' 모양으로 보이도록 그림과 같이 코드를 완성합니다.

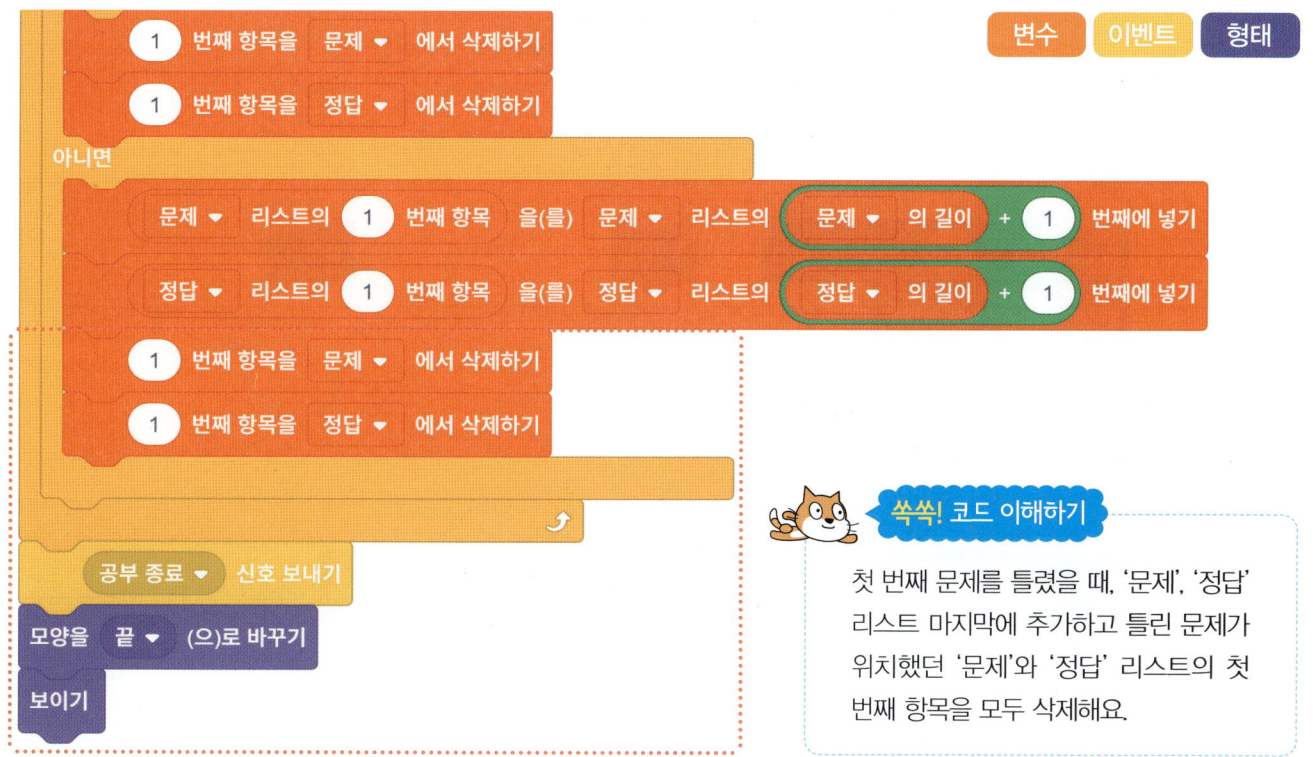

> **쏙쏙! 코드 이해하기**
> 첫 번째 문제를 틀렸을 때, '문제', '정답' 리스트 마지막에 추가하고 틀린 문제가 위치했던 '문제'와 '정답' 리스트의 첫 번째 항목을 모두 삭제해요.

1 첫 번째 숫자 : 문제가 출제되면 신호에 따라 화면에 계산 문제가 나타나요.

❻ 숨겨져 있던 문제가 '출제', '공부 종료', '첫 번째 표시' 신호에 따라 각각 화면에 보이거나 숨겨지도록 그림과 같이 코드를 완성합니다.

> **쏙쏙! 코드 이해하기**
> '문제' 리스트의 항목은 '1+2', '5-1'와 같이 숫자와 연산이 결합되어 있으며, 그 중 항목의 '1'번째 글자는 '1~9'까지 랜덤으로 정해진 숫자예요.

❼ ❻과 같은 방법으로 '연산'과 '두 번째 숫자'에 각각 신호에 따라 화면에 보이거나 숨겨지도록 그림과 같이 코드를 완성합니다.

> **Tip**
> '첫 번째 숫자'의 코드를 복사하여 붙여 넣은 후 스프라이트에 맞춰 신호 이름과 글자 순서를 바꿔 사용해요.

❽ 프로젝트를 실행한 후 문제를 풀어 봅니다.

11 스스로 코딩

• 예제 파일 : 11강 영어 단어 퀴즈(예제).sb3   • 완성 파일 : 11강 영어 단어 퀴즈(완성).sb3

미션 1 예제 파일을 불러와 '출제'를 클릭하면 영어 단어 퀴즈 5개를 입력할 수 있도록 코딩해 보세요.

 출제
① '영어 단어' 변수와 '문제', '정답' 리스트를 생성하고 숨겨요.
② '출제'를 클릭한 후 '영어 단어'와 '정답'을 '5'번 리스트에 추가해요.
③ 5개의 문제를 입력하면 '출제' 신호를 보내고, 스테이지에서 숨겨요.

미션 2 '출제' 신호를 받으면 영어 단어 퀴즈 5개를 출제하도록 코딩해 보세요.

 문제
① 프로젝트를 시작하면 문제를 출제하도록 말한 후 숨겨요
② '출제' 신호를 받은 후 '문제'를 클릭하면 영어 단어 퀴즈를 전부 풀 때까지 출제해요.
③ 정답을 맞추면 첫 번째 문제가 삭제되고, 틀리면 리스트 마지막 항목에 추가해요.

| 힌트 | 문제를 모두 맞추면 "영어 단어 퀴즈 종료!"를 말해요.

12 공연 준비물 찾기 게임

학습목표
- 힌트에 나타나는 공연 준비물을 확인할 수 있어요.
- 필요한 준비물을 찾았을 때와 그렇지 않을 때를 표현할 수 있어요.
- 5번을 진행한 후 결과를 모양으로 표현할 수 있어요.

공연을 앞둔 날, 친구들과 대기실에 모여 준비물을 점검했어요. 마이크, 악보 등 필요한 물건들이 적힌 체크리스트를 들고 하나씩 확인했어요. 대기실을 보면서 준비물을 찾고 위치를 체크해서 표시해요. 잘못 찾으면 게임이 종료되니 조심해요~

• 예제 파일 : 12강 공연 준비물(예제).sb3   • 완성 파일 : 12강 공연 준비물(완성).sb3

주요 블록

`시작 확인 ▼ 을(를) 0 로 정하기`   `힌트 ▼ 리스트의 1 번째 항목`   `모양을 winner ▼ (으)로 바꾸기`

1 찾기 게임 설정하기

리스트와 신호, 변수를 생성하고 찾기 게임을 설정해 보세요.

① '12강 공연 준비물(예제).sb3' 파일을 실행하고, [변수] 탭에서 '시간', '순서', '시작 확인' 변수와 '정답', '힌트' 리스트를 생성한 후 '순서', '시작 확인' 변수와 '정답' 리스트를 체크 해제하여 숨깁니다.

② '힌트' 리스트에서 마우스 오른쪽 버튼을 클릭하여 [가져오기]를 선택하고 [12강 예제] 폴더에 있는 '12강 힌트.txt' 파일을 선택하여 [열기]를 클릭합니다.

③ 리스트에 항목이 추가되면 [변수] 탭의 '힌트' 리스트를 체크 해제하여 숨깁니다.

	마이크~헤드셋 : '공연 준비물' 위치에 있는 박스가 보이지 않아요.

④ '마이크'~'헤드셋' 스프라이트를 각각 선택한 뒤 프로젝트를 시작하면 투명해지도록 그림과 같이 코드를 완성합니다.

쏙쏙! 코드 이해하기
- '투명도' 효과를 '99'로 설정하면 스테이지에서 모양이 보이지 않아요.
- 스테이지에서 보이지 않는 '숨기기' 블록은 스프라이트를 클릭할 수 없기 때문에 '투명도' 효과 블록을 사용해요.

	시작 : '시작'을 누르면 공연 준비물 찾기가 시작되고, '시간'이 '1'초씩 감소돼요.

⑤ 프로젝트가 시작되면 '시간(30)'과 '순서(0)', '시작 확인(0)' 변숫값을 설정하고, '시작'을 클릭하면 '시작 확인' 변숫값은 '1'로 정하고, '순서' 변숫값은 '1'만큼 더해진 후 찾기가 시작되도록 그림과 같이 코드를 완성합니다.

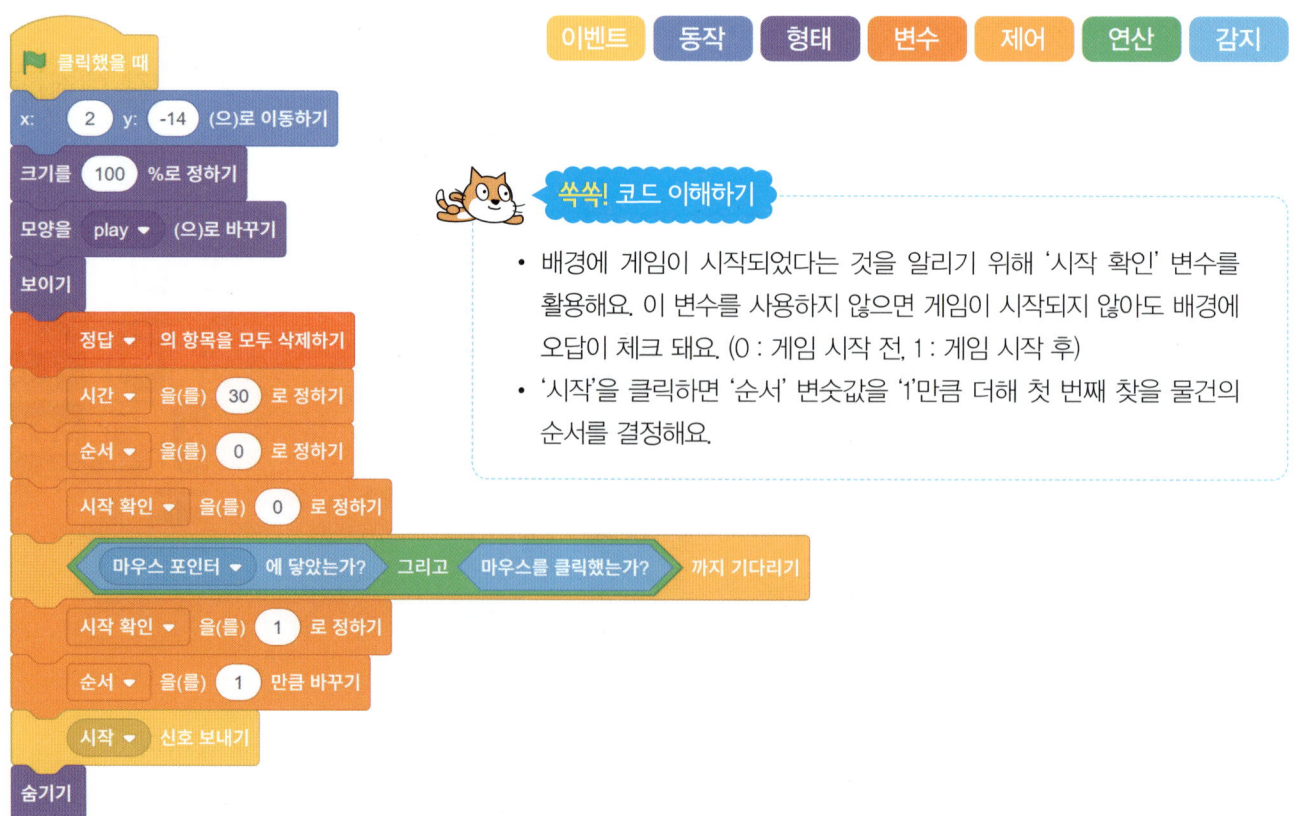

쏙쏙! 코드 이해하기
- 배경에 게임이 시작되었다는 것을 알리기 위해 '시작 확인' 변수를 활용해요. 이 변수를 사용하지 않으면 게임이 시작되지 않아도 배경에 오답이 체크 돼요. (0 : 게임 시작 전, 1 : 게임 시작 후)
- '시작'을 클릭하면 '순서' 변숫값을 '1'만큼 더해 첫 번째 찾을 물건의 순서를 결정해요.

❻ 공연 준비물을 찾다가 '30'초가 지나면 '실패' 신호를 보내도록 그림과 같이 코드를 완성합니다.

 시작 : '성공', '실패' 신호를 받으면 '게임 성공', '게임 실패' 이미지가 나타나요.

❼ '성공', '실패' 신호를 받으면 모든 스프라이트의 코드를 멈춘 뒤 해당하는 이미지로 나타나도록 그림과 같이 코드를 완성합니다.

CHAPTER 12 공연 준비물 찾기 게임 _ 079

2 공연 준비물 찾기

'힌트'를 보고 공연 준비물을 찾을 수 있도록 설정해 보세요.

 힌트 : '힌트'에 찾아야 할 물건 이름이 나타나요.

① 프로젝트를 시작하면 원래 크기와 위치에서 시작하도록 설정한 후 '시작' 신호를 받으면 '힌트' 리스트의 '순서' 변숫값 번째 있는 항목을 표시하도록 그림과 같이 코드를 완성합니다.

마이크~헤드셋 : 힌트에 '마이크'가 나타났을 때 '마이크'를 클릭하면 V표시가 나타나요.

② '시작' 신호를 받았을 때 '마이크'를 클릭하면 '정답' 리스트에 '마이크'가 추가되고, '정답체크' 신호를 보낸 뒤 다음 힌트를 표시하기 위해 '순서' 변숫값을 '1'만큼 증가하도록 그림과 같이 코드를 완성합니다.

쏙쏙! 코드 이해하기

'순서' 변수값이 '1'이라면 '마이크'를 의미하는 것이므로 '마이크'를 클릭하면 '정답' 리스트에 '마이크'를 추가해요.

❷와 같은 방법으로 '악보~헤드셋'도 '마이크'와 같이 코드를 완성하고 비교 값과 '정답' 리스트에 입력할 값을 변경합니다.

스프라이트 이름	순서 비교 값	'정답' 리스트 추가 값
악보	2	악보
기타	3	기타
탬버린	4	탬버린
헤드셋	5	헤드셋

> **Tip**
> '마이크'의 코드를 복사하여 붙여 넣은 후 값을 변경하여 사용해요.

 확인 : 공연 준비물을 찾으면 V를 표시하고, 잘못 찾으면 X를 표시해요.

❹ [확장 기능 추가하기]를 클릭하여 [펜] 기능을 추가합니다.

❺ '정답체크', '오답체크' 신호를 받으면 '마우스 포인터' 위치에서 신호에 따라 모양이 표시되도록 그림과 같이 코드를 완성합니다.

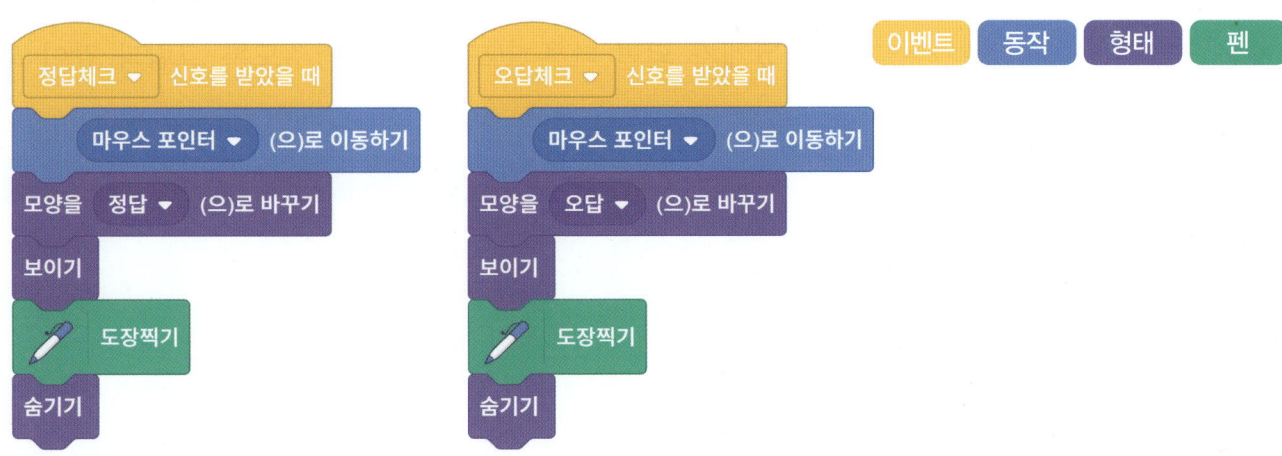

 **쏙쏙! 코드 이해하기**

'확인' 스프라이트는 도장을 찍을 때만 보이도록 해요.

 배경 : '배경'을 클릭하면 오답으로 인식해요.

❻ '배경'을 클릭하면 '오답'이 체크되도록 그림과 같이 코드를 완성합니다.

쏙쏙! 코드 이해하기

'배경'을 클릭하면 '오답체크' 신호를 보내 '마우스 포인터' 위치에 X가 표시돼요.

 확인 : 스테이지를 5번 클릭하면 찾기가 성공인지 실패인지 신호를 보내요.

❼ '정답' 리스트에 추가된 항목이 '5'개가 되면 다른 코드를 모두 멈추도록 그림과 같이 코드를 완성합니다.

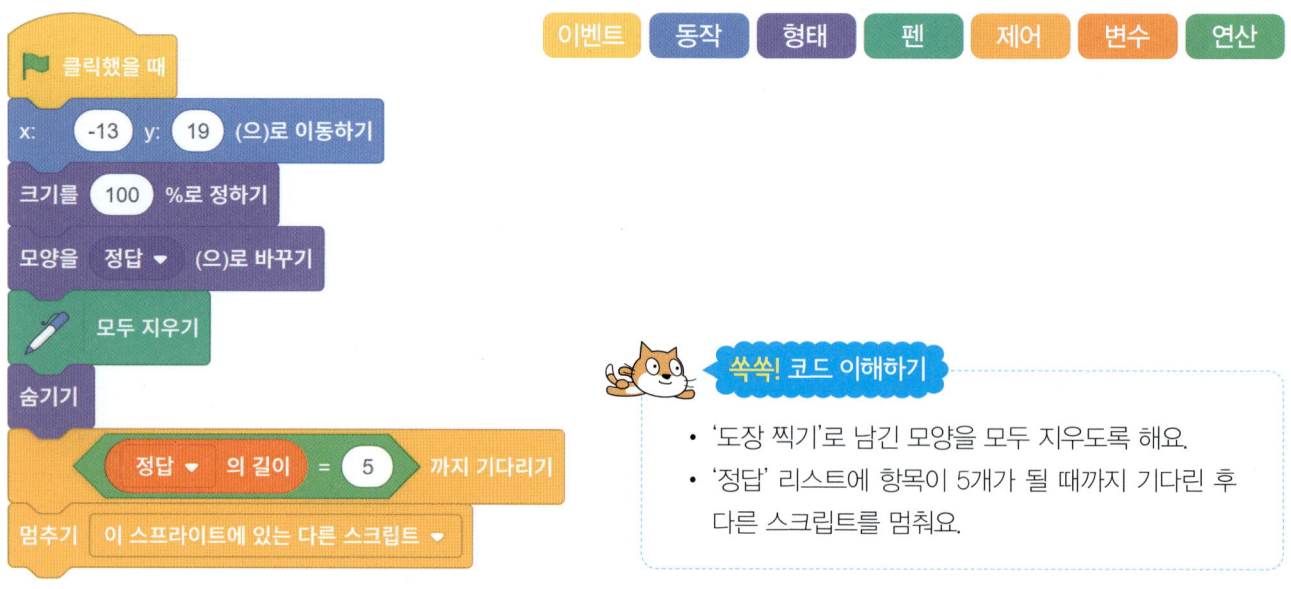

쏙쏙! 코드 이해하기

- '도장 찍기'로 남긴 모양을 모두 지우도록 해요.
- '정답' 리스트에 항목이 5개가 될 때까지 기다린 후 다른 스크립트를 멈춰요.

❽ '5'번을 반복하여 '정답'과 '힌트' 리스트의 항목을 비교하여 '실패' 또는 '성공' 신호를 보내도록 그림과 같이 코드를 완성합니다.

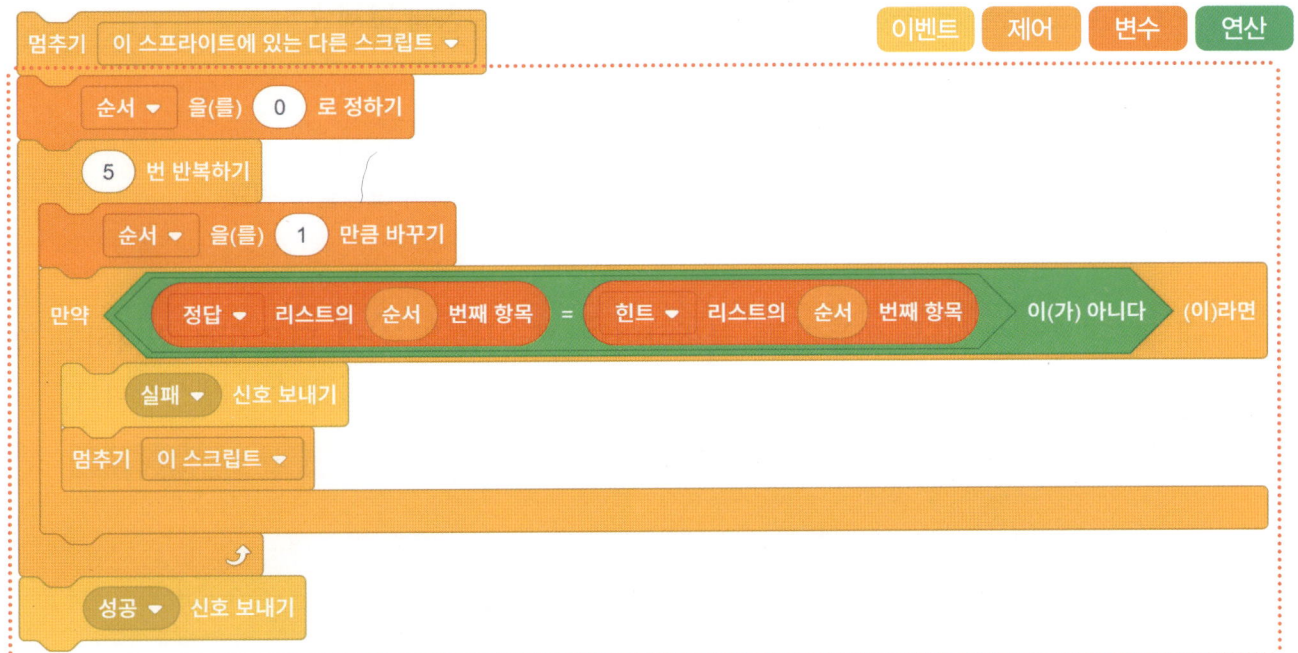

 쏙쏙! 코드 이해하기

- '정답' 리스트에 항목이 '5'개 생기면 '5'번 반복하여 '정답' 리스트와 '힌트' 리스트를 순서대로 비교해요.
- 순서대로 비교하여 두 자료가 다를 경우 '실패' 신호를 보내고, 전부 같은 경우 '성공' 신호를 보내요.
- '실패'했을 때 이 스크립트를 멈춰야 '성공' 신호를 보내지 않아요.

3 반복되는 코드 함수로 정리하기

앞서 배운 내용 중 똑같이 반복되는 코드를 함수로 설정해 보세요.

 **시작** : '성공', '실패' 신호를 받으면 함수를 이용하여 모양을 바꿔요.

❶ [내 블록] 탭에서 [블록 만들기]를 클릭하여 '블록 이름'을 '화면 띄우기'로 입력하고 '입력값 추가하기'를 선택한 후 '모양 이름'을 입력하고 [확인]을 클릭하여 함수를 생성합니다.

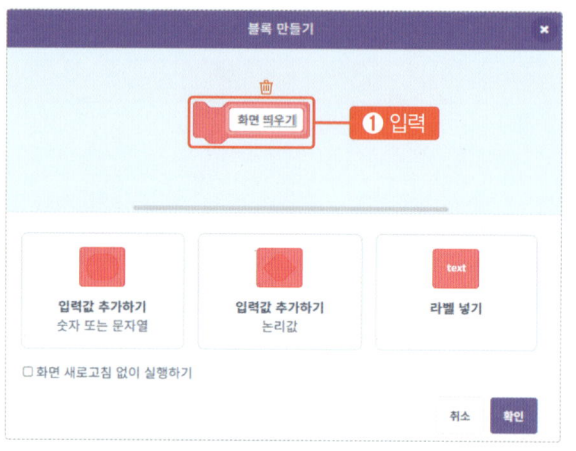 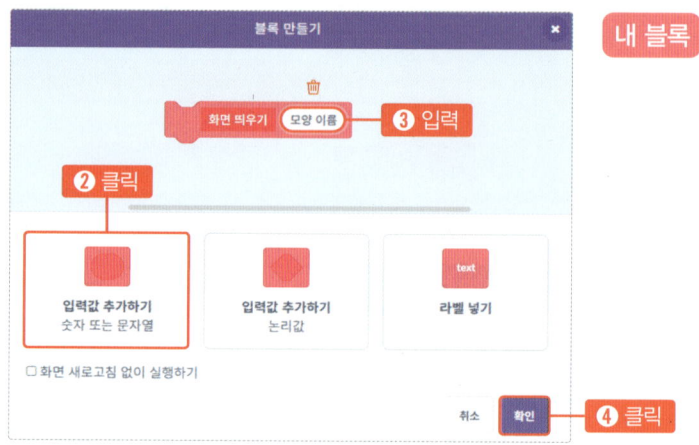

 쏙쏙! 코드 이해하기

표시할 값만 다르고 모든 코드가 같을 경우 입력값을 추가한 함수를 활용할 수 있어요.

❷ '성공', '실패' 신호를 받았을 때 설정할 코드를 '화면 띄우기' 함수 블록으로 정의하고, 모양을 화면 띄우기 함수의 '모양 이름'으로 변경하도록 설정합니다.

❸ '성공'과 '실패' 신호를 받았을 때 함수를 이용하여 그림과 같이 코드를 변경합니다.

> **Tip**
> 모양 이름에 오타가 없어야 '성공'과 '실패' 이미지가 잘 나타나요.

 확인 : '오답체크', '정답체크' 신호를 받으면 함수를 이용하여 모양을 바꿔요.

❹ ❶과 같은 방법으로 함수를 생성하고 '오답체크'와 '정답체크' 신호를 받았을 때 '체크' 함수를 호출하여 '오답', '정답' 텍스트를 입력값으로 사용할 수 있도록 그림과 같이 코드를 변경합니다.

❺ 프로젝트를 실행한 후 숨겨진 공연 준비물을 찾아봅니다.

12 스스로 코딩

• 예제 파일 : 12강 탐정 준비물(예제).sb3   • 완성 파일 : 12강 탐정 준비물(완성).sb3

미션 1 예제 파일을 불러와 '시작'을 누르면 '탐정 준비물 찾기'를 시작할 수 있도록 코딩해 보세요.

	시작	① '힌트' 리스트를 생성한 후 파일을 열어 리스트에 추가해 보세요. ② '시작'을 클릭하면 '시작' 신호를 보내도록 설정해 보세요. ③ '30'초가 지나면 게임을 실패해요. ④ '성공', '실패' 신호를 받으면 해당 모양을 화면에 표시해요.

미션 2 탐정 준비물을 찾으면 V 표시, 잘못 클릭하면 X 표시가 나타나도록 코딩해 보세요.

	확인	① '힌트'에 찾아야 할 물건이 나타나요. ② '힌트'에 나타난 물건을 클릭하면 V가 표시되고, 잘못 클릭하면 X가 표시돼요. ③ 5가지 물건을 전부 찾으면 '성공' 신호를 보내고, 하나라도 잘못 찾으면 '실패' 신호를 보내요.

13 랜덤 악기 연주

학습목표
- 소리와 박자를 랜덤으로 넣어 연주할 리스트를 만들 수 있어요.
- 재생을 클릭하면 만들어진 리스트의 소리를 연주할 수 있어요.

음악 감상을 하던 어느날, 음악이 밋밋하게 들렸어요. 더 재밌게 들릴 음악을 만들 방법이 없을까요? "아! 맞다! 랜덤 연주 프로그램을 만들면 되겠다!" 스크래치를 이용하여 악기의 음과 리듬 모두 랜덤인 연주 프로그램을 만들어 봐요!

• 예제 파일 : 13강 랜덤 악기 연주(예제).sb3   • 완성 파일 : 13강 랜덤 악기 연주(완성).sb3

주요 블록

피아노 순서   피아노 박자 ▼ 의 길이   Meow ▼ 재생하기   1 초 기다리기

1 랜덤 연주 준비하기

피아노와 스네어의 음과 박자를 랜덤으로 연주할 수 있도록 준비해 보세요.

❶ '13강 랜덤 악기 연주(예제).sb3' 파일을 실행하고, [변수] 탭에서 '피아노 순서', '스네어 순서' 변수와 '피아노 박자', '피아노', '스네어', '스네어 박자' 리스트를 생성한 후 '피아노 순서', '스네어 순서' 변수와 '준비된 소리' 리스트를 체크 해제하여 숨깁니다.

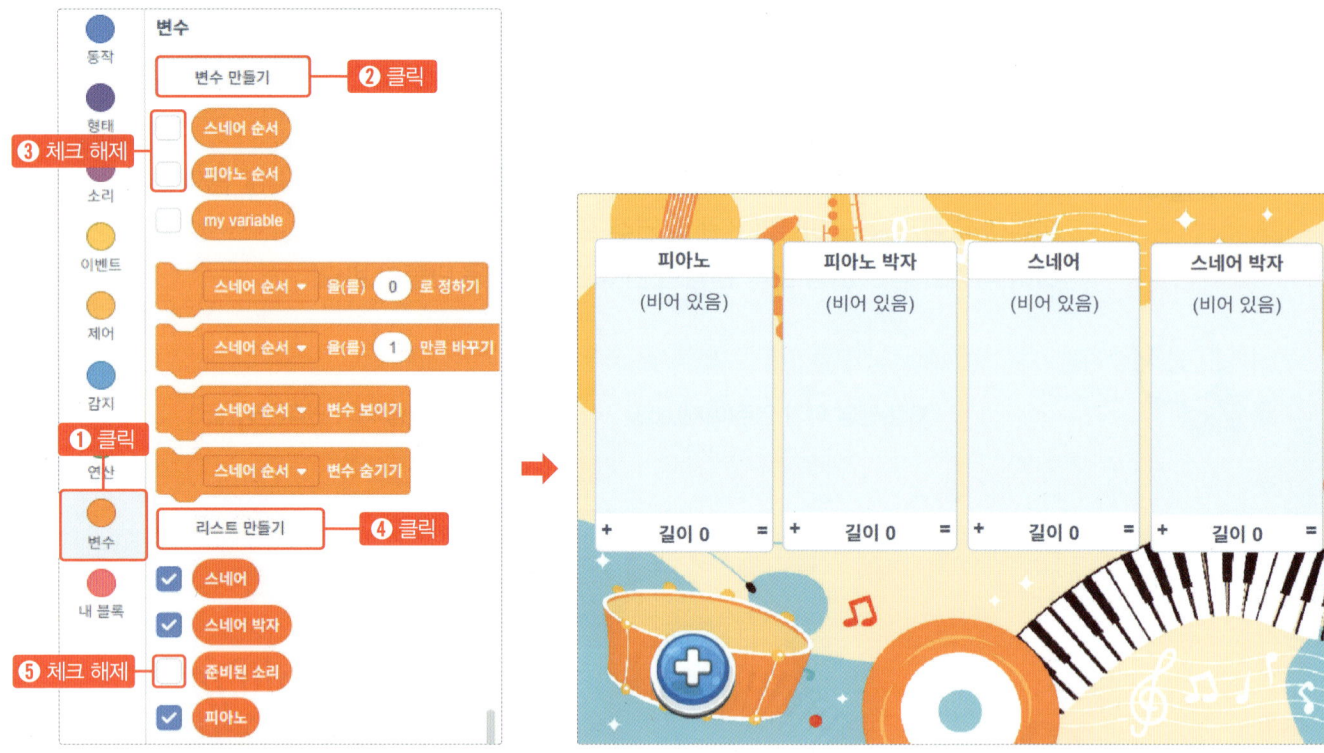

 재생 : '재생' 버튼이 보이지 않아요.

❷ 프로젝트가 시작되면 '재생'이 숨겨지도록 그림과 같이 코드를 완성합니다.

이벤트 동작 형태

2 악기 연주 설정하기

준비된 소리를 이용하여 랜덤으로 악기를 연주할 수 있도록 설정해 보세요.

 추가 : '추가'를 클릭하면 리스트에 악기와 박자가 추가돼요.

① 프로젝트가 시작되면 리스트를 초기화하고 '추가'를 클릭하면 '준비된 소리' 리스트에서 소리를 선택하여, 피아노와 박자가 랜덤으로 '60'번 추가되도록 그림과 같이 코드를 완성합니다.

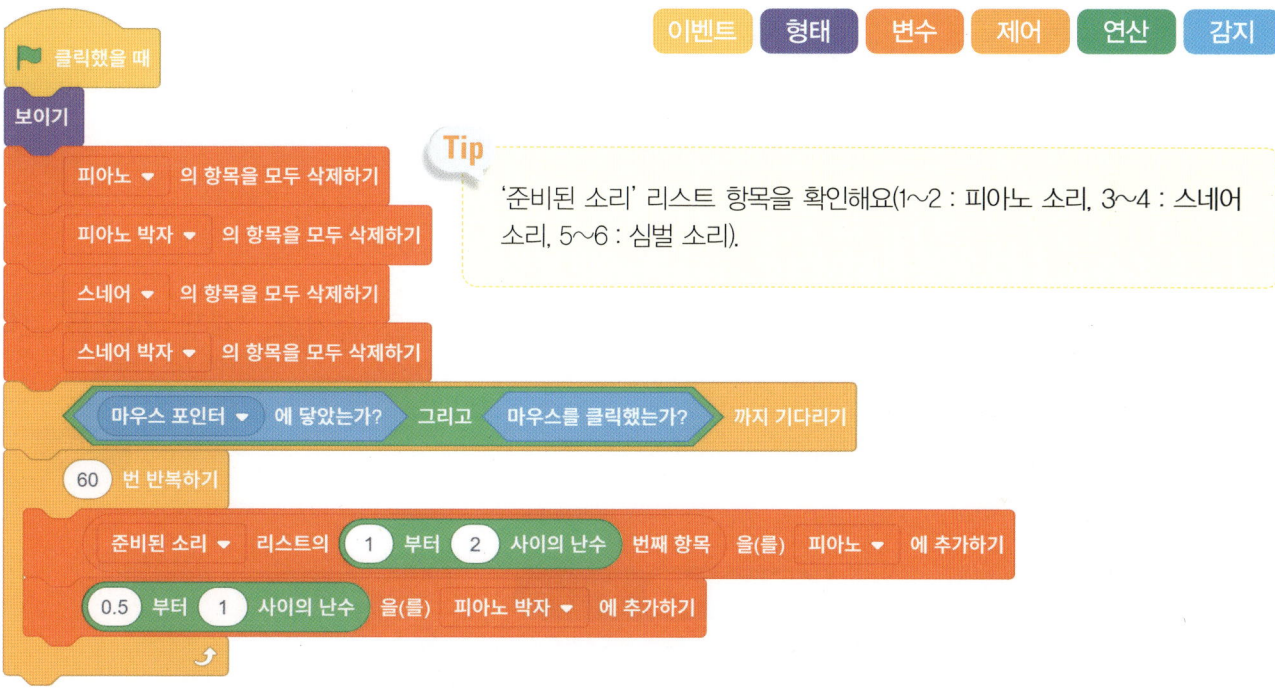

Tip: '준비된 소리' 리스트 항목을 확인해요(1~2 : 피아노 소리, 3~4 : 스네어 소리, 5~6 : 심벌 소리).

② 이어서 스네어 소리와 박자가 '20'번 반복하여 '4'번씩 추가되도록 그림과 같이 코드를 완성합니다.

쏙쏙! 코드 이해하기

같은 소리를 여러 번 반복하기 위해 20번 반복 안에 4번 반복을 사용해요.

❸ '스네어' 소리 중간에 '심벌' 소리가 추가되도록 그림과 같이 코드를 완성합니다.

쏙쏙! 코드 이해하기

'스네어'를 4번 연주한 뒤 '심벌'을 한 번 연주하는 것을 '20'번 반복해요.

❹ 악기 이름과 박자 리스트에 항목이 추가되면 '추가' 버튼을 숨기고, '재생' 신호를 보내도록 그림과 같이 코드를 완성합니다.

쏙쏙! 코드 이해하기

'준비된 소리' 리스트의 항목을 이용하여 '피아노'~'스네어 박자' 리스트에 항목을 추가하면 랜덤 연주를 재생하도록 해요.

3 악기 연주 재생하기

재생을 눌러 준비된 악기를 연주할 수 있도록 설정해 보세요.

 **재생**: '재생'을 클릭하면 함께 랜덤 음악과 악기 연주가 시작돼요.

❶ '재생'을 클릭하면 연주를 시작하기 위해 '악기 연주 시작' 신호를 보내도록 그림과 같이 코드를 완성합니다.

❷ '피아노' 리스트의 악기를 순서대로 연주하기 위해 '피아노 순서' 변수를 '0'으로 설정하고, '피아노' 리스트에 추가된 악기 수만큼 연주하도록 그림과 같이 코드를 완성합니다.

쏙쏙! 코드 이해하기

- 악기를 처음부터 연주하기 위해 '피아노 순서' 변수를 '0'으로 설정해요.
- '피아노' 리스트에 추가된 항목 수만큼 연주할 수 있도록 '피아노 순서' 변숫값을 '1'만큼씩 증가해요.

❸ 악기가 연주된 후 모든 소리가 멈추도록 그림과 같이 코드를 완성합니다.

> 쏙쏙! 코드 이해하기
> - '피아노' 리스트와 '스네어' 리스트 항목의 개수가 서로 다르므로, '피아노' 연주가 끝나면 '스네어' 연주도 끝나도록 '이 스프라이트에 있는 다른 스크립트' 코드를 멈추고 모든 소리를 멈춰요.
> - 악기 연주를 다시 재생할 수 있도록 '보이기' 블록을 사용해요.

❹ '악기 연주 시작' 신호를 받으면 '스네어'도 함께 연주될 수 있도록 그림과 같이 코드를 완성합니다.

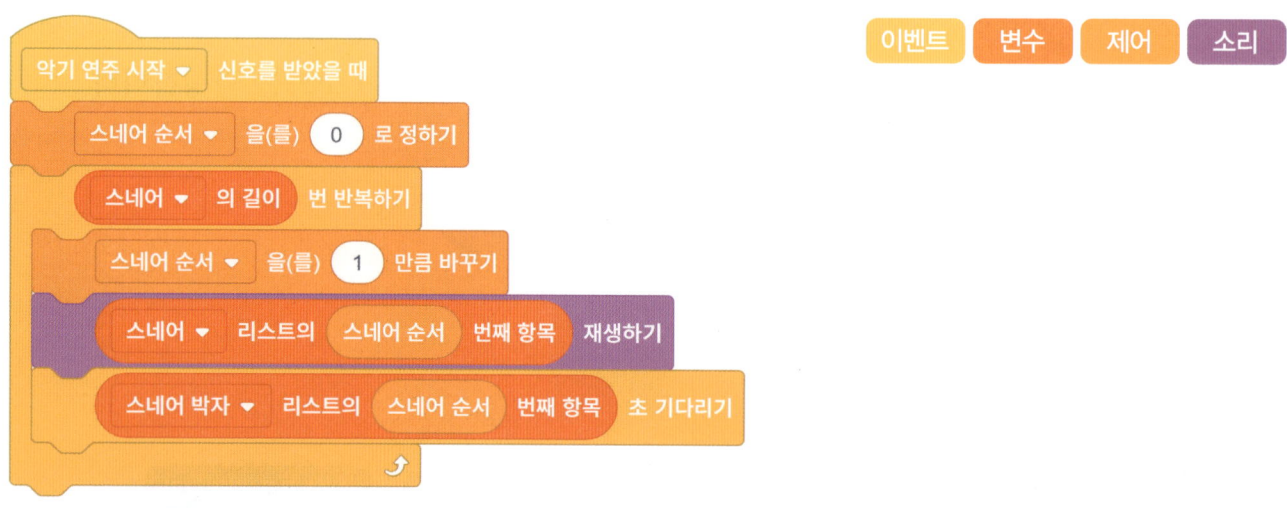

> 쏙쏙! 코드 이해하기
> - '악기 연주 시작' 신호를 받으면 '스네어'를 처음부터 연주할 수 있도록 '스네어 순서' 변숫값을 '0'으로 설정해요.
> - '스네어' 리스트에 추가된 항목 수만큼 반복하여 '스네어' 리스트의 '스네어 순서' 변숫값 번째 악기를 연주해요.
> - '스네어 박자' 리스트의 '스네어 순서' 변숫값 번째 항목의 숫자만큼 기다려요.

4 배경음악 재생하기

악기 연주를 시작할 때, 배경음악이 재생되도록 설정해 보세요.

배경 : 악기 연주가 시작되면 배경음악이 재생돼요.

❶ '배경'이 '악기 연주 시작' 신호를 받으면 '배경음악'이 끝까지 재생되도록 그림과 같이 코드를 완성합니다.

`이벤트` `소리`

쏙쏙! 코드 이해하기

'배경음악'은 '배경' 스프라이트의 소리에 추가되어 있어요.

Tip

- `소리 ▼ 재생하기` : 소리가 재생되는 상태에서 다음 명령을 실행해요.
- `소리 ▼ 끝까지 재생하기` : 소리가 끝까지 재생된 후에 다음 명령을 실행해요.
- `모든 소리 끄기` : 재생되는 모든 소리를 멈춰요.

❷ 프로젝트를 시작하여 랜덤으로 연주되는 음악을 들어봅니다.

13 스스로 코딩

• 예제 파일 : 13강 작곡하기(예제).sb3   • 완성 파일 : 13강 작곡하기(완성).sb3

미션 1 예제 파일을 불러와 리스트와 변수를 생성한 후 작곡을 준비해 보세요.

 작곡
① '계이름', '작곡', '박자' 리스트와 '순서' 변수를 생성해요.
② '작곡'을 클릭하면 '60'번 반복하여 '계이름' 리스트의 항목을 랜덤으로 '작곡' 리스트에 추가해요.
③ 이어서 '0.1'~'0.8' 사이 난수를 '박자' 리스트에 추가해요.

| 힌트 | '계이름' 리스트에 '13강 계이름.txt' 파일을 이용하여 항목을 추가해요.

미션 2 '재생'을 클릭하면 작곡한 음악을 재생하도록 코딩해 보세요.

 재생
① '재생하기' 신호를 받으면 스테이지에 나타나고, 클릭하면 숨겨져요.
② '작곡' 리스트의 항목 수만큼 작곡한 음악을 재생해요.
③ 음악 연주가 끝나면 다시 나타나요.

| 힌트 | '순서' 변수를 이용하여 리스트의 항목을 불러와요.

14 바닷속 청소부

학습목표
- 리스트를 이용하여 괴물의 위치를 설정할 수 있어요.
- 변수를 이용하여 오염과 점수의 값을 변경할 수 있어요.
- 60초가 지나기 전에 쓰레기를 청소할 수 있어요.

오늘의 작품은?

요즘따라 맑고 투명하던 바닷물이 점점 탁해지고 있어요. 바닷속을 들여다보니 심해에서 살던 괴물이 나타나 쓰레기를 버리고 있었네요. "계속 쓰레기를 버리면 바다가 병들거야!" 잠수부가 되어 60초 동안 그물을 던져 괴물이 버리고 간 쓰레기를 줍고 오염을 낮춰봐요!

• 예제 파일 : 14강 바닷속 청소부(예제).sb3   • 완성 파일 : 14강 바닷속 청소부(완성).sb3

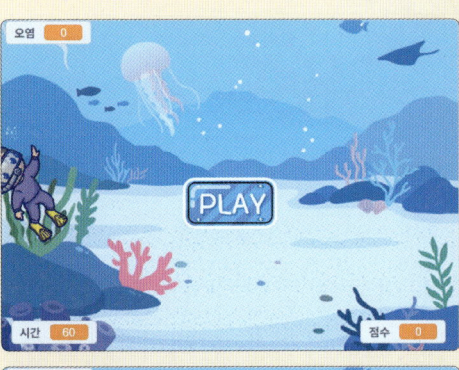 

주요 블록

| y좌표 ▼ 리스트의 1 번째 항목 | 1 부터 12 사이의 난수 |
| 시간 ▼ 을(를) 60 로 정하기 | x: -112 y: -115 (으)로 이동하기 |

1 청소 게임 설정하기

변수와 리스트를 생성하고, 청소 게임을 설정해 보세요.

❶ '14강 바닷속 청소부(예제).sb3' 파일을 실행한 후 [변수] 탭에서 '오염', '시간', '점수' 변수와 'x좌표', 'y좌표' 리스트를 생성하고 변수의 위치를 그림과 같이 배치합니다.

❷ 'x좌표', 'y좌표' 리스트에서 각각 마우스 오른쪽 버튼을 클릭하여 [가져오기]를 선택하고 [14강 예제] 폴더에 있는 '14강 x좌표.txt', '14강 y좌표.txt' 파일을 선택하여 [열기]를 클릭합니다.

❸ 항목이 추가되면 [변수] 탭의 'x좌표', 'y좌표' 리스트를 체크 해제하여 숨깁니다.

 시작 : '시작'을 클릭하면 청소가 시작돼요.

④ 프로젝트가 시작되면 '점수', '오염' 변숫값을 '0'으로, '시간' 변숫값을 '60'으로 설정한 후 보이도록 그림과 같이 코드를 완성합니다.

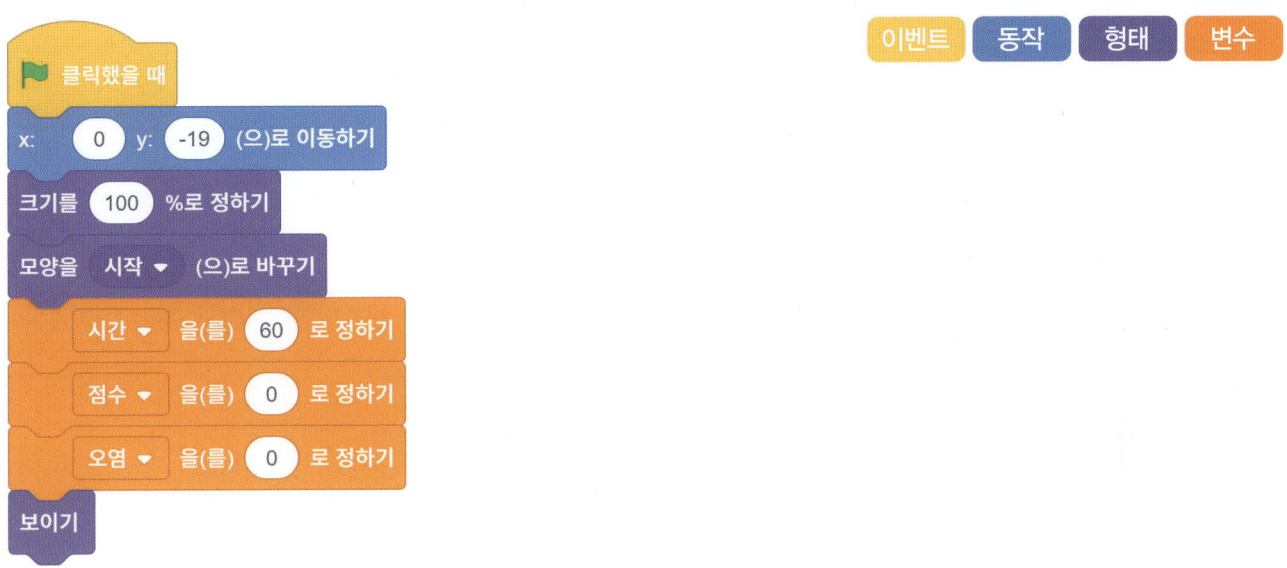

⑤ '시작'을 클릭하면 모습을 숨긴 후 '청소 시작' 신호를 보내고 시간이 흐르도록 그림과 같이 코드를 완성합니다.

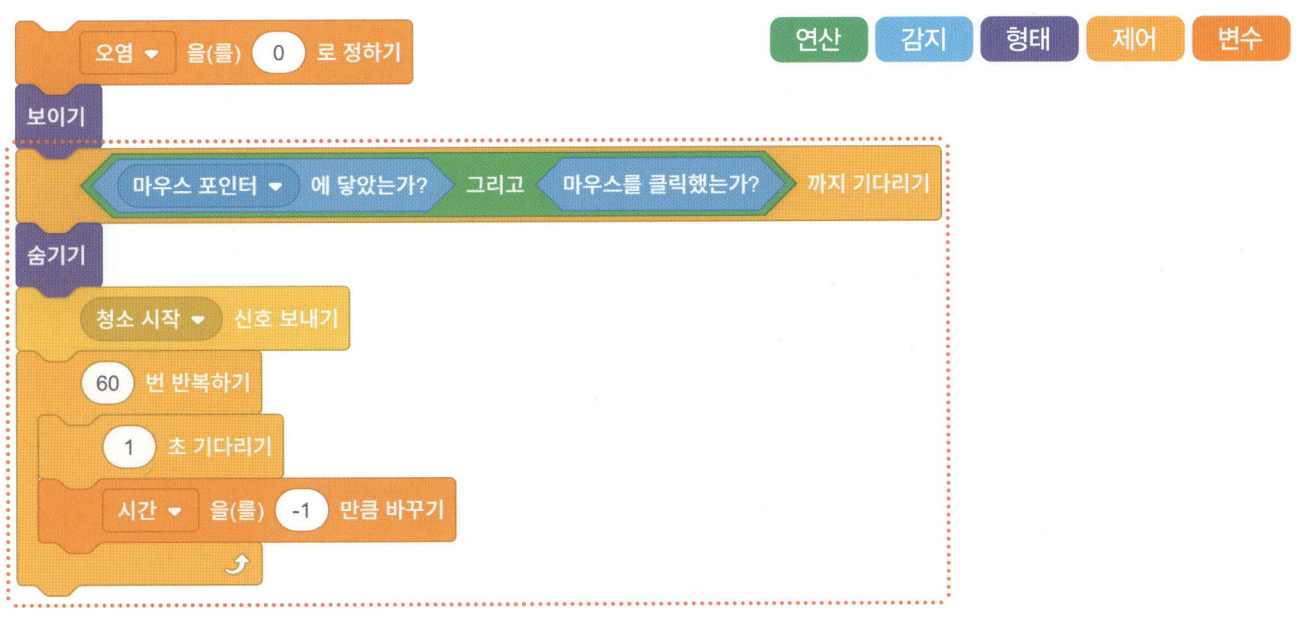

 쏙쏙! 코드 이해하기

'시작' 변숫값인 '60'에 맞춰 변숫값을 '-1'만큼 바꿔 시간이 점점 줄어들게 만들어요.

❻ 청소가 끝났을 때 바닷속 쓰레기의 갯수가 '3'개보다 크면 '실패', '3'개보다 적으면 '성공' 모양으로 나타나고 종료되도록 그림과 같이 코드를 완성합니다.

2 괴물 위치 설정하기

x좌표, y좌표 리스트를 활용하여 괴물이 나타날 위치를 설정해 보세요.

 괴물 : 청소가 시작되면 '괴물'이 나타나 쓰레기를 버려요.

❶ 프로젝트가 시작되면 '괴물'이 보이지 않도록 그림과 같이 코드를 완성합니다.

`이벤트` `형태`

❷ '괴물'이 'x좌표', 'y좌표' 리스트의 12개 항목 중 랜덤으로 하나씩 선택하여 해당 위치로 이동하도록 그림과 같이 코드를 완성합니다.

`이벤트` `형태` `제어` `동작` `변수` `연산`

쏙쏙! 코드 이해하기

- '청소 시작' 신호를 받으면 '괴물'이 나타나요.
- '괴물'은 'x좌표', 'y좌표' 리스트에 있는 12개의 숫자 중 하나씩 선택하여 해당 위치로 이동해요.
- '쓰레기'를 버리기 위해 '1'초를 기다린 후 다른 위치로 이동해요.

Tip

- 'x좌표'와 'y좌표' 리스트에는 괴물이 이동할 좌표가 추가되어 있어요.
- '괴물'은 미리 설정해 놓은 좌표의 위치 중 랜덤으로 나타나요.

❸ '청소 시작' 신호를 받으면 '괴물'이 헤엄치는 모습을 표현하도록 그림과 같이 코드를 완성합니다.

 쓰레기 : 청소가 시작되면 복제된 '쓰레기'가 괴물 위치에 랜덤으로 나타나요.

❹ 프로그램이 시작되면 '쓰레기'가 스테이지에서 보이지 않도록 그림과 같이 코드를 완성합니다.

❺ '청소 시작' 신호를 받으면 '1'초 간격으로 '쓰레기'를 복제하고 '오염' 변숫값을 '1'만큼 증가하도록 그림과 같이 코드를 완성합니다.

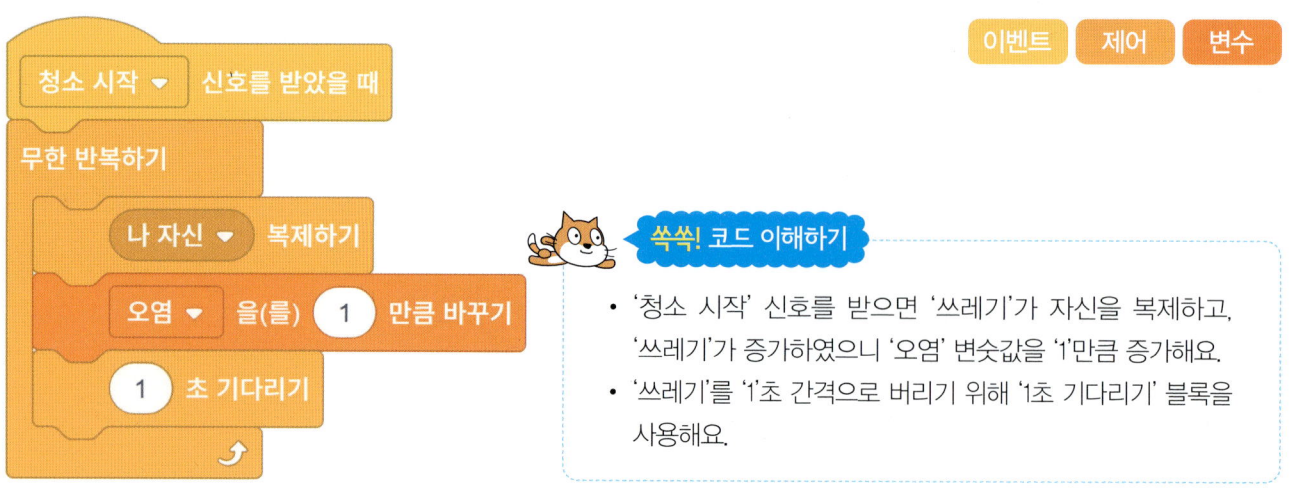

쏙쏙! 코드 이해하기

- '청소 시작' 신호를 받으면 '쓰레기'가 자신을 복제하고, '쓰레기'가 증가하였으니 '오염' 변숫값을 '1'만큼 증가해요.
- '쓰레기'를 '1'초 간격으로 버리기 위해 '1초 기다리기' 블록을 사용해요.

❻ 복제된 '쓰레기'가 '괴물'의 위치에서 랜덤 모양으로 나타나도록 그림과 같이 코드를 완성합니다.

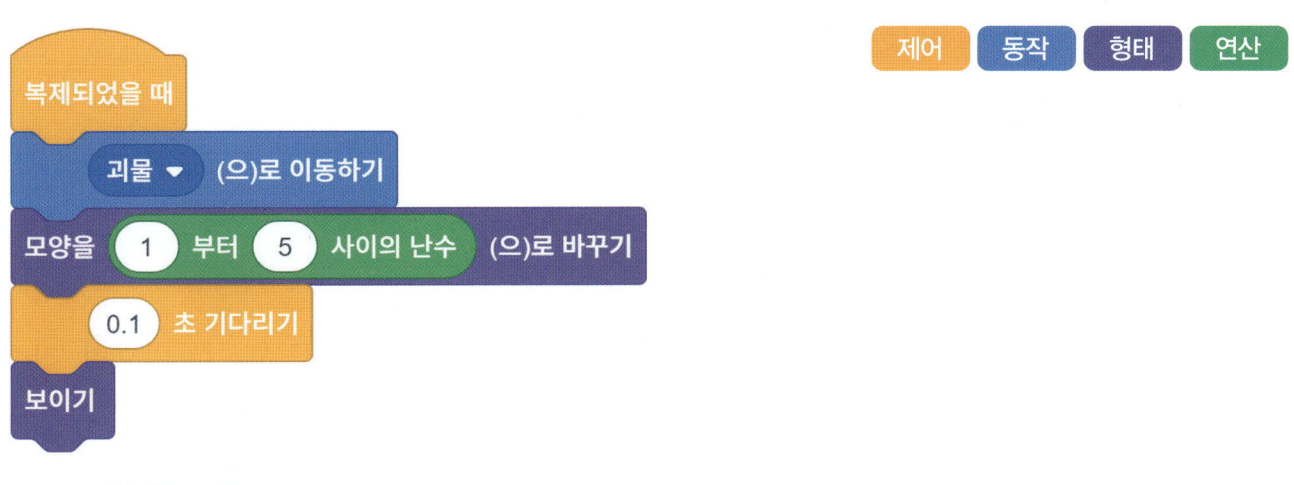

> **쏙쏙! 코드 이해하기**
> - '괴물'이 '쓰레기'를 버리는 것이므로 복제된 '쓰레기'는 '괴물' 위치로 이동한 후 나타나요.
> - '괴물'이 버리는 '쓰레기'는 '5'가지의 모양으로 준비되어 있어요.

❼ 복제된 '쓰레기'에 '잠수부'가 던진 '그물'이 닿았을 때 '쓰레기'를 클릭하면 '점수'가 '1'점 증가하고, '오염'은 '-1'점 감소하며 '쓰레기'가 사라지도록 그림과 같이 코드를 완성합니다.

> **쏙쏙! 코드 이해하기**
> - '쓰레기'를 그물로 낚는 느낌으로 '그물'에 닿을 때 사용자가 '쓰레기'를 클릭해야 '쓰레기'가 사라져요.
> - '쓰레기'를 청소하면 점수가 늘고, 오염이 줄어요.

3 잠수부 그물 던지기

'잠수부'가 '그물'을 던져 바닷속 '쓰레기'를 청소할 수 있도록 설정해 보세요.

 잠수부 : 청소가 시작되면 '잠수부'는 마우스 포인터 쪽을 바라봐요.

❶ 프로젝트를 시작하면 잠수부의 위치와 크기를 정하고, '청소 시작' 신호를 받으면 '잠수부'가 마우스 포인터를 바라보도록 그림과 같이 코드를 완성합니다.

`이벤트` `동작` `형태` `제어`

 그물 : 마우스를 클릭하면 '잠수부'가 '그물'을 던져요.

❷ 프로젝트가 시작되면 '그물'이 보이지 않도록 그림과 같이 코드를 완성합니다.

`이벤트` `동작` `형태`

❸ '청소 시작' 신호를 받았을 때 마우스를 클릭하면 '0.1'초 간격으로 '그물'을 복제하도록 그림과 같이 코드를 완성합니다.

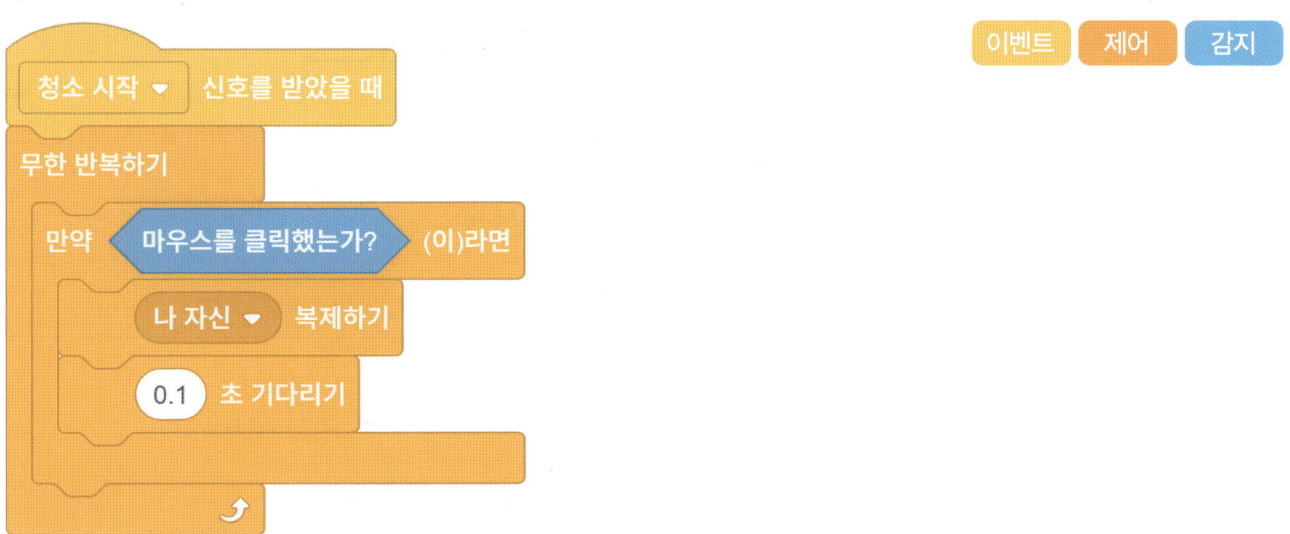

❹ 복제된 '그물'이 '잠수부'의 위치에서 '마우스 포인터' 쪽을 보면서 '마우스 포인터' 위치로 날아가도록 그림과 같이 코드를 완성합니다.

쏙쏙! 코드 이해하기

- '잠수부'가 그물을 던지는 느낌을 표현하기 위해 복제된 '그물'은 '잠수부' 위치로 이동해요.
- '그물'이 날아가는 모양을 표현하기 위해 '마우스 포인터' 쪽을 본 상태에서 스테이지에 나타나요.
- '그물'이 '1'초 동안 '마우스 포인터' 위치까지 이동하고 사라져요.

❺ 프로젝트를 실행하여 괴물이 버린 쓰레기를 그물을 던져 청소해 봅니다.

14 스스로 코딩

• 예제 파일 : 14강 좀비 물리치기(예제).sb3   • 완성 파일 : 14강 좀비 물리치기(완성).sb3

미션 1 예제 파일을 불러와 좀비 잡기 게임을 설정해 보세요.

 시작

① 'x위치', 'y위치' 리스트와 '잡은 좀비수', '시간' 변수를 생성해요.
② 'x위치', 'y위치' 리스트에 항목을 추가한 후 숨겨요.
③ 프로젝트를 시작하면 '잡은 좀비수'와 '시간'을 초기화해요.
④ '시작'을 클릭하면 '좀비 잡기' 신호를 보내고 '시간'이 줄어들어요.

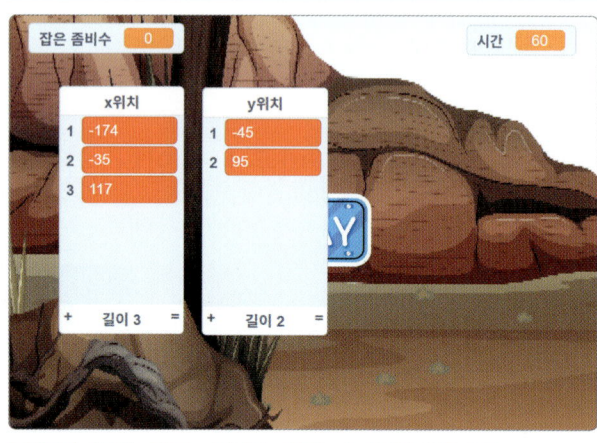 

| 힌트 | '14강 x위치.txt', '14강 y위치.txt' 파일을 이용해요.

미션 2 '좀비'가 나타나면 '마술봉'으로 '좀비'를 잡을 수 있도록 코딩해 보세요.

 좀비

① '좀비 잡기' 신호를 받으면 '1~2'초 간격으로 복제해요.
② '좀비'가 복제되면 스테이지에 나타나요.
③ '좀비'가 '마술봉'에 닿으면 '잡은 좀비 수'가 '1'만큼씩 증가하며 모양이 바뀌어요.
④ 복제된 '좀비'는 '1~2'초 사이 간격으로 모양과 위치를 바꿔요.

| 힌트 | '좀비'가 '1~2'초 간격으로 랜덤 위치로 이동하는 블록과 '좀비'를 클릭하면 '잡은 좀비 수'를 '1'만큼 증가하는 블록을 따로 작성해요.

15 교통 신호 게임

학습목표

- 레벨에 따라 난이도를 설정할 수 있어요.
- 리스트를 이용하여 신호등의 신호를 변경할 수 있어요.
- 신호등 신호를 맞추지 못하면 게임이 종료돼요.

오늘의 작품은?

오늘은 교통 안전 교육을 받는 날이에요. 재미있는 신호등 게임으로 신호 지키기를 연습해요. 신호등 신호가 들어오면 해당되는 키를 눌러 같은 신호등 색을 맞춰야 해요. 신호를 지키며 안전하게 길을 건너는 연습을 시작해 볼까요?

• 예제 파일 : 15강 교통 신호 게임(예제).sb3   • 완성 파일 : 15강 교통 신호 게임(완성).sb3

주요 블록

1 게임 설정하기

'시작 버튼'을 누르면 '게임' 리스트에 자료가 추가되도록 설정해 보세요.

① '15강 교통 신호 게임(예제).sb3' 파일을 실행하고, [변수] 탭에서 '점수', '레벨' 변수와 '박자', '게임' 리스트를 생성한 후 모든 리스트는 스테이지에서 숨기고 변수의 위치는 그림과 같이 설정합니다.

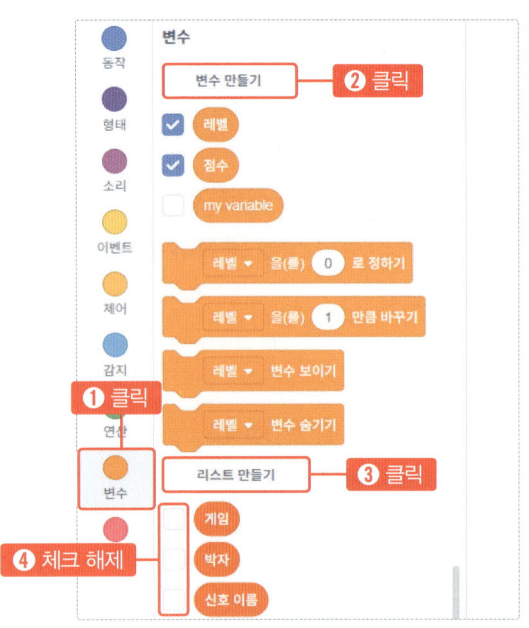

> **불빛** : 신호가 닿았을 때 키를 눌러야 할 위치가 반짝이며 표시돼요.

② 프로젝트가 시작되면 '불빛'이 반짝거리도록 그림과 같이 코드를 완성합니다.

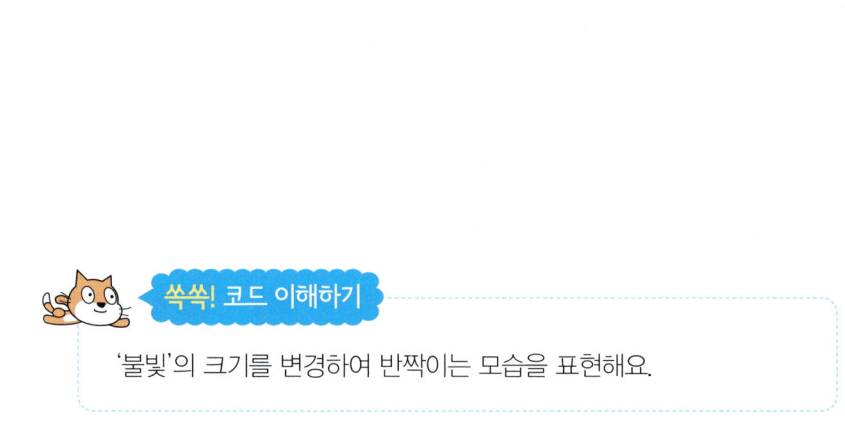

쏙쏙! 코드 이해하기
'불빛'의 크기를 변경하여 반짝이는 모습을 표현해요.

시작 : '시작'을 클릭하면 게임이 시작돼요.

❸ 프로젝트가 시작되면 '게임', '박자' 리스트를 초기화하고, '시작'을 클릭하면 '게임' 리스트와 '박자' 리스트에 레벨에 맞는 횟수로 신호 이름과 박자가 추가되도록 그림과 같이 코드를 완성합니다.

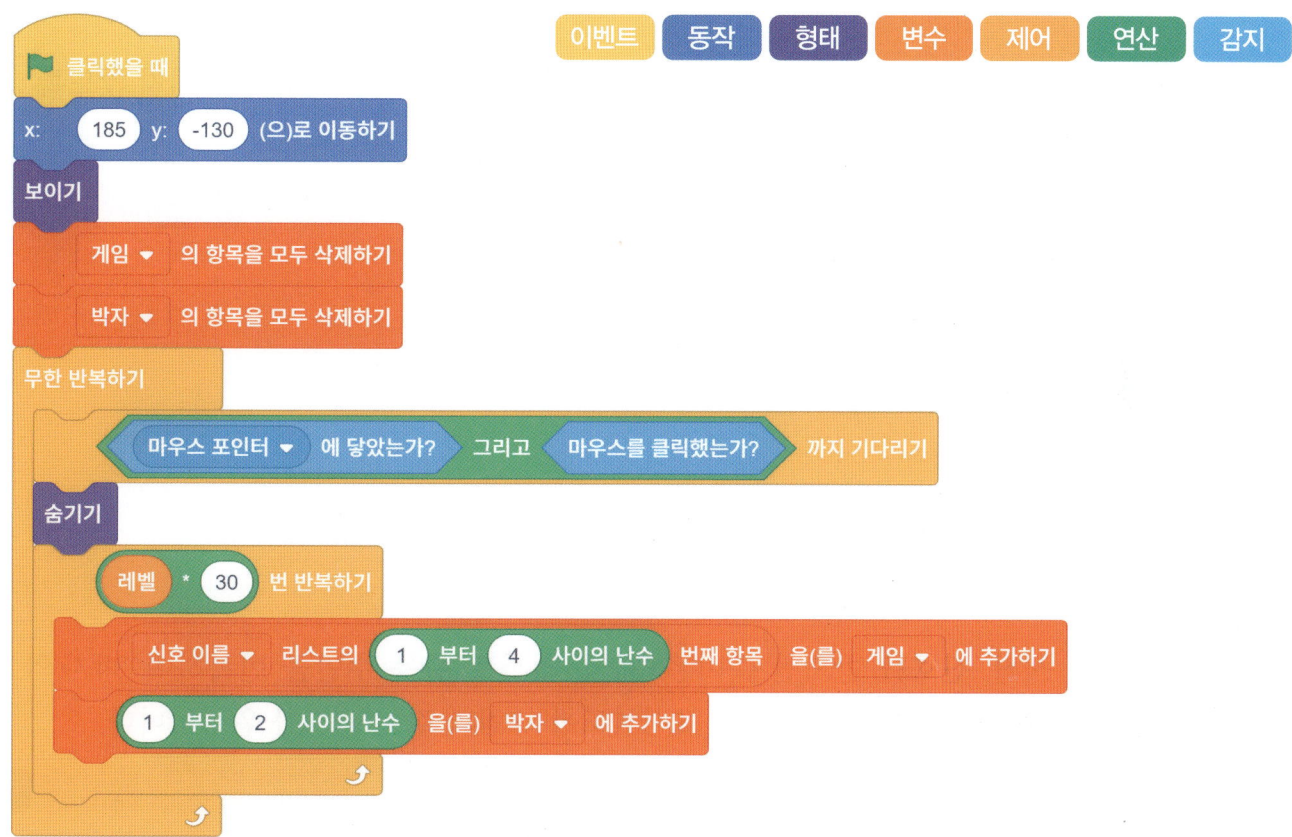

❹ 게임 준비가 끝나면 '배경음악'을 재생하고 '신호 게임 시작' 신호를 보낸 후 게임에 성공하면 레벨을 '1'단계 올리도록 그림과 같이 코드를 완성합니다.

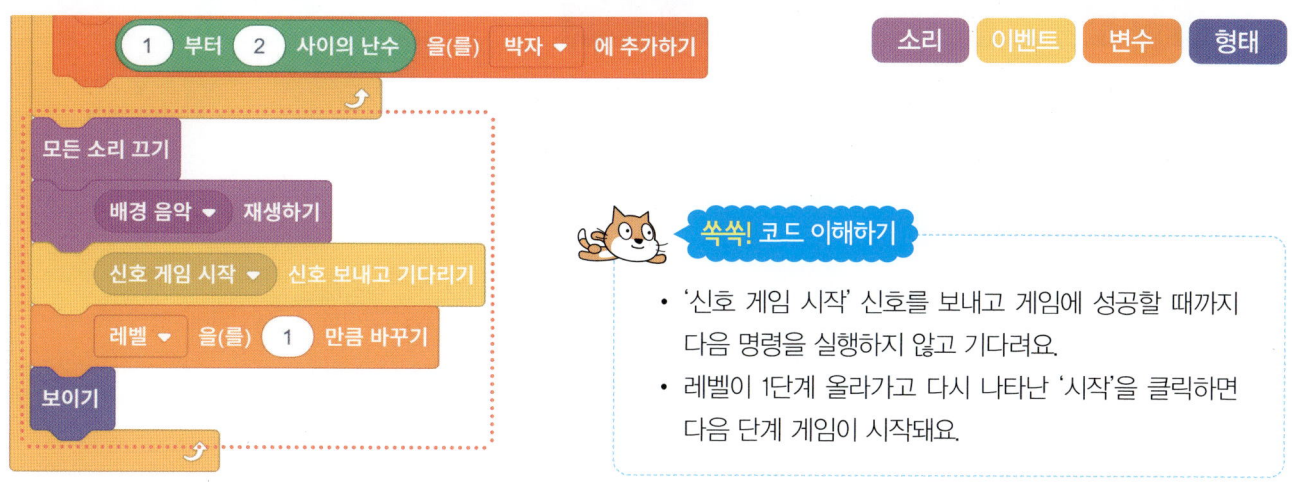

쏙쏙! 코드 이해하기

- '신호 게임 시작' 신호를 보내고 게임에 성공할 때까지 다음 명령을 실행하지 않고 기다려요.
- 레벨이 1단계 올라가고 다시 나타난 '시작'을 클릭하면 다음 단계 게임이 시작돼요.

게임 진행하기

신호등 색이 나타나면 불빛 위치에서 신호를 맞추도록 설정해 보세요.

 **신호** : 게임이 시작되면 오른쪽에서 나타나 왼쪽으로 지나가고, 해당 신호를 클릭하면 신호를 제거할 수 있어요.

① 프로젝트가 시작되면 '레벨(1)'과 '점수(0)' 변숫값을 초기화하고, '신호'가 보이지 않도록 그림과 같이 코드를 완성합니다.

이벤트　동작　변수　형태

② '신호 게임 시작' 신호를 받으면 준비된 '게임' 리스트 항목 수만큼 반복하여 '박자'와 '게임' 리스트에 있는 자료를 하나씩 가져와 표시하도록 그림과 같이 코드를 완성합니다.

이벤트　제어　변수　형태

쏙쏙! 코드 이해하기

- 단계별로 설정한 '게임' 리스트의 항목 수만큼 '신호'의 복제본이 나오도록 설정해요.
- '박자' 리스트의 '1'번째 항목을 가져와 '신호'가 나타나는 간격을 조절해요.
- '게임' 리스트의 '1'번째 항목을 가져와 '신호'의 모양을 변경하고, '신호'를 복제해요.

❸ '신호'를 복제하기 위해 사용한 리스트의 첫 번째 항목을 삭제하도록 그림과 같이 코드를 완성합니다.

쏙쏙! 코드 이해하기
첫 번째 신호를 표시한 후 '박자'와 '게임' 리스트의 첫 번째 항목을 삭제하여 다음 '신호'를 준비해요.

❹ 복제된 '신호'가 오른쪽에서 왼쪽으로 지나가다 왼쪽 끝에 닿으면 게임이 멈추도록 그림과 같이 코드를 완성합니다.

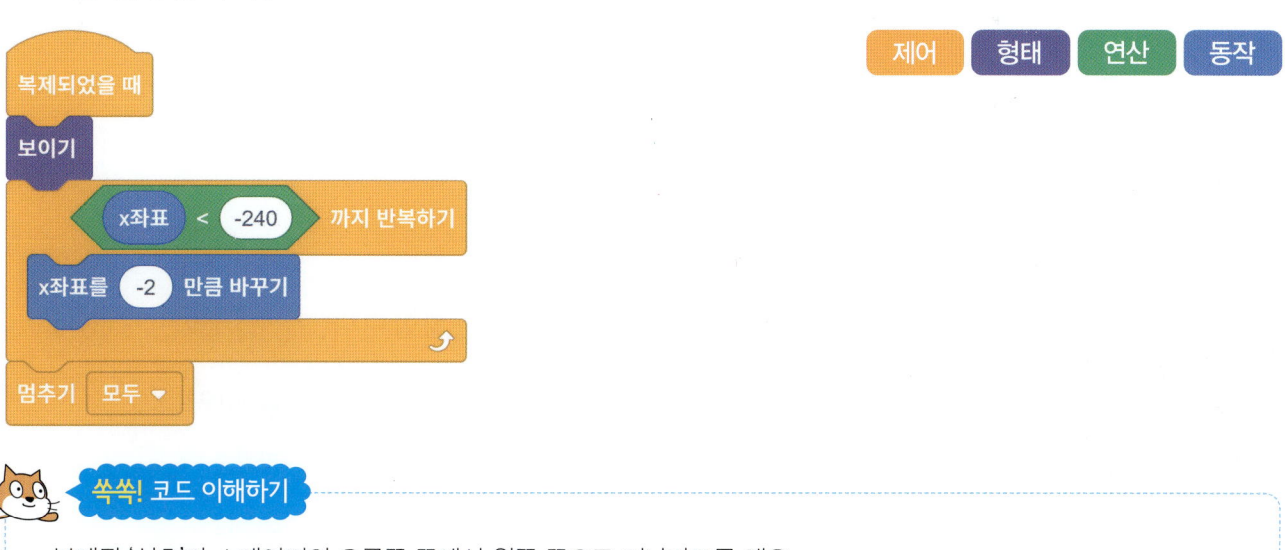

쏙쏙! 코드 이해하기
복제된 '신호'가 스테이지의 오른쪽 끝에서 왼쪽 끝으로 지나가도록 해요.

❺ '신호'가 '체크위치'에 닿았을 때 사용자가 'a'키를 누르면 복제된 '신호'의 모양이 "빨간불"인지 확인하고 "빨간불"이 맞다면 효과음을 재생한 후 '점수'를 '10'점 추가하고, 해당 '신호'는 삭제되도록 그림과 같이 코드를 완성합니다.

> **Tip**
> [소리] 탭에서 원하는 효과음을 설정해요.

❻ 아래 표를 참고하여 ❺번과 같이 s, d, f 키도 코드를 완성합니다.

키를 눌렀는가?	모양 [이름]
s	파란불
d	초록불
f	노란불

❼ 완성한 코드를 확인합니다.

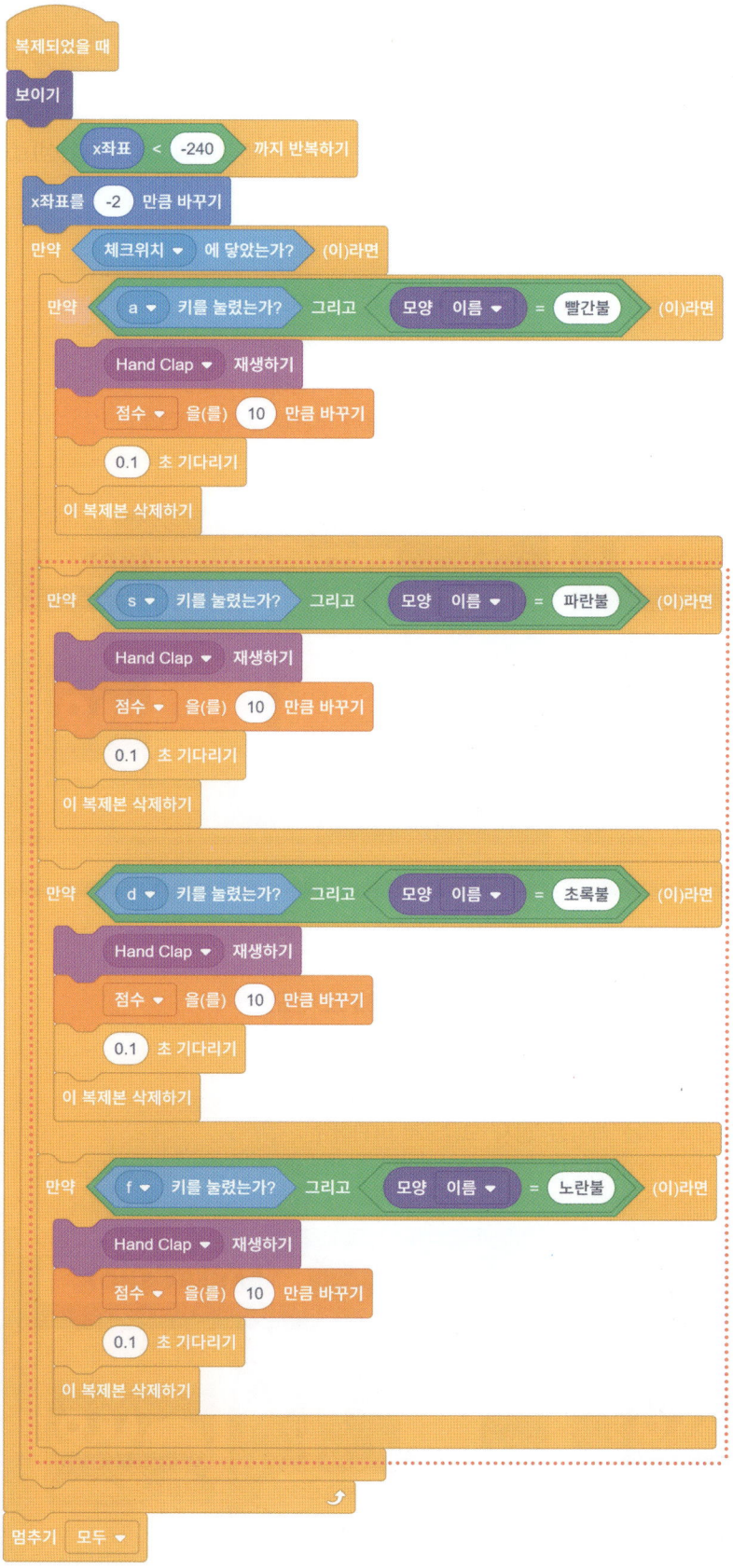

❽ 프로젝트를 실행하여 교통 신호 게임을 진행해 봅니다.

15 스스로 코딩

• 예제 파일 : 15강 케익 포장하기(예제).sb3 • 완성 파일 : 15강 케익 포장하기(완성).sb3

미션 1 예제 파일을 불러와 케익 포장 게임을 설정해 보세요.

 케익

① '요소 이름', '요소', '박자' 리스트를 생성하고 숨겨요
② '요소', '박자' 리스트에 '30'개의 랜덤 항목이 추가돼요.
③ '점수' 변수를 생성하고 스테이지에서 위치를 조절해요.
④ '요소', '박자' 리스트의 '1'번째 항목을 이용해 모양과 간격을 지정해요.
⑤ '케익'이 '포장'에 닿으면 '1'초 뒤 사라지고 왼쪽 벽에 닿으면 게임이 종료돼요.

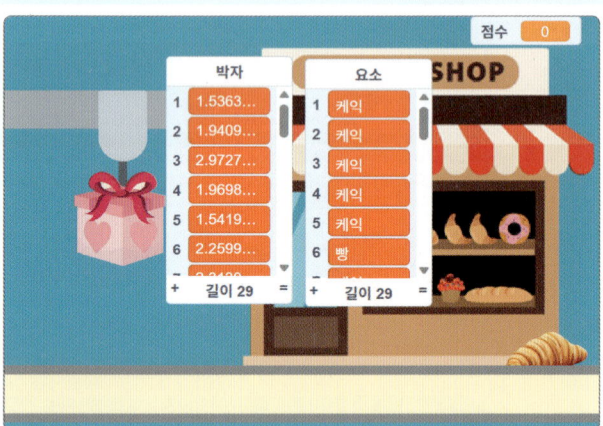

| 힌트 | '15강 요소 이름.txt' 파일을 사용해 '요소 이름' 리스트에 항목을 추가해요.

미션 2 '스페이스'키를 누르면 '케익'을 상자에 포장하도록 코딩해 보세요.

 포장

① '스페이스'키를 누르면 '포장'이 아래로 내려와요.
② '포장'에 닿은 '케익'은 '상자' 모양으로 바뀌어요.
③ '포장'에 '빵'이 닿으면 '1'초 동안 "케익만 포장해줘!"를 말하고 게임이 종료돼요.

16 장난감 정리 게임

학습목표
- 키보드의 화살표키를 누르면 해당하는 장난감이 리스트에 추가돼요.
- 장난감 선택 리스트의 항목에 따라 정리할 장난감이 랜덤으로 나타나요.
- 정리할 장난감과 같은 장난감을 정리하면 다음 칸의 장난감이 나타나요.
- 정리할 장난감과 다른 장난감을 정리하면 장난감 정리가 종료돼요.

오늘의 작품은?

방 안에 장난감이 어질러져 있어요! 장난감 서랍장의 왼쪽 칸을 보고 오른쪽 칸에 같은 종류의 장난감을 넣어야 해요. 키보드의 화살표키를 눌러 해당하는 장난감을 찾아 넣고 한 번이라도 틀리면 다시 정리해야 해요. 자, 장난감 정리를 시작해 볼까요?

· 예제 파일 : 16강 장난감 정리하기(예제).sb3　　· 완성 파일 : 16강 장난감 정리하기(완성).sb3

주요 블록

`로봇찾기 ▼ 신호 보내기`　　`아래쪽 화살표 ▼ 키를 눌렀는가?`　　`항목 을(를) 정리하기 ▼ 에 추가하기`　　`◯ = 50`

1 정리 게임 설정하기

장난감의 종류를 정하고 화살표키로 장난감을 정리하도록 해보세요.

❶ '16강 장난감 정리하기(예제).sb3' 파일을 실행하고, [변수] 탭에서 '순서', '점수' 변수와 '정리하기', '장난감 선택' 리스트를 생성한 후 모든 리스트와 '순서' 변수를 체크 해제하여 숨깁니다.

실행 : '실행'을 클릭하면 게임이 시작되어 왼쪽에 장난감이 나타나고 키보드의 화살표 키를 누르면 오른쪽 장난감 종류를 변경할 수 있어요.

❷ 프로젝트가 시작되면 '실행'의 순서가 맨 '앞쪽'으로 바뀌고 '순서', '점수' 변숫값과 '장난감 선택', '정리하기' 리스트를 초기화하도록 코드를 완성합니다.

이벤트 동작 형태

 쓱쓱! 코드 이해하기

프로젝트를 시작하면 다른 스프라이트에 가려지지 않도록 맨 앞쪽으로 순서를 바꾸고 모양을 '시작'으로 설정해요.

❸ '실행'을 클릭하면 스테이지에서 숨겨지고, '장난감 선택' 리스트에 '장난감 종류' 리스트의 4가지 장난감 중 하나가 랜덤으로 선택되어 추가된 후 '문제 적용' 신호를 보내도록 그림과 같이 코드를 완성합니다.

쏙쏙! 코드 이해하기

- '장난감 종류' 리스트에는 '로봇', '인형', '자동차', '블록'이 추가되어 있어요.
- '장난감 종류' 리스트에서 랜덤으로 장난감을 선택하여 '장난감 선택' 리스트에 3번 추가해요.
- '장난감 선택'에 3개의 장난감이 선택된 후 '문제 적용' 신호를 보내 왼쪽 정리대에 장난감이 배치되도록 해요.

❹ '순서' 변수가 '3'보다 커질 때까지 위쪽 화살표키를 누르면 '로봇찾기' 신호를 보내고, '정리하기' 리스트에 "로봇"이 추가된 후 '정답확인' 신호를 보내고 기다리도록 그림과 같이 코드를 완성합니다.

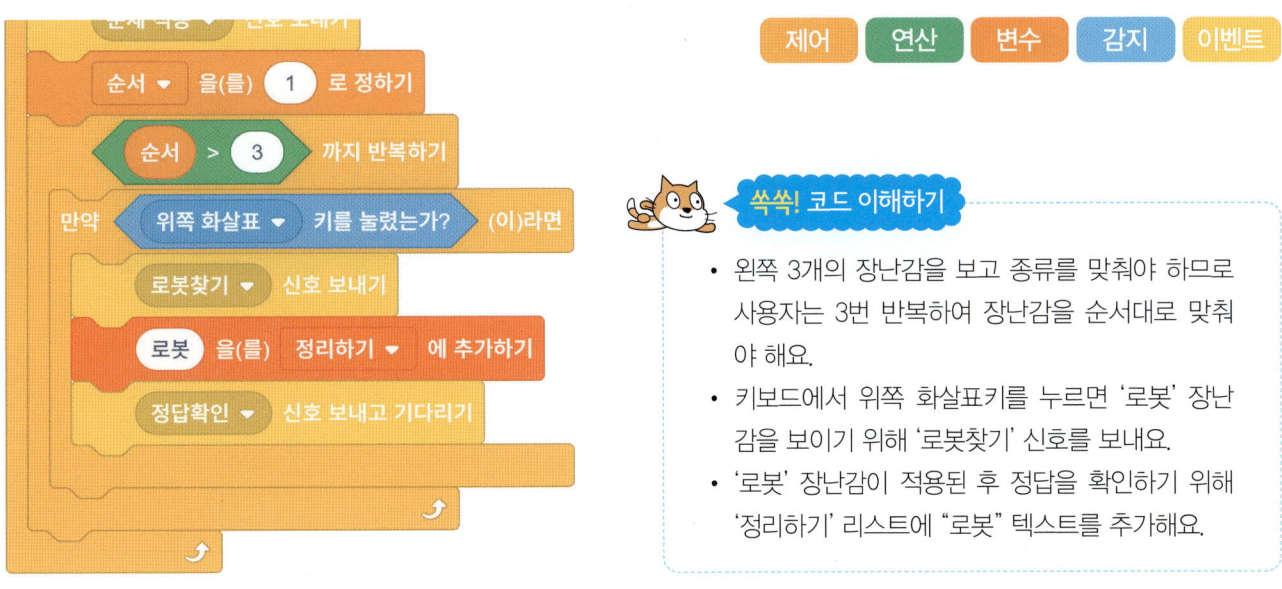

쏙쏙! 코드 이해하기

- 왼쪽 3개의 장난감을 보고 종류를 맞춰야 하므로 사용자는 3번 반복하여 장난감을 순서대로 맞춰야 해요.
- 키보드에서 위쪽 화살표키를 누르면 '로봇' 장난감을 보이기 위해 '로봇찾기' 신호를 보내요.
- '로봇' 장난감이 적용된 후 정답을 확인하기 위해 '정리하기' 리스트에 "로봇" 텍스트를 추가해요.

❺ 키보드에서 아래쪽, 왼쪽, 오른쪽 화살표키를 누르면 아래 표와 같이 신호와 텍스트를 추가하도록 코드를 완성합니다.

키 이름	신호	입력 텍스트
아래쪽 화살표키	인형찾기	인형
왼쪽 화살표키	자동차찾기	자동차
오른쪽 화살표키	블록찾기	블록

제어 감지 이벤트 변수

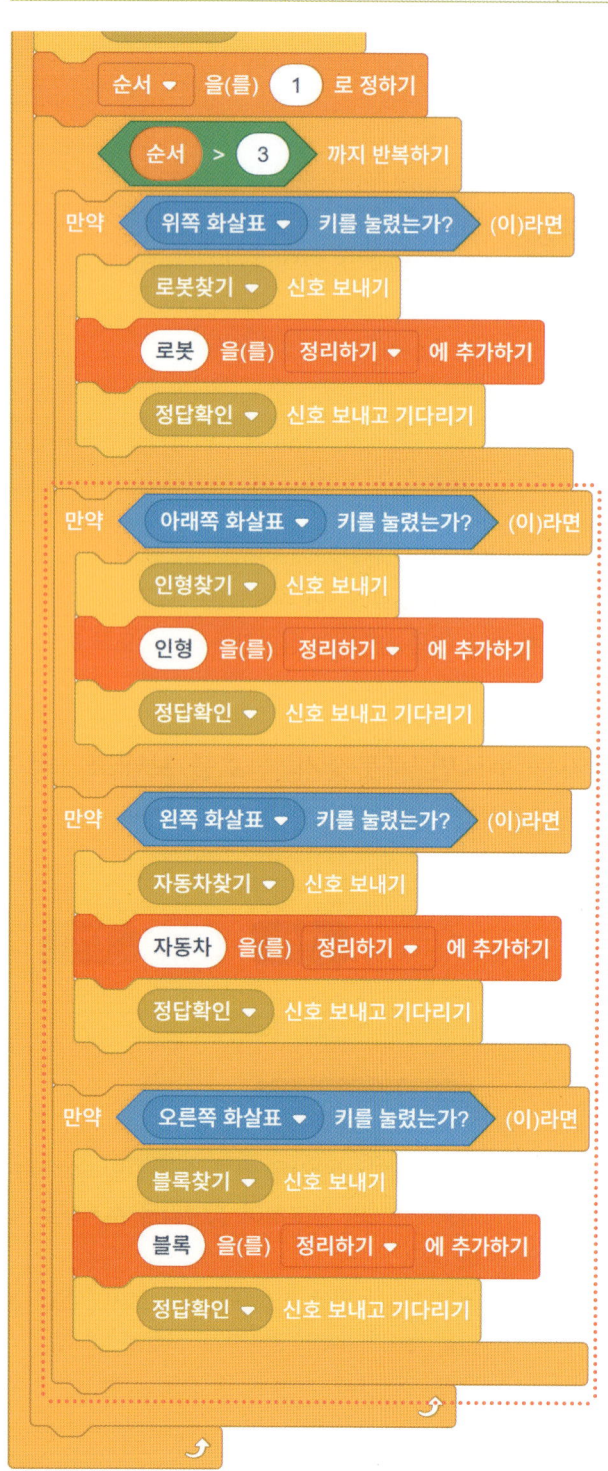

❻ 장난감 종류를 다 맞추면 다음 문제를 출제하기 위해 '정리하기'와 '장난감 선택' 리스트의 자료를 전부 삭제하고, '재설정' 신호를 보내도록 그림과 같이 코드를 완성합니다.

실행 : 왼쪽과 오른쪽 장난감의 종류가 같으면 다음 장난감을 확인하고, 종류가 다르면 게임이 종료돼요.

❼ '정답확인' 신호를 받으면 '정리하기'와 '장난감 선택' 리스트의 '순서' 변숫값 번째 자료가 같은지 확인하고 같다면 '점수'와 '순서' 변숫값을 '1'씩 증가하고, 틀리다면 게임을 종료하도록 그림과 같이 코드를 완성합니다.

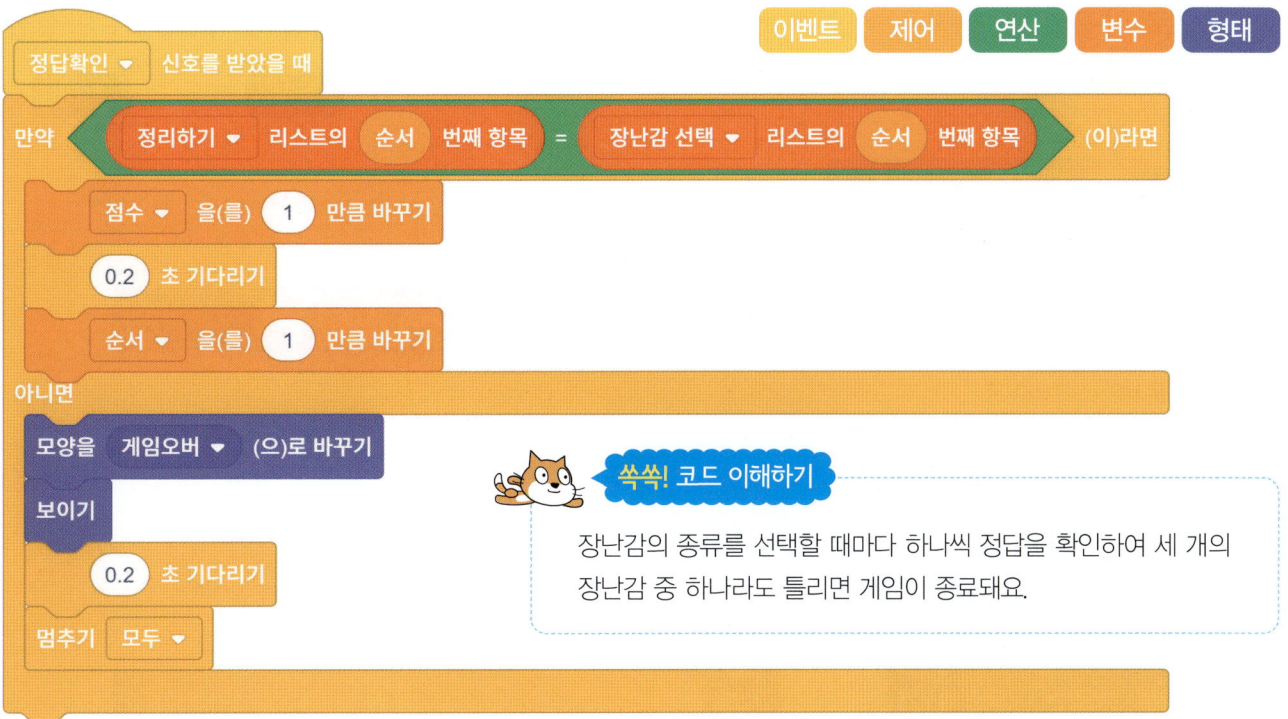

쏙쏙! 코드 이해하기
장난감의 종류를 선택할 때마다 하나씩 정답을 확인하여 세 개의 장난감 중 하나라도 틀리면 게임이 종료돼요.

2 장난감 종류 선택하기

문제 장난감과 풀이 장난감의 모양을 선택할 수 있도록 설정해 보세요.

 문제1 : 게임이 시작되면 장난감 모양이 '빈칸'으로 적용돼요.

❶ 프로젝트가 시작되면 '문제1'의 모양을 '빈칸'으로 바꿔 보이지 않도록 하고 '문제 적용' 신호를 받으면 '장난감 선택' 리스트의 '1'번째 항목 값으로 모양이 변경되도록 그림과 같이 코드를 완성합니다.

❷ '문제2', '문제3' 스프라이트를 각각 선택한 후 ❶과 같은 방법으로 프로젝트가 시작되면 '빈칸'으로 바꾸고 '문제 적용' 신호를 받았을 때 모양이 변경되도록 그림과 같이 코드를 완성합니다.

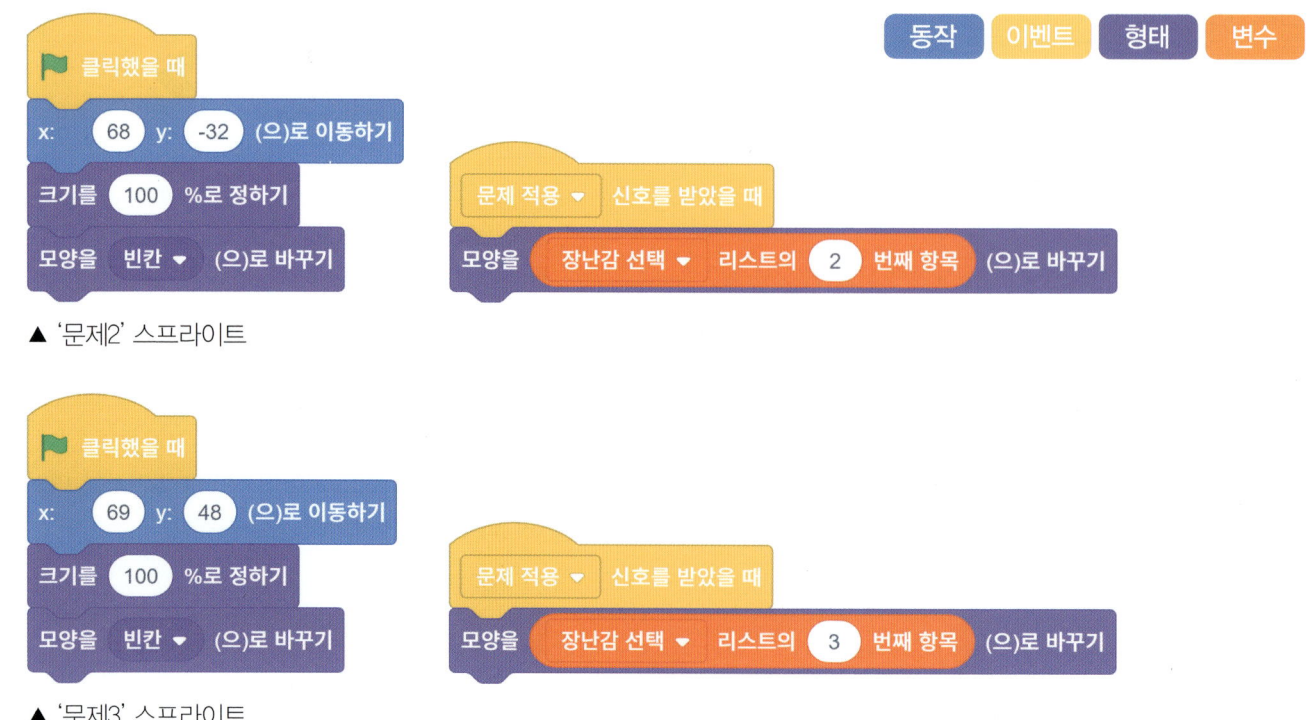

▲ '문제2' 스프라이트

▲ '문제3' 스프라이트

 풀이1 : 키보드의 화살표키를 누르면 장난감 모양이 변경되고, 게임이 다시 시작되면 '빈칸' 모양으로 돌아와요.

❸ '로봇찾기' 신호를 받았을 때 '순서' 변숫값이 '1'과 같다면 '로봇'으로 변경되도록 그림과 같이 코드를 완성합니다.

쏙쏙! 코드 이해하기
- '순서' 변숫값이 '1'이면 첫 번째 장난감을 의미해요.
- 키보드의 위쪽 화살표키를 누르면 '풀이1'이 '로봇'으로 변해요.

❹ ❸과 같은 방법으로 '인형찾기', '자동차찾기', '블록찾기' 신호를 받았을 때 '순서' 변숫값이 '1'이면 신호가 찾는 모양 이름으로 모양을 변경하도록 코드를 완성합니다.

❺ '재설정' 신호를 받으면 '빈칸'으로 변경되도록 그림과 같이 코드를 완성합니다.

이벤트 형태

쏙쏙! 코드 이해하기

장난감 종류 '3'개를 모두 맞추면 다음 풀이를 위해 장난감을 '빈칸'으로 변경해요.

❻ '풀이2', '풀이3' 스프라이트에도 각각 ❸~❺와 같은 방법으로 코드를 작성한 후 그림과 표를 참고하여 순서와 모양 이름을 변경합니다.

	신호	'순서' 변숫값	모양 이름
풀이2	로봇찾기	2	로봇
	인형찾기	2	인형
	자동차찾기	2	자동차
	블록찾기	2	블록
	재설정		빈칸

	신호	'순서' 변숫값	모양 이름
풀이3	로봇찾기	3	로봇
	인형찾기	3	인형
	자동차찾기	3	자동차
	블록찾기	3	블록
	재설정		빈칸

❼ 프로젝트를 실행하여 장난감을 정리해봅니다.

16 스스로 코딩

• 예제 파일 : 16강 비행기 방향 맞추기(예제).sb3   • 완성 파일 : 16강 비행기 방향 맞추기(완성).sb3

미션 1 예제 파일을 불러와 '문제 비행기'의 방향이 변경되도록 코딩해 보세요.

시작,
문제 비행기

① '문제' 리스트와 '풀이', '점수', '순서' 변수를 생성해요.
② '시작'을 클릭하면 '방향' 리스트 항목을 '문제' 리스트에 랜덤으로 '10'번 추가해요.
③ '문제 비행기'는 '방향 맞추기' 신호를 받을 때마다 '문제' 리스트의 항목을 불러와 '문제 비행기'의 방향을 변경해요.

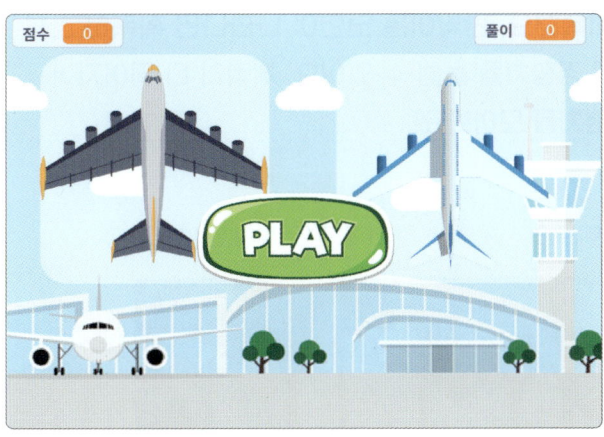

미션 2 '문제 비행기'의 방향과 같은 방향으로 '플레이어 비행기'가 회전하도록 코딩해 보세요.

플레이어
비행기

① 키보드의 화살표키를 눌러 '문제 비행기'와 같은 방향으로 회전해요.
② '플레이어 비행기'가 회전하면 '풀이' 변수에 '플레이어 비행기'의 방향을 입력해요.
③ 두 비행기의 방향이 같다면 '점수' 변숫값을 증가하고 다음 문제를 실행해요.

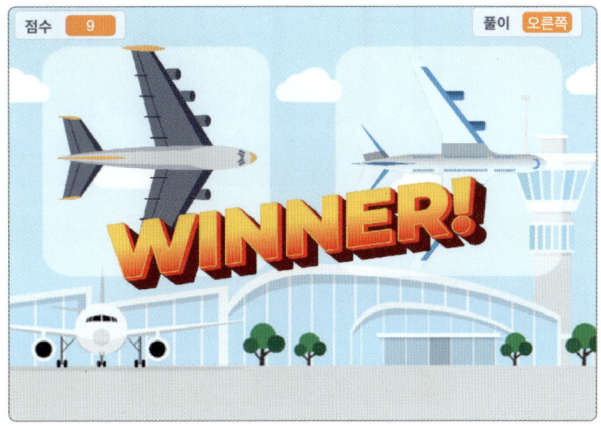

| 힌트 | '비행기'의 방향은 ' 도 방향보기' 블록으로 설정해요.(위쪽:0, 아래쪽:180, 왼쪽:-90, 오른쪽:90)

17 정글 탐험가

학습목표
- 리스트를 이용하여 랜덤으로 등장하는 게임 아이템을 설정할 수 있어요.
- 아이템에 따라 다른 조건을 설정할 수 있어요.
- 몬스터와 거미를 잡으면 경험치를 쌓을 수 있어요.

오늘의 작품은?

이번에는 정글로 탐험을 떠나볼까요? 길을 걸으면 점점 체력이 떨어져요. 이럴 때 나무에 열린 열매를 먹어 체력을 회복해요. 반짝이는 코인이 나타나면 획득하고, 몬스터나 거미가 나타나면 물리쳐서 경험치를 늘릴 수 있어요. 체력이 다 떨어지기 전까지 정글 탐험을 하며 코인과 경험치를 모아봐요!

• 예제 파일 : 17강 정글 탐험(예제).sb3   • 완성 파일 : 17강 정글 탐험(완성).sb3

주요 블록

`소환 위치 ▼ 리스트의 1 번째 항목`   `랜덤 선택`   `모양 번호 ▼`   `모양을 소년2 ▼ (으)로 바꾸기`

1 탐험가 움직임 설정하기

키보드의 화살표키를 누르면 '탐험가'가 해당 방향으로 이동하도록 설정해 보세요.

① '17강 정글 탐험(예제).sb3' 파일을 실행하고, [변수] 탭에서 '코인', '경험치', '체력', '랜덤 선택' 변수를 생성한 후 '랜덤 선택' 변수를 스테이지에서 숨기고 다른 변수들은 그림과 같이 위치를 설정합니다.

탐험가 : 키보드의 좌우 화살표키를 누르면 해당 방향으로 이동해요.

② 프로젝트가 시작되면 '탐험가'의 설정을 초기화하고 키보드의 좌우 화살표키를 누르면 '탐험가'가 해당 방향을 바라보고 이동할 수 있도록 그림과 같이 코드를 완성합니다.

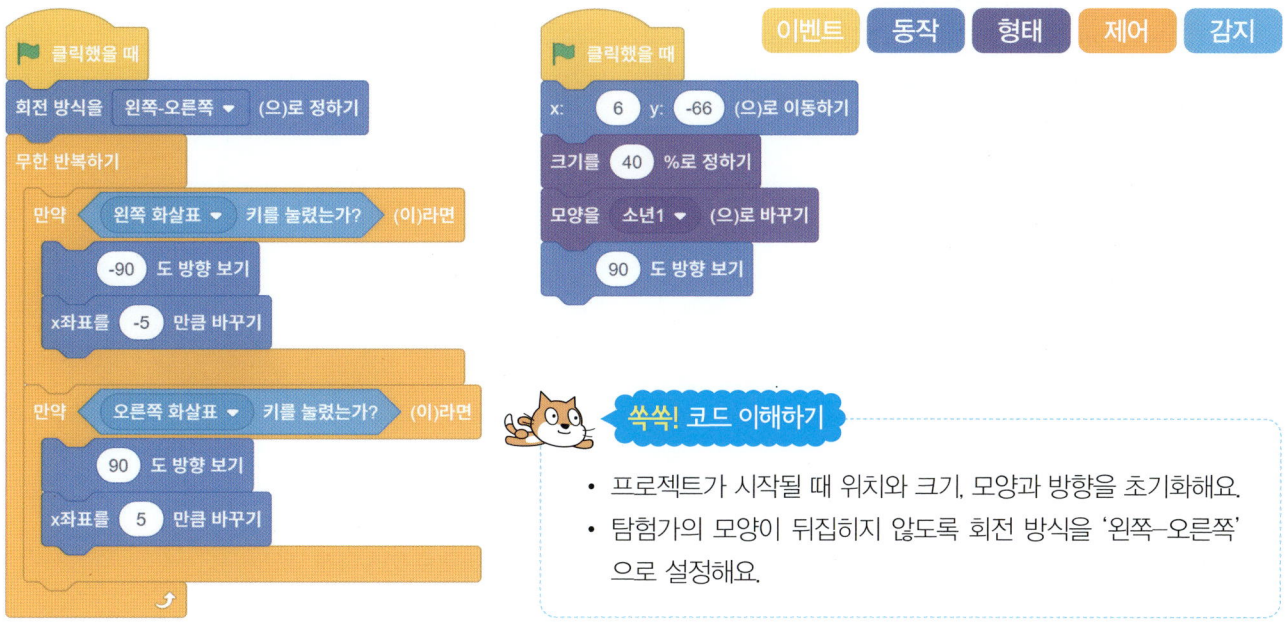

쏙쏙! 코드 이해하기
- 프로젝트가 시작될 때 위치와 크기, 모양과 방향을 초기화해요.
- 탐험가의 모양이 뒤집히지 않도록 회전 방식을 '왼쪽-오른쪽'으로 설정해요.

탐험가 : 'a'키를 누르면 '탐험가'가 공격을 하고, '스페이스'키를 누르면 위쪽으로 점프를 해요.

❸ 'a'키를 누르면 '탐험가'가 공격하는 모습을 표현하기 위해 모양이 변경되도록 그림과 같이 코드를 완성합니다.

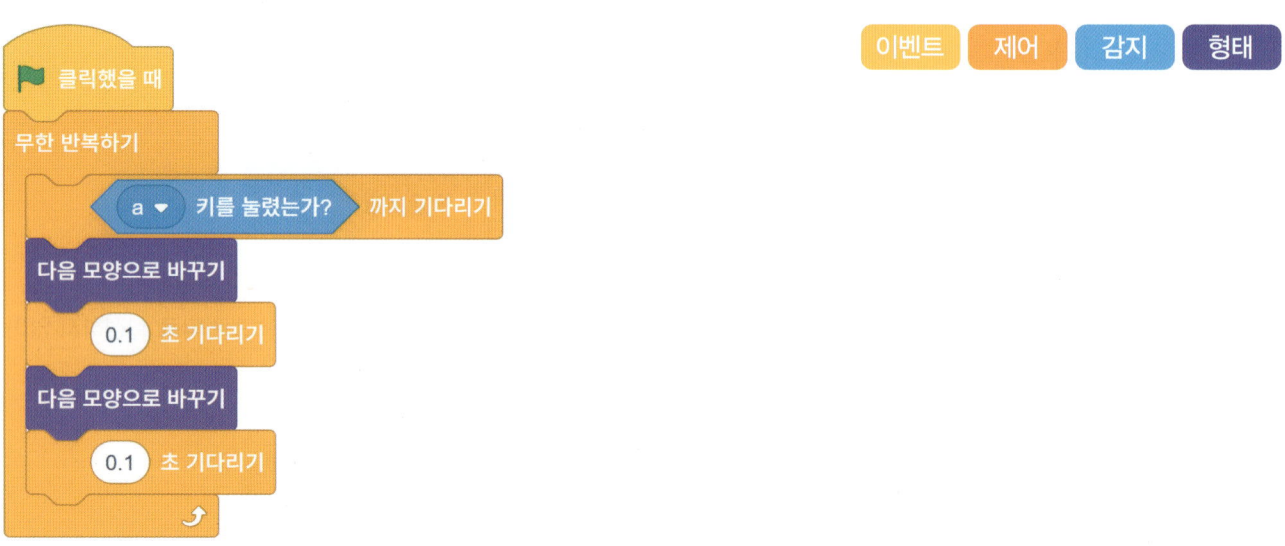

❹ '스페이스'키를 누르면 '탐험가'가 점프하도록 그림과 같이 코드를 완성합니다.

 쏙쏙! 코드 이해하기

- 더 높이 점프하려면 반복 횟수나 y좌표의 이동 값을 지금보다 큰 수로 바꿔요.
- y좌표의 이동 값이 다르면 '탐험가'가 내려오지 않거나 처음보다 아래로 이동하게 돼요.

2 요소 설정하기

'코인', '열매', '몬스터', '거미'가 랜덤으로 나타나도록 설정해 보세요.

 요소 : 프로젝트가 시작되면 '요소'가 랜덤 모양으로 복제되어 나타나요.

❶ 프로젝트가 시작되면 '경험치', '코인', '랜덤 선택' 변숫값을 '0'으로, '체력' 변숫값을 '100'으로 설정한 후 '1'~'3'초 간격으로 '요소'를 복제하도록 그림과 같이 코드를 완성합니다.

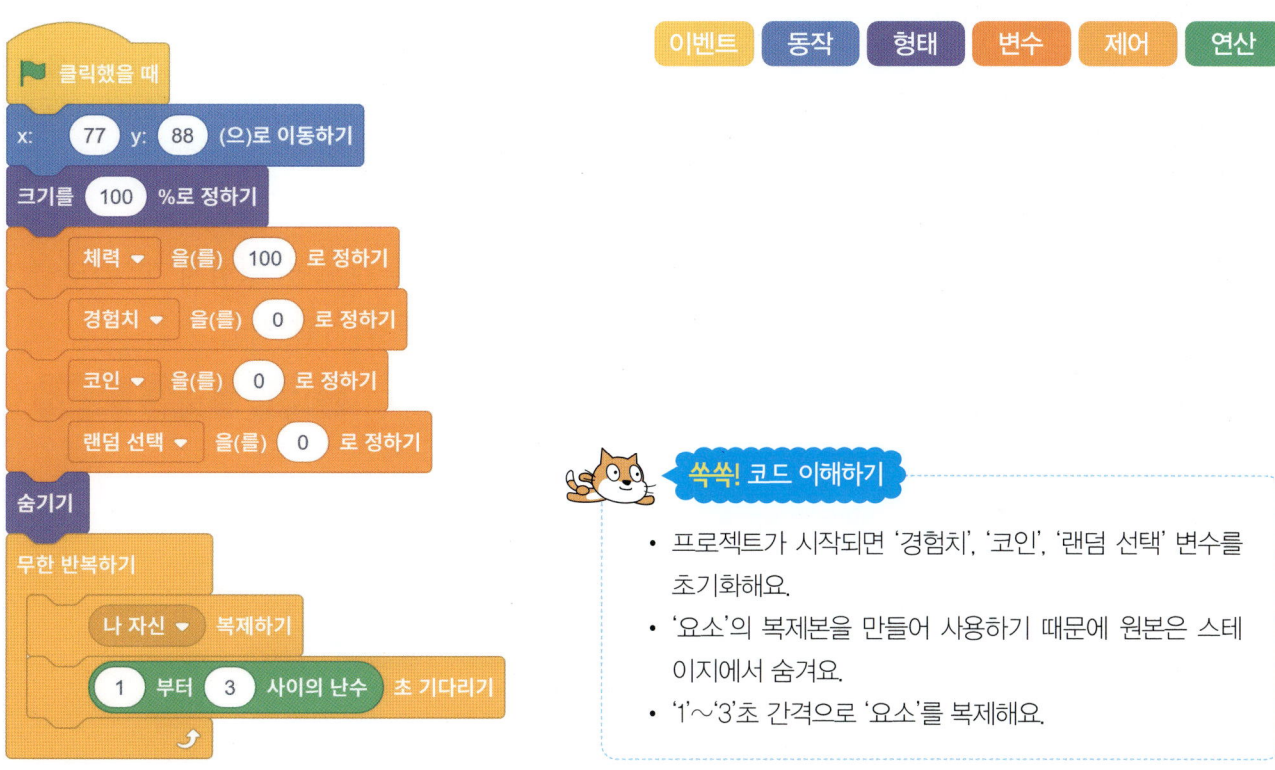

쏙쏙! 코드 이해하기

- 프로젝트가 시작되면 '경험치', '코인', '랜덤 선택' 변수를 초기화해요.
- '요소'의 복제본을 만들어 사용하기 때문에 원본은 스테이지에서 숨겨요.
- '1'~'3'초 간격으로 '요소'를 복제해요.

❷ '요소'가 랜덤으로 선택되는 변숫값에 따라 모양과 위치가 설정되어 나타나도록 그림과 같이 코드를 완성합니다.

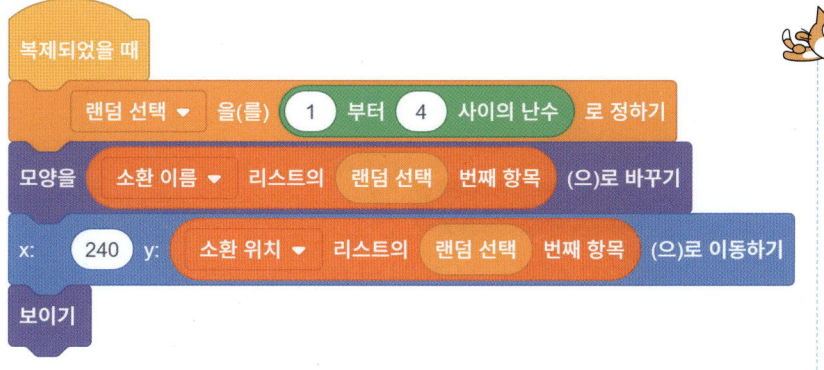

쏙쏙! 코드 이해하기

- '소환 이름' 리스트에는 '몬스터', '거미', '열매', '코인'이 있어요.
- '소환 위치' 리스트에는 '-50', '80', '80', '70'이 입력되어 있어요.
- '랜덤 선택' 변숫값에 따라 '소환 이름'과 '소환 위치' 리스트에서 값을 가져와 복제본의 속성을 변경해요.

요소 : '코인'과 '열매'는 왼쪽으로 천천히 이동하고, '몬스터'와 '거미'는 빠르게 이동해요. '몬스터'와 '거미'를 만났을 때 'a'키를 누르면 제거할 수 있어요.

❸ 복제된 '요소'의 모양에 따라 왼쪽으로 이동하는 속도가 설정되도록 그림과 같이 코드를 완성합니다.

쏙쏙! 코드 이해하기
- 랜덤으로 선택된 모양 번호가 '1'이라면 x좌표를 '-1'씩 이동하고, 모양 번호가 '4'라면 x좌표를 '-4'씩 이동해요.
- 왼쪽 벽까지 이동한 복제본은 삭제하도록 해요.

❹ '탐험가'에 닿은 '요소'가 '몬스터' 또는 '거미' 모양일 때 'a'키를 누르면 '경험치'가 '10'만큼 쌓이고 '몬스터' 또는 '거미'가 사라질 수 있도록 그림과 같이 코드를 완성합니다.

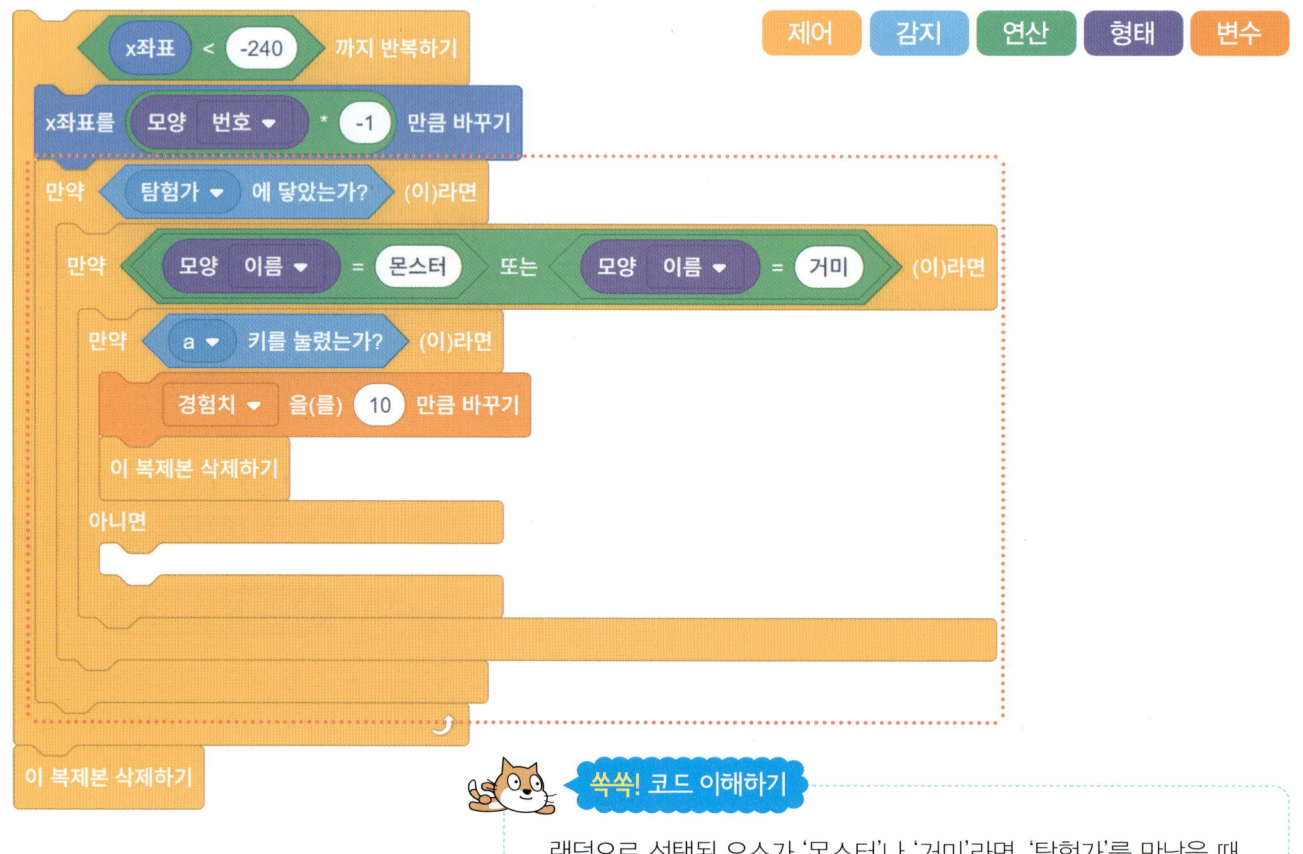

쏙쏙! 코드 이해하기
랜덤으로 선택된 요소가 '몬스터'나 '거미'라면, '탐험가'를 만났을 때 'a'키를 눌러 공격하고 경험치를 쌓을 수 있어요.

❺ '몬스터'나 '거미'를 만났을 때 공격하지 않으면 '체력'이 감소하고, '체력'이 '0'이 되면 게임이 종료되도록 그림과 같이 코드를 완성합니다.

쏙쏙! 코드 이해하기
- 체력이 연속하여 감소되지 않도록 '0.1'초를 기다려요.
- 체력을 모두 사용하면 게임이 종료돼요.

❻ '탐험가'가 '열매'나 '코인'과 닿으면 '체력' 또는 '코인'이 '10'만큼씩 증가하도록 그림과 같이 코드를 완성합니다.

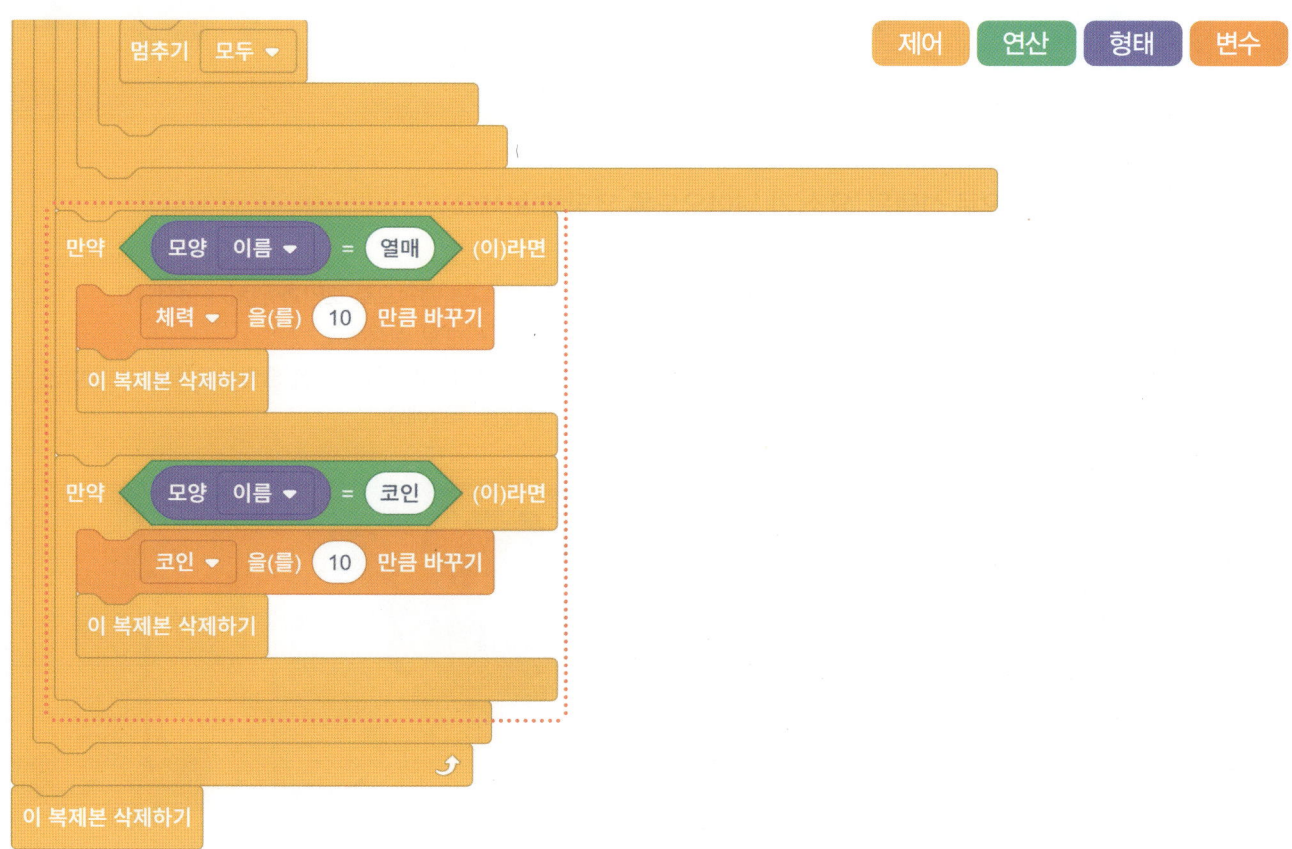

❼ 프로젝트를 실행하여 정글을 탐험하고 체력을 지켜 경험치와 코인을 쌓아 봅니다.

17 스스로 코딩

• 예제 파일 : 17강 강아지 간식(예제).sb3   • 완성 파일 : 17강 강아지 간식(완성).sb3

미션 1 예제 파일을 불러와 키보드의 키를 눌러 '강아지'를 움직일 수 있도록 코딩해 보세요.

 강아지
① '점수', '랜덤 선택' 변수를 생성한 후 '랜덤 선택' 변수는 숨겨요.
② 키보드의 좌우 화살표키를 누르면 '강아지'가 해당 방향을 바라보며 이동해요.
③ '스페이스'키를 누르면 '강아지'가 점프해요.

미션 2 랜덤으로 선택된 '요소'가 날아오도록 코딩해 보세요.

 요소
① '요소'가 '1'~'3'초 간격으로 복제되면 랜덤으로 모양과 위치가 설정돼요.
② '요소'의 이동 속도는 '모양 번호' * '-1'로 설정해요.
③ '뼈다귀'가 '강아지'에게 닿으면 '점수' 변숫값을 '1'점 증가하고, 다른 모양이면 '1'초 동안 '으악!'을 말하고 게임을 종료해요.

| 힌트 | 복제된 '요소'의 모양과 위치는 '랜덤 선택' 변수와 '소환 이름'과 '소환 위치' 리스트를 이용하여 설정해요.

18 성벽을 지켜라!

학습목표
- 마우스의 x좌표를 따라 움직임을 제어할 수 있어요.
- 복제본을 랜덤 모양, 크기, 위치로 설정할 수 있어요.
- 복제본이 바닥에 닿으면 프로젝트를 종료해요.

오늘의 작품은?

거대한 용이 나타나 성을 위협하고 있어요. 여의주와 불을 쏘며 공격하는 용을 막기 위해 화살을 이용해요. 여의주와 불을 성공적으로 제거하면 레벨이 올라 더 강력한 무기로 바꿀 수 있어요. 과연 성벽을 지켜낼 수 있을까요?

• 예제 파일 : 18강 성벽 지키기(예제).sb3   • 완성 파일 : 18강 성벽 지키기(완성).sb3

주요 블록

1 활 움직임 설정하기

'활'이 마우스 포인터를 따라 이동하도록 설정해 보세요.

❶ '18강 성벽 지키기(예제).sb3' 파일을 실행하고, [변수] 탭에서 '레벨', '경험치' 변수를 생성합니다.

> **Tip**
> '파워', '무기' 리스트는 설정되어 있으므로 따로 설정하지 않아요.

 활 : '활'이 마우스 포인터를 따라 좌우로 이동해요.

❷ 프로젝트가 시작되면 '경험치', '레벨' 변숫값을 초기화하고 마우스 포인터를 따라 좌우로 이동하도록 그림과 같이 코드를 완성합니다.

 **쏙쏙! 코드 이해하기**
'마우스의 x좌표'로 이동하기 때문에 y좌표는 변경되지 않아요.

2 무기 설정하기

레벨에 따라 '무기'가 변경되며 '활'에서 자동으로 발사되도록 설정해 보세요.

 무기 : 레벨에 따라 모양이 변경되며, '활'에서 발사돼요.

❶ 프로젝트가 시작되면 '무기'가 '레벨' 변숫값에 따라 모양을 변경하며 '활'을 따라 이동하도록 그림과 같이 코드를 완성합니다.

이벤트 제어 동작 형태 변수

❷ '무기'가 '0.3'초 간격으로 복제되고, 복제된 '무기'는 위쪽으로 향해 날아간 후 삭제되도록 그림과 같이 코드를 완성합니다.

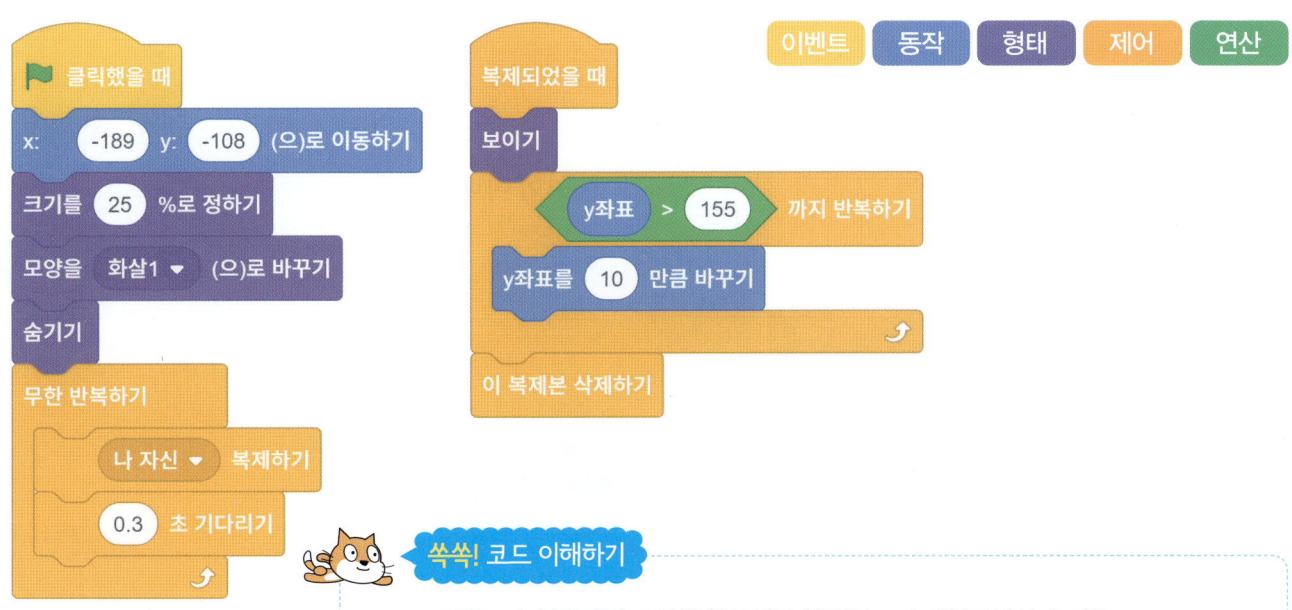

쏙쏙! 코드 이해하기

- 프로젝트가 시작되면 모양을 '화살1'로 변경하고 스테이지에서 숨겨요.
- '무기'를 더 빨리 발사하려면 '0.3'초보다 작은 수를 입력해요.
- '무기'가 복제되었을 때, 스테이지에 나타나고 위쪽으로 이동한 후 사라지도록 해요.

3 드래곤 설정하기

'여의주', '불'을 아래로 보내고 바닥에 닿으면 게임이 종료되도록 설정해 보세요.

 드래곤 : 좌우로 이동하는 '드래곤'이 '여의주'와 '불'을 아래쪽을 보내요.

❶ 프로젝트가 시작되면 '드래곤'이 성벽 위에서 좌우로 이동하다 '나 자신'을 복제하도록 그림과 같이 코드를 완성합니다.

❷ '여의주' 또는 '불' 모양으로 복제한 후 크기와 이동 방향을 랜덤으로 선택하고, 아래쪽 벽에 닿을 때까지 이동하도록 그림과 같이 코드를 완성합니다.

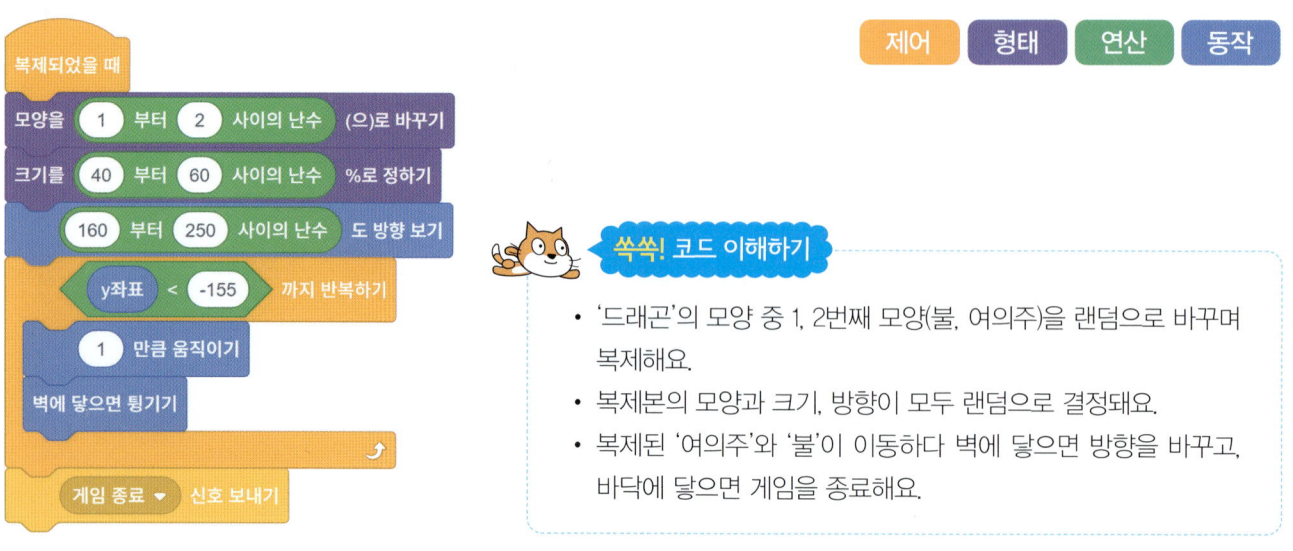

> **쏙쏙! 코드 이해하기**
> - '드래곤'의 모양 중 1, 2번째 모양(불, 여의주)을 랜덤으로 바꾸며 복제해요.
> - 복제본의 모양과 크기, 방향이 모두 랜덤으로 결정돼요.
> - 복제된 '여의주'와 '불'이 이동하다 벽에 닿으면 방향을 바꾸고, 바닥에 닿으면 게임을 종료해요.

❸ '여의주'나 '불'이 '활'이 쏜 '무기'에 닿으면 '경험치'를 '1'만큼 증가하도록 그림과 같이 코드를 완성합니다.

❹ '경험치' 변숫값이 '100'보다 클 때 '레벨'이 '2'보다 크다면 '레벨'을 '3'으로 정하고 그렇지 않으면 '레벨'이 '1'단계 올라가고, '경험치' 변숫값이 다시 '0'이 되도록 그림과 같이 코드를 완성합니다.

쏙쏙! 코드 이해하기

- '경험치'가 증가할 때마다 '경험치' 변숫값이 '100'보다 큰지 확인해요.
- '경험치'가 '100'이 넘었을 때 '레벨' 변숫값이 '2'보다 크다면 '3'으로 정하고, 아니라면 '레벨' 변숫값을 '1'만큼 증가시켜요.
- '레벨'이 올라가면 다시 경험치를 모을 수 있도록 '경험치' 변숫값을 '0'으로 초기화해요.

CHAPTER 18 성벽을 지켜라! _ **133**

❺ 복제본에 '무기'가 닿았을 때 '파워' 리스트에 기록된 항목에 따라 복제본의 크기가 작아지도록 그림과 같이 코드를 완성합니다.

 쏙쏙! 코드 이해하기

- '파워' 리스트의 항목은 '-1', '-3', '-10'으로, '레벨' 변숫값이 '3'보다 작다면 레벨에 따라 크기가 작아져요.
- '레벨' 변숫값이 '3'이거나 '3'보다 크다면 '파워' 리스트의 '3'번째 항목인 '10'만큼 작아져요.

❻ 복제본의 크기가 '20'보다 작아지면 삭제되도록 그림과 같이 코드를 완성합니다.

쏙쏙! 코드 이해하기

- '무기'에 닿아 크기가 '20'보다 작아지면 삭제해요.
- '경험치' 변숫값이 계속 증가되지 않도록 '0.5'초를 기다려요.

4 게임 종료 화면 설정하기

'여의주'와 '불'이 바닥에 닿으면 게임 실패 화면이 나타나도록 설정해 보세요.

 **실패** : 게임이 종료되면 '실패'가 화면에 나타나요.

❶ 프로젝트가 시작되면 '실패'가 보이지 않도록 그림과 같이 코드를 완성합니다.

이벤트　동작　형태

❷ '게임종료' 신호를 받으면 모든 스프라이트의 움직임을 멈추고, '게임종료' 모양이 나타나도록 그림과 같이 코드를 완성합니다.

이벤트　형태　제어

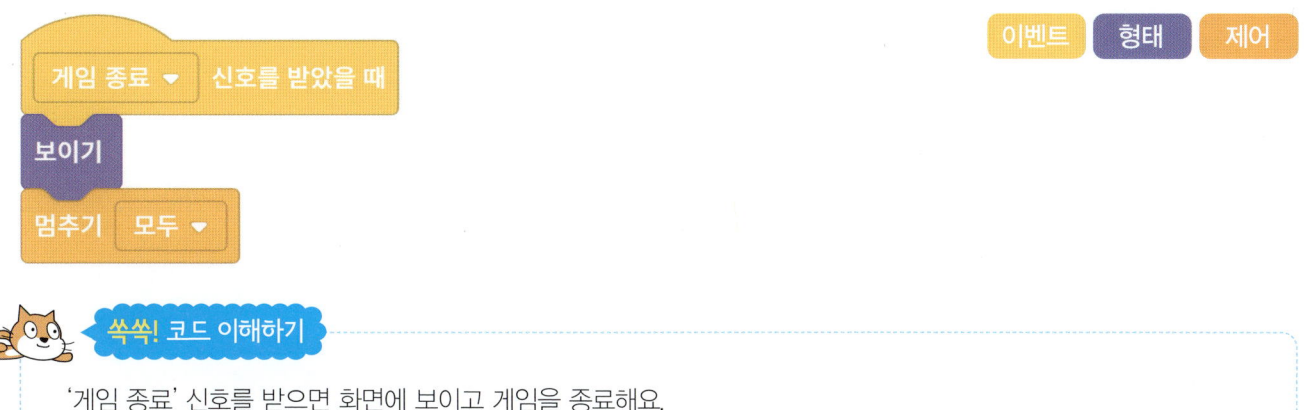

쏙쏙! 코드 이해하기

'게임 종료' 신호를 받으면 화면에 보이고 게임을 종료해요.

❸ 프로젝트를 실행한 후 드래곤이 날리는 공격을 향해 활을 쏘아 봅니다.

18 스스로 코딩

• 예제 파일 : 18강 슬라임 탈출 막기(예제).sb3 • 완성 파일 : 18강 슬라임 탈출 막기(완성).sb3

미션 1 예제 파일을 불러와 마우스로 '바람'의 움직임을 제어하도록 코딩해 보세요.

 바람, 실패

① '경험치', '레벨' 변수를 생성해요.
② '바람'은 계속 반복해서 '마우스의 x좌표'를 따라 움직여요.
③ '실패'는 프로젝트가 시작되면 숨겨요.
④ '게임 종료' 신호를 받으면 나타난 후 게임을 종료해요.

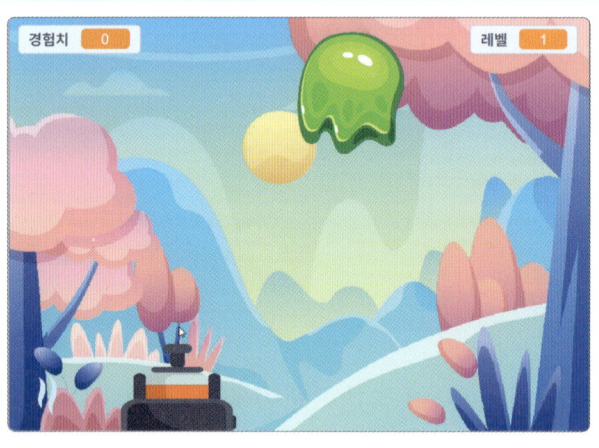
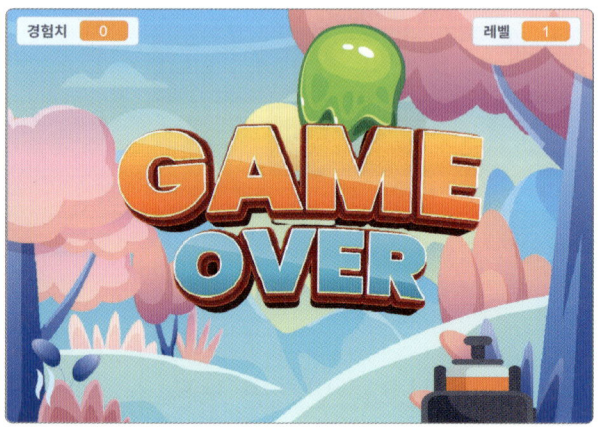

미션 2 '무기'를 발사하여 '슬라임'을 맞추고 경험치를 키우도록 코딩해 보세요.

 무기, 슬라임

① '무기'가 '0.3'초 간격으로 복제본을 생성해요.
② '무기'는 '레벨' 변숫값에 따라 모양을 정하고 '바람'에서 발사돼요.
③ '슬라임'이 랜덤의 크기, 모양으로, 랜덤의 이동 방향으로 이동해요.
④ '슬라임'이 '무기'에 닿으면 '경험치' 변숫값이 증가해요.
⑤ '경험치' 변숫값이 '100'보다 커지면 '레벨' 변숫값이 증가해요.

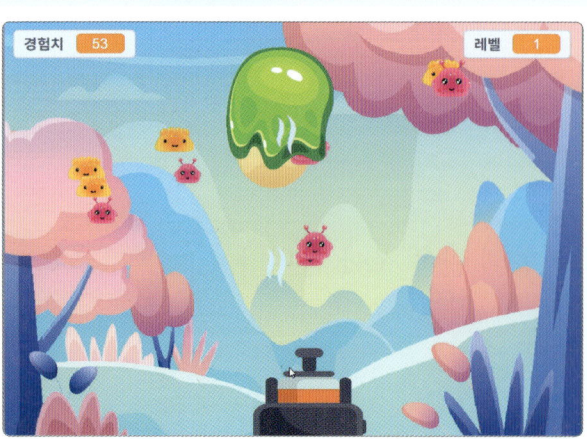

19 춤 동작 기억 챌린지

학습목표
- 춤 동작 이름을 문제 리스트에 랜덤으로 추가할 수 있어요.
- 문제 리스트에 맞춰 해당하는 춤 동작에 불이 켜져요.
- 선택한 춤 동작이 풀이 리스트에 추가돼요.
- 문제 리스트와 풀이 리스트의 항목이 같은지 비교할 수 있어요.

 **오늘의 작품은?**

댄스 파티가 열렸어요. 게임이 시작되면 왼쪽 무대에서 보여주는 포즈를 오른쪽 무대에서 찾아 같은 순서로 따라 춰야 해요. 동작 순서가 틀리면 게임이 끝나요! 순서를 잘 기억해서 춤 동작 기억 챌린지를 시작해 볼까요?

• 예제 파일 : 19강 기억 챌린지(예제).sb3   • 완성 파일 : 19강 기억 챌린지(완성).sb3

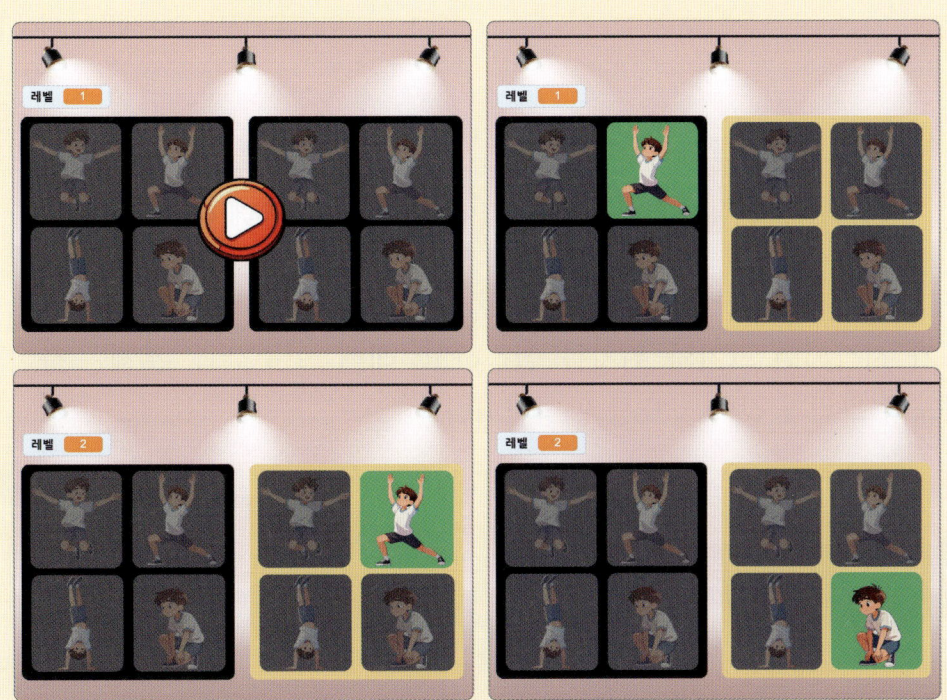

 **주요 블록**

| 항목 을(를) 문제▼ 에 추가하기 | 문제▼ 의 길이 | 까지 기다리기 | 문제▼ 리스트의 1 번째 항목 |

1 문제 출제하기

게임에 필요한 변수, 리스트를 생성한 후 랜덤 문제를 출제하도록 설정해 보세요.

❶ '19강 기억 챌린지(예제).sb3' 파일을 실행한 후 [변수] 탭에서 '순서', '레벨' 변수와 '풀이', '문제' 리스트를 생성하고, 모든 리스트와 '순서' 변수를 체크 해제하여 스테이지에서 숨깁니다.

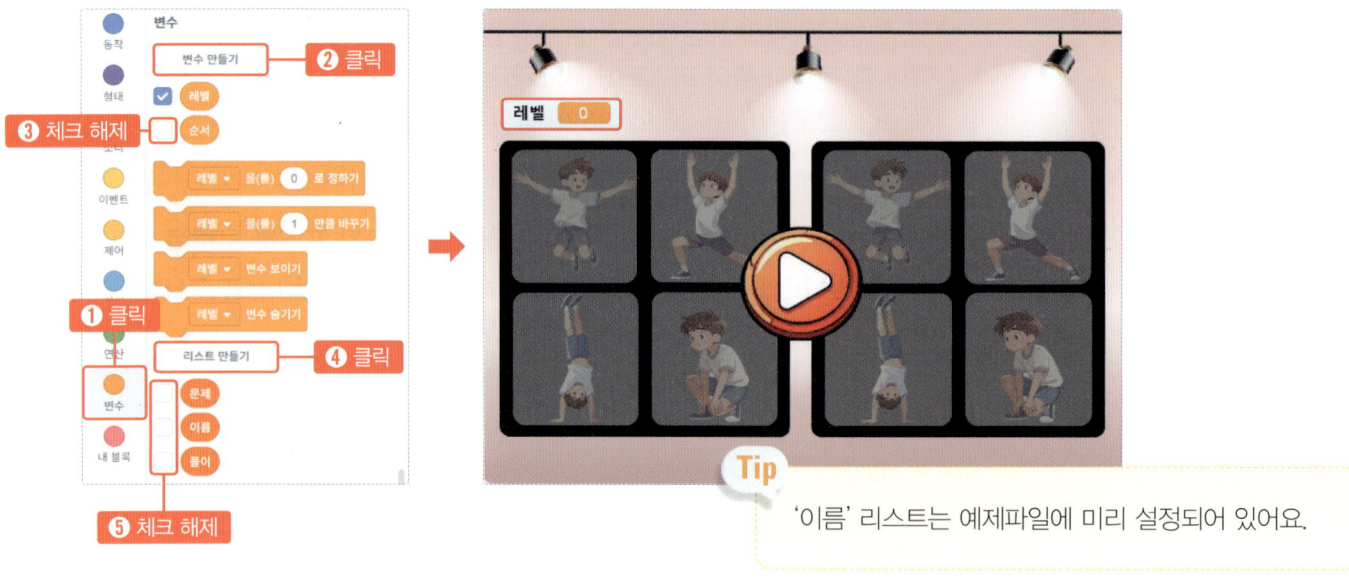

 시작 : '시작'을 클릭하면 문제가 출제되어 스테이지에 나타나요.

❷ 프로젝트가 시작되면 크기와 위치를 설정하고 '레벨' 변숫값과 '문제', '풀이' 리스트의 값을 초기화하도록 그림과 같이 코드를 완성합니다.

'시작' 모양으로 바꾼 후 다른 스프라이트에 가려지지 않도록 맨 '앞쪽'으로 순서를 바꿔요.

❸ '시작'을 클릭하면 '추가' 신호를 보내도록 그림과 같이 코드를 완성합니다.

❹ '추가' 신호를 받으면 '이름' 리스트의 항목 중 랜덤으로 선택하여 '문제' 리스트에 추가하도록 그림과 같이 코드를 완성합니다.

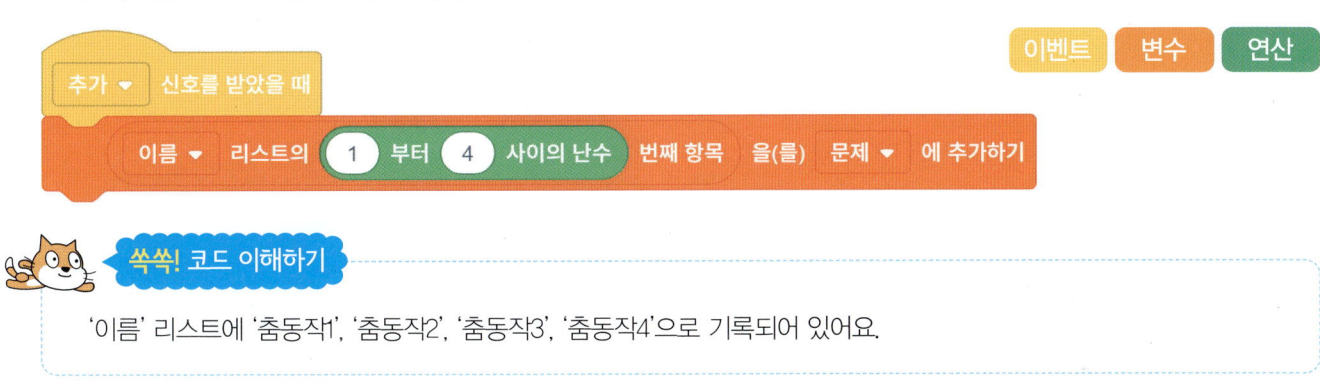

쏙쏙! 코드 이해하기

'이름' 리스트에 '춤동작1', '춤동작2', '춤동작3', '춤동작4'으로 기록되어 있어요.

❺ '순서' 변수를 이용하여 '문제' 리스트에 있는 항목만큼 반복하여 '출제시작' 신호를 보내도록 그림과 같이 코드를 완성합니다.

쏙쏙! 코드 이해하기

- '순서' 변숫값을 '1'씩 증가하여 '문제' 리스트의 자료를 순서대로 가져올 수 있어요.
- 춤 동작의 순서를 기억할 수 있도록 문제를 '0.5'초 간격으로 출제해요.

CHAPTER 19 춤 동작 기억 챌린지 _ **139**

2 춤 동작 순서 맞추기

출제된 문제를 기억하고, 오른쪽에 춤 동작을 순서대로 클릭할 수 있도록 설정해 보세요.

 시작 : 입력한 답에 따라 게임을 종료하거나, 다음 레벨로 변경해요.

❶ 출제 후 '입력시작' 신호를 보내고 사용자가 출제된 문제의 수만큼 춤 동작을 선택했는지 확인한 후 '입력정지' 신호를 보내도록 그림과 같이 코드를 완성합니다.

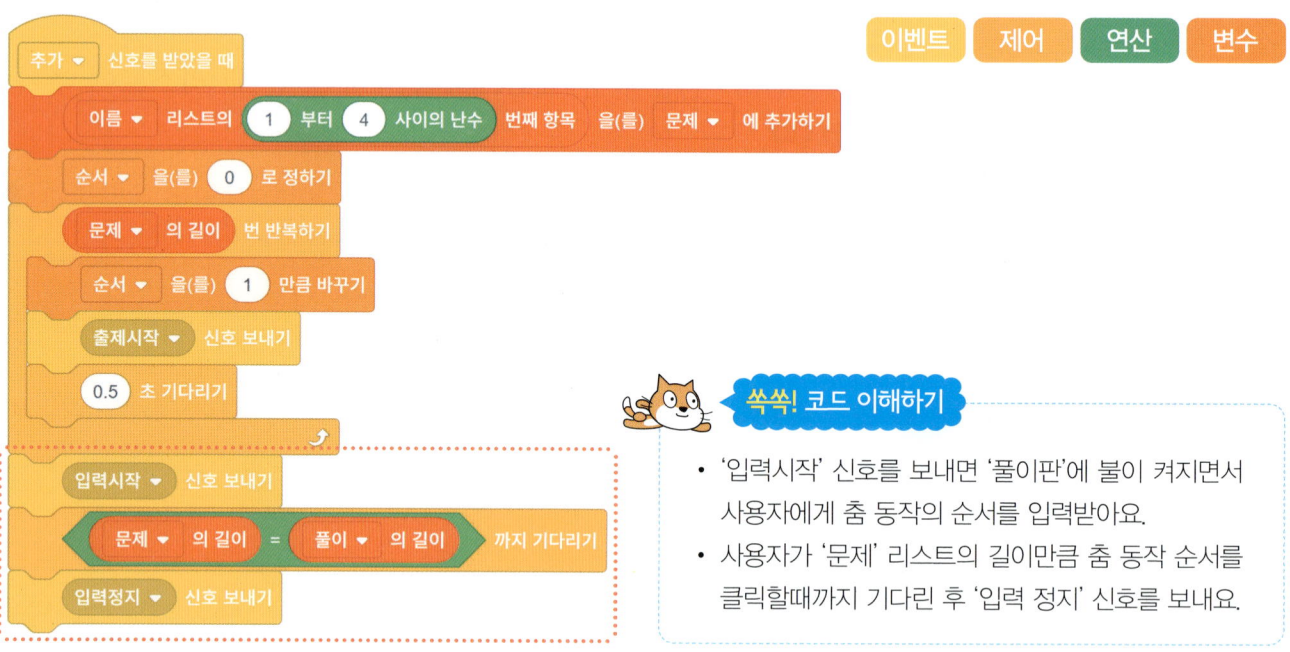

쏙쏙! 코드 이해하기
- '입력시작' 신호를 보내면 '풀이판'에 불이 켜지면서 사용자에게 춤 동작의 순서를 입력받아요.
- 사용자가 '문제' 리스트의 길이만큼 춤 동작 순서를 클릭할때까지 기다린 후 '입력 정지' 신호를 보내요.

❷ 출제된 문제와 사용자가 푼 풀이의 순서가 같은지 확인하고, 다르다면 게임이 종료되도록 그림과 같이 코드를 완성합니다.

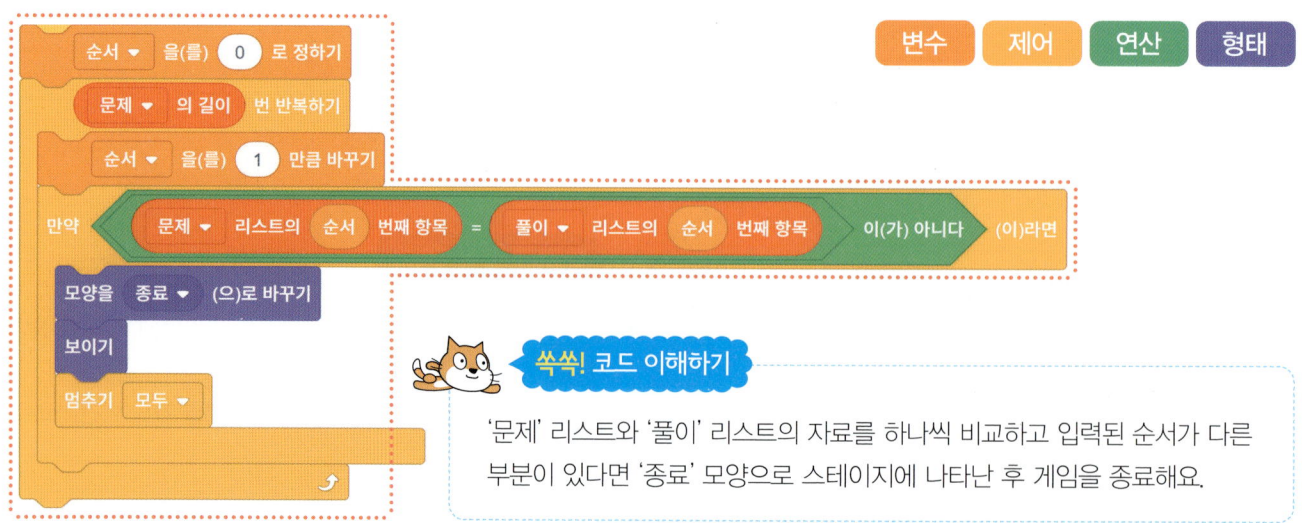

쏙쏙! 코드 이해하기
'문제' 리스트와 '풀이' 리스트의 자료를 하나씩 비교하고 입력된 순서가 다른 부분이 있다면 '종료' 모양으로 스테이지에 나타난 후 게임을 종료해요.

❸ 다음 문제를 풀 수 있도록 '풀이' 리스트의 항목을 전부 삭제하도록 그림과 같이 코드를 완성합니다.

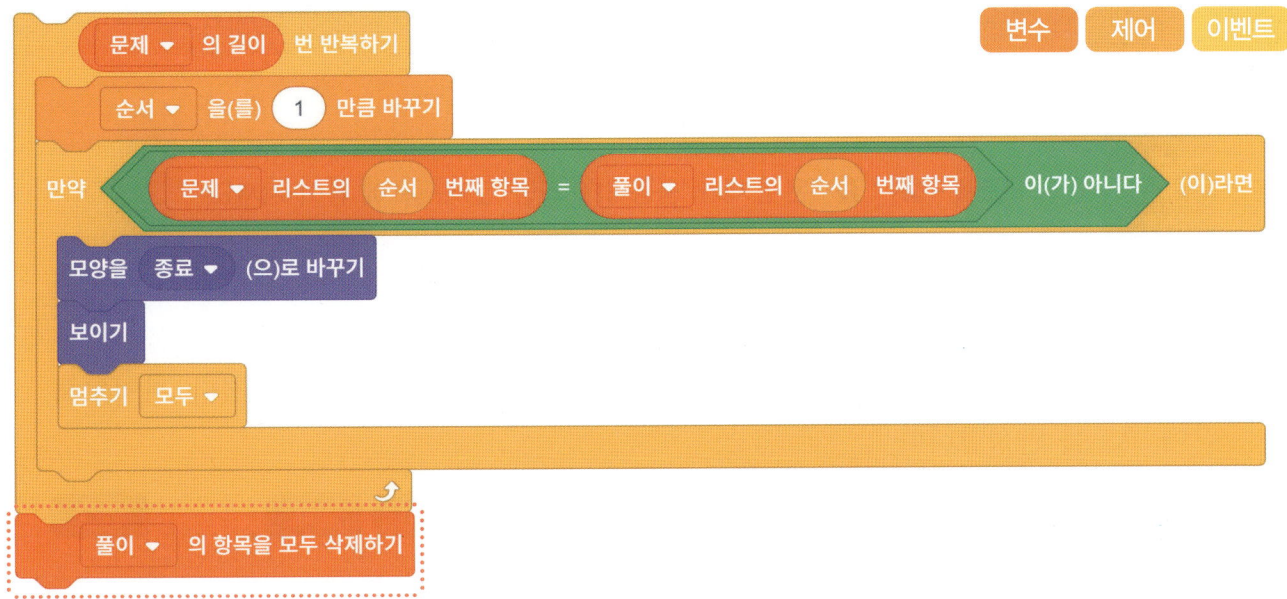

❹ '레벨'을 '1'단계 올리고, 다음 문제를 추가하기 위해 '추가' 신호를 보내도록 그림과 같이 코드를 완성합니다.

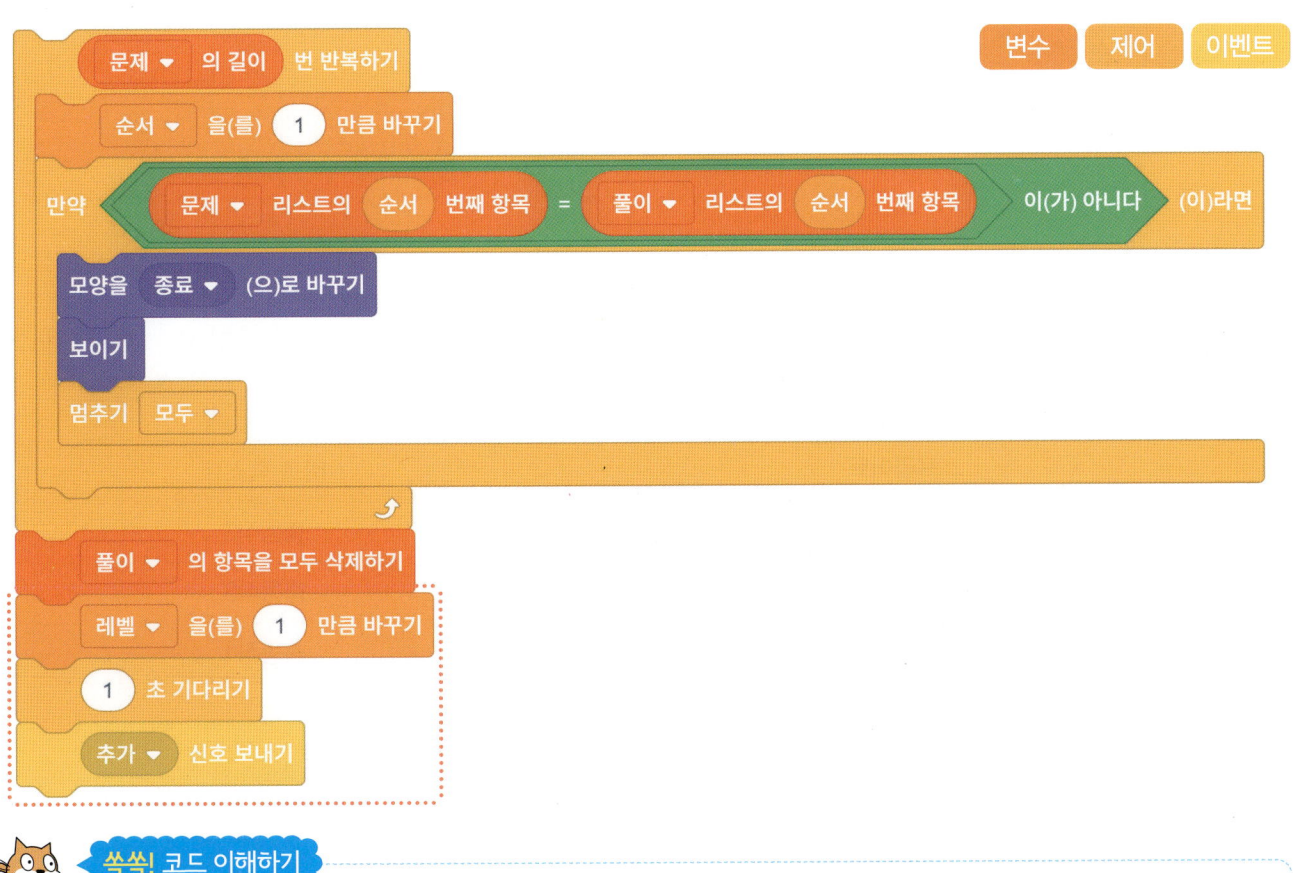

쏙쏙! 코드 이해하기

'추가' 신호를 보내면 '문제' 리스트에 새로운 문제가 생겨요.

3 출제된 문제 표시하기

'출제시작' 신호를 받았을 때 해당 춤 동작에 불이 켜지도록 설정해 보세요.

 문제-춤1: 출제된 문제가 '춤동작1'이라면 '문제-춤1'에 불이 켜져요.

❶ 프로젝트가 시작되면 꺼진 상태로 모양을 초기화한 후 '출제시작' 신호를 받았을 때 '문제' 리스트의 '순서' 변숫값 번째 항목이 '춤동작1'이라면 '문제-춤1'에 불이 켜졌다 꺼지도록 그림과 같이 코드를 완성합니다.

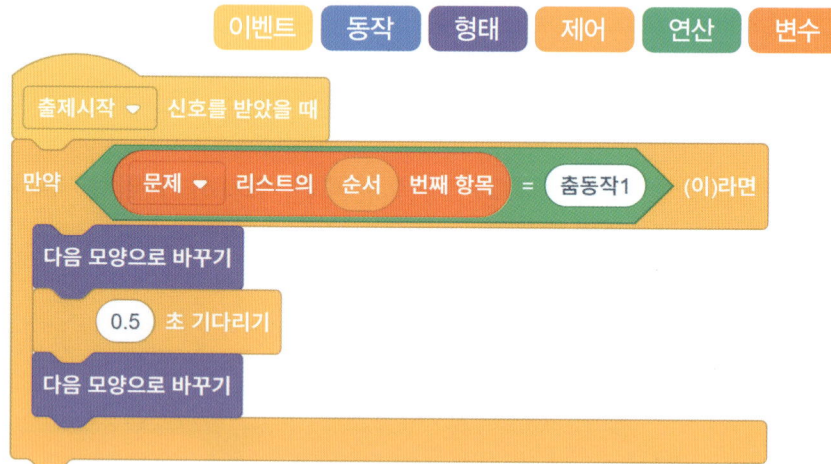

❷ '문제-춤2', '문제-춤3', '문제-춤4'도 '문제-춤1'과 같이 코드를 작성하고, 비교 텍스트를 아래와 같이 입력합니다.

스프라이트	비교 텍스트
문제-춤2	춤동작2
문제-춤3	춤동작3
문제-춤4	춤동작4

 Tip

'문제-춤1'의 코드를 복사하여 붙여넣은 후 모양과 비교 텍스트를 수정해 보세요.

4 풀이 춤 동작 표시하기

'입력시작' 신호를 받았을 때 해당 춤 동작을 클릭하면 불이 켜지도록 설정해 보세요.

 풀이-춤1 : 문제가 출제되고 '풀이-춤1'을 클릭하면 불이 켜졌다 꺼지고, 문제를 다 풀면 춤 동작의 불이 다 꺼져요.

❶ 프로젝트가 시작되면 불이 꺼진 모양으로 초기화한 후 '입력시작' 신호를 받았을 때 클릭하면 '풀이-춤1'에 불이 켜지고, '풀이' 리스트에 "춤동작1"이 기록되도록 그림과 같이 코드를 완성합니다.

 쏙쏙! 코드 이해하기

- 같은 춤 동작이 여러 번 입력될 수 있으므로 무한 반복하기 블록을 사용해요.
- 사용자가 입력한 춤 동작을 '문제' 리스트와 비교하기 위해 '풀이' 리스트에 기록해요.

❷ '입력정지' 신호를 받으면 '풀이-춤1'의 불이 꺼지도록 그림과 같이 코드를 완성합니다.

 쏙쏙! 코드 이해하기

'입력시작' 블록의 실행을 멈추도록 '입력정지' 신호를 받으면 '이 스프라이트에 있는 다른 스크립트' 코드를 멈춰요.

❸ '풀이-춤2'~'풀이-춤4' 스프라이트에도 각각 ❶~❷와 같은 방법으로 '풀이' 리스트에 입력할 텍스트와 '입력 정지' 블록에서 변경할 모양을 해당 스프라이트에 맞게 변경하여 코드를 완성합니다.

5 문제판, 풀이판 불켜기

게임이 시작되면 해당하는 판에 불이 켜지도록 설정해 보세요.

문제판 : 문제가 출제되면 '문제판'에 불이 켜지고 문제를 풀 때 꺼져요.

❶ 프로젝트가 시작되면 모양과 순서를 초기화하고 '추가' 신호를 받으면 불이 켜지고, '입력시작' 신호를 받으면 불이 꺼지도록 그림과 같이 코드를 완성합니다.

풀이판 : 문제가 출제되면 '풀이판'에 불이 꺼지고 문제를 풀 때 켜져요.

❷ 프로젝트가 시작되면 모양과 순서를 초기화하고 '추가' 신호를 받으면 불이 꺼지고, '입력시작' 신호를 받으면 불이 켜지도록 그림과 같이 코드를 완성합니다.

❸ 프로젝트를 실행한 후 출제된 문제 동작에 따라 문제를 맞춰 봅니다.

19 스스로 코딩

• 예제 파일 : 19강 방향 기억하기(예제).sb3   • 완성 파일 : 19강 방향 기억하기(완성).sb3

미션 1 예제 파일을 불러와 랜덤으로 방향을 바꾸는 문제를 내도록 코딩해 보세요.

 문제

① '미션 추가' 신호를 받으면 '방향' 리스트의 랜덤 항목을 '문제순서' 리스트에 추가해요.
② '문제순서' 항목 수만큼 반복하여 '순서' 변숫값을 증가하고 문제를 출제해요.
③ '문제순서' 리스트의 '순서' 변숫값 번째 항목으로 모양을 변경해요.
④ '문제순서'와 '기억순서' 리스트의 항목 수가 같아지면 '입력정지' 신호를 보내요.

| 힌트 | • '레벨', '순서' 변수와 '기억순서', '문제순서' 리스트를 생성해요.
        • '문제순서'와 '기억순서'가 일치하면 '레벨' 변숫값을 증가시켜 보세요.

미션 2 키보드의 화살표키로 '플레이어'의 방향을 바꾸도록 코딩해 보세요.

 플레이어

① 키보드의 화살표키를 누르면 '앞'~'뒤' 모양으로 변경돼요.
② '기억순서' 리스트에 모양 이름을 추가하고 '0.5'초를 기다려요.

20 해적선을 물리쳐라!

학습목표
- 해적선 게이지 리스트에 항목을 추가할 수 있어요.
- 해적선마다 게이지가 따라다니도록 설정할 수 있어요.
- 폭탄을 맞은 해적선의 게이지가 줄어든 후 사라지도록 할 수 있어요.

 **오늘의 작품은?**

넓은 바다 한가운데, 해적선이 나타났어요! 용감한 선원이 폭탄을 준비하고 해적선과의 전투를 시작했어요. 해적선은 폭탄이 맞을 때마다 연료 게이지가 줄어들고, 게이지가 다 떨어지면 바닷속으로 가라앉아요. 바다를 지키기 위해 모든 해적선을 물리쳐 보세요!

• 예제 파일 : 20강 해적선 물리치기(예제).sb3   • 완성 파일 : 20강 해적선 물리치기(완성).sb3

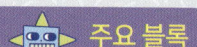 주요 블록

1 게이지 추가하기

리스트를 생성한 후 '시작'을 클릭하여 게이지를 채울 수 있도록 설정해 보세요.

❶ '20강 해적선 물리치기(예제).sb3' 파일을 실행하고, [변수] 탭에서 '해적선 게이지' 리스트를 생성한 후 리스트를 체크 해제하여 숨깁니다.

PLAY 　시작 : '시작'을 클릭하면 해적선의 게이지가 채워져요.

❷ 프로젝트가 시작되면 초기화한 후 '시작'을 클릭하여 '해적선 게이지' 리스트에 해적선 에너지가 채워지고 게임이 시작되도록 그림과 같이 코드를 완성합니다.

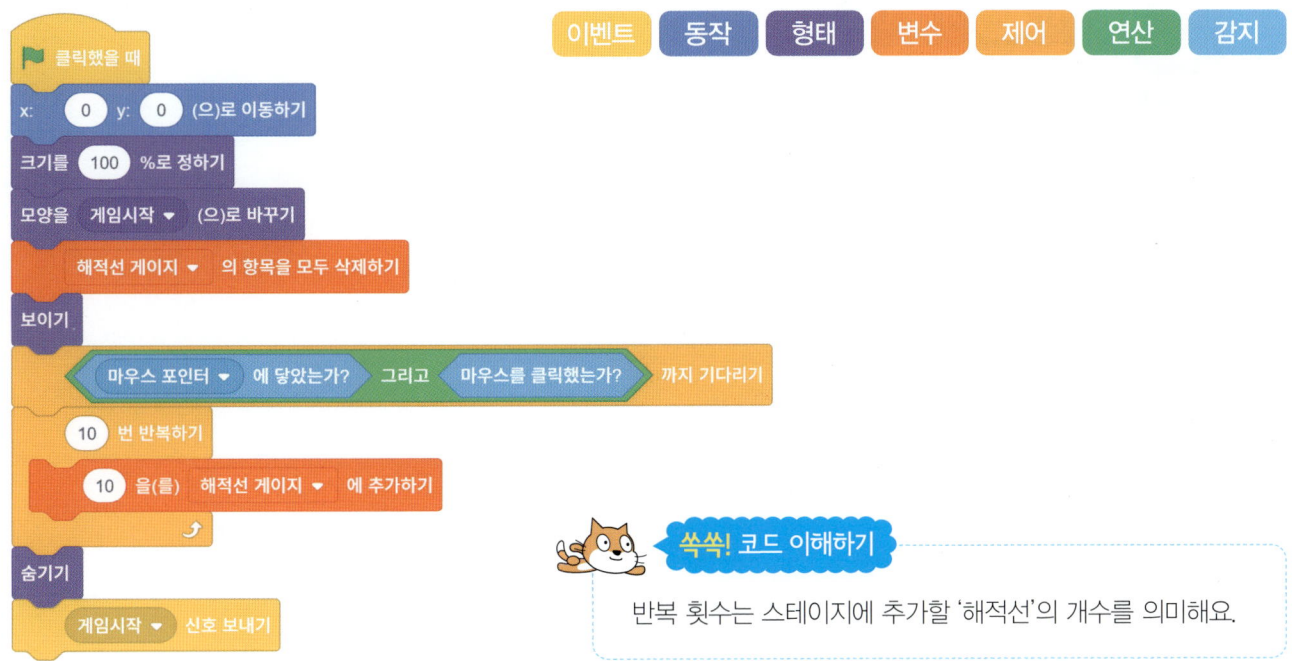

쏙쏙! 코드 이해하기
반복 횟수는 스테이지에 추가할 '해적선'의 개수를 의미해요.

2 해적선 설정하기

해적선이 다가오다가 공격을 받고 사라지도록 설정해 보세요.

 **해적선1 :** 게임이 시작되면 '해적선'이 다가와요.

❶ '게임 시작' 신호를 받으면 '해적선1'이 다가오는 모습을 표현하도록 그림과 같이 코드를 완성합니다.

`이벤트` `제어` `형태`

❷ '게임 시작' 신호를 받으면 랜덤의 시간을 기다렸다가 '게이지1표시' 신호를 보낸 뒤 이동하도록 그림과 같이 코드를 완성합니다.

`이벤트` `제어` `연산` `형태` `동작`

🔵 **쏙쏙! 코드 이해하기**

- '해적선'이 랜덤의 시간 간격으로 나타나요.
- '게이지1표시' 신호를 보내 '해적선' 위에 게이지를 표시해요.

해적선1 : '폭탄'에 맞으면 반대 방향으로 이동하고, 폭탄을 맞아 '해적선 게이지'가 0이 되면 '해적선1'이 소멸해요.

❸ '게임 시작' 신호를 받았을 때 '폭탄'에 닿으면 반시계방향으로 '180'도 회전하고, '10'만큼 이동하도록 그림과 같이 코드를 완성합니다.

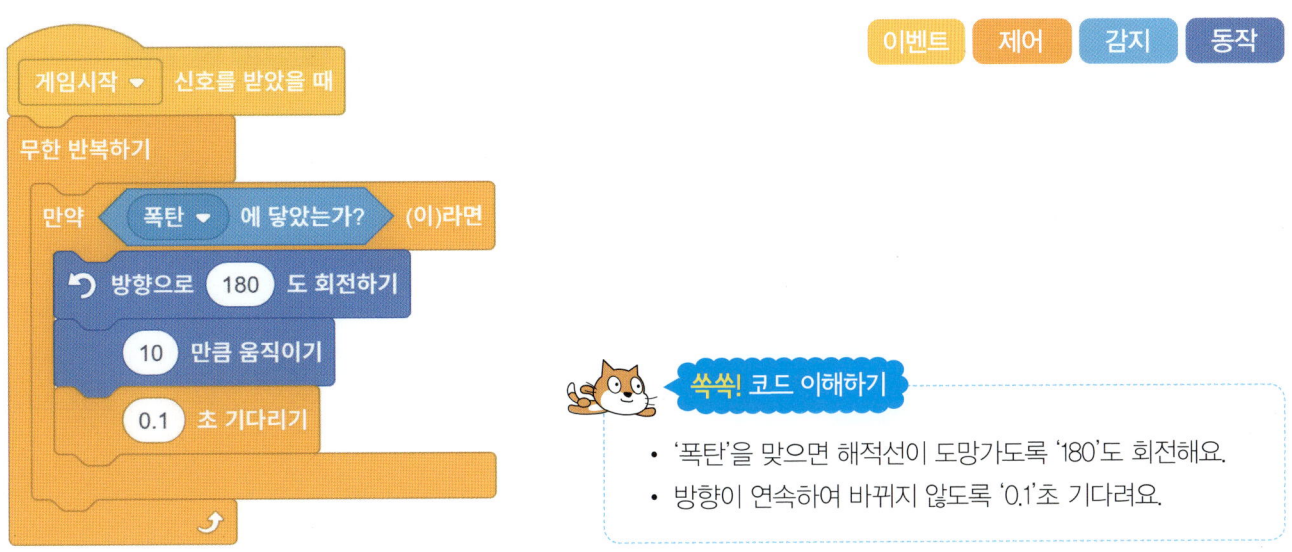

쏙쏙! 코드 이해하기
- '폭탄'을 맞으면 해적선이 도망가도록 '180'도 회전해요.
- 방향이 연속하여 바뀌지 않도록 '0.1'초 기다려요.

❹ '게임 시작' 신호를 받으면 첫 번째 '해적선 게이지' 값을 확인하여 값이 '1'보다 작아지면 '해적선1'이 사라지도록 그림과 같이 코드를 완성합니다.

쏙쏙! 코드 이해하기
- '해적선1'일 때 '해적선 게이지' 리스트의 '1'번째 항목을 사용해요. 만약 '해적선2' 스프라이트라면 '해적선 게이지' 리스트의 '2'번째 항목을 사용해요.
- 게이지가 '0'이 되면 스테이지에서 사라지도록 해요.

 해적선1 : '해적선1'이 이동하다 '배'에 닿으면 게임을 종료해요.

❺ '해적선1'의 회전 방식을 '왼쪽-오른쪽'으로 정하고, '배'에 닿으면 게임을 종료하도록 그림과 같이 코드를 완성합니다.

시작 : 게임이 종료되면 스테이지에 '게임 종료' 모양이 표시돼요.

❻ '게임 종료' 신호를 받으면 '게임종료' 모양으로 나타나 게임을 종료하도록 그림과 같이 코드를 완성합니다.

3 게이지 표시하기

'해적선'을 따라 해당 '게이지'가 이동하도록 설정해 보세요.

 게이지1 : '해적선1'을 따라 이동하다 빈 게이지가 되면 '해적선1'과 함께 사라져요.

① 프로젝트가 시작되면 숨겨진 '게이지1'이 '해적선1'을 따라 이동하도록 그림과 같이 코드를 완성합니다.

이벤트 형태 제어 동작

② '게이지1표시' 신호를 받으면 '게이지1'이 나타나도록 그림과 같이 코드를 완성합니다.

이벤트 형태

③ '게임 시작' 신호를 받으면 게이지 모양을 '해적선 게이지' 리스트의 첫 번째 항목으로 변경하고, '해적선 게이지' 값이 '1'보다 작아지면 '게이지1'을 숨기도록 그림과 같이 코드를 완성합니다.

이벤트 제어 형태 변수 연산

쓱쓱! 코드 이해하기

'게이지1'이기 때문에 '해적선 게이지' 리스트의 '1' 번째 항목을 사용해요.

4 해적선과 게이지 추가하기

추가하고 싶은 만큼 '해적선'과 '게이지'를 설정해 보세요.

❶ '해적선1'를 선택한 후 '해적선 게이지' 항목 수('10')만큼 복제하고 스프라이트의 위치와 방향을 변경해 봅니다.

 쏙쏙! 코드 이해하기

'해적선 게이지' 리스트의 항목을 '3'개로 설정하고 '게이지 표시' 신호를 '3'개 만들었다면 '해적선'도 '3'개로 만들어요.

❷ '해적선2' 스프라이트를 선택한 후 스프라이트의 'x좌표'와 'y좌표', '해적선 게이지' 리스트의 항목 위치와 '게이지 표시' 신호 이름을 해당 해적선에 맞게 설정합니다.

❸ ❷와 같은 방법으로 '해적선3'~'해적선10'의 '해적선 게이지' 리스트의 항목 위치와 '게이지 표시' 신호 이름을 변경해 봅니다.

❹ 스프라이트 목록에서 '게이지1'을 선택한 후 '해적선 게이지' 항목 수('10')만큼 복제합니다.

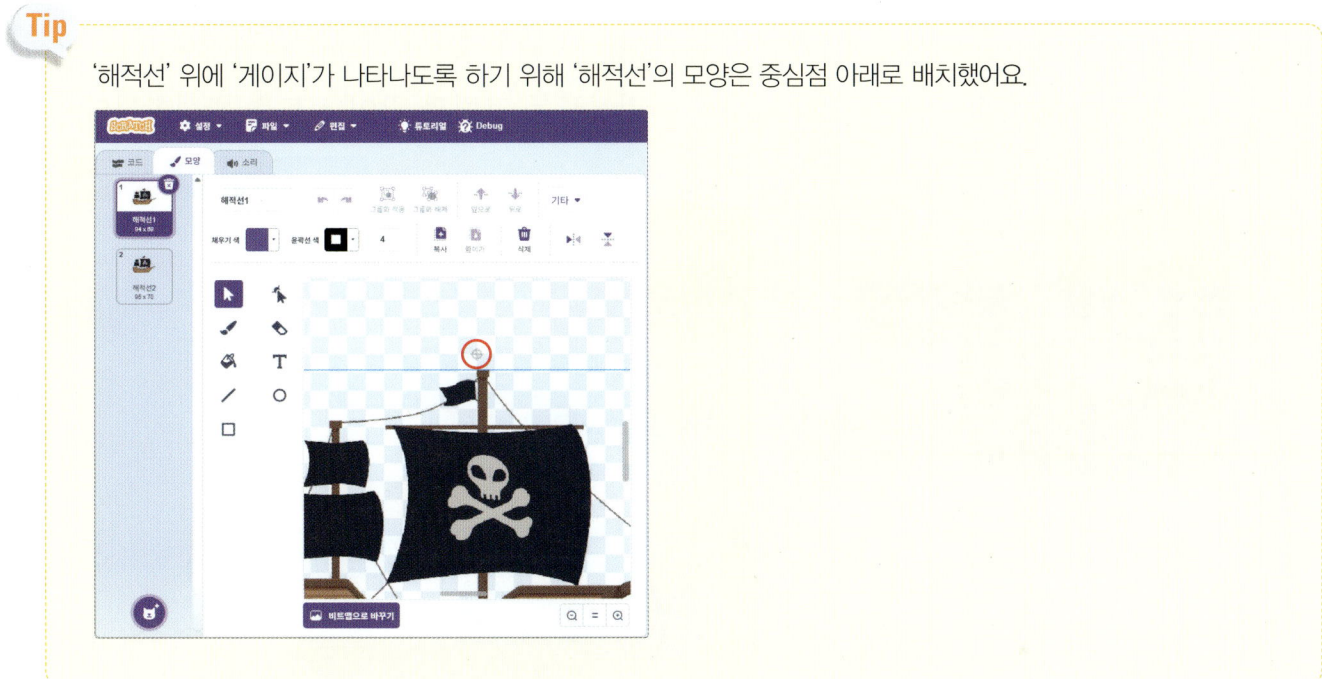

Tip
'해적선' 위에 '게이지'가 나타나도록 하기 위해 '해적선'의 모양은 중심점 아래로 배치했어요.

❺ '게이지2'를 선택한 후 '해적선' 번호와 '게이지 표시' 신호 이름을 해당 게이지에 맞게 설정합니다.

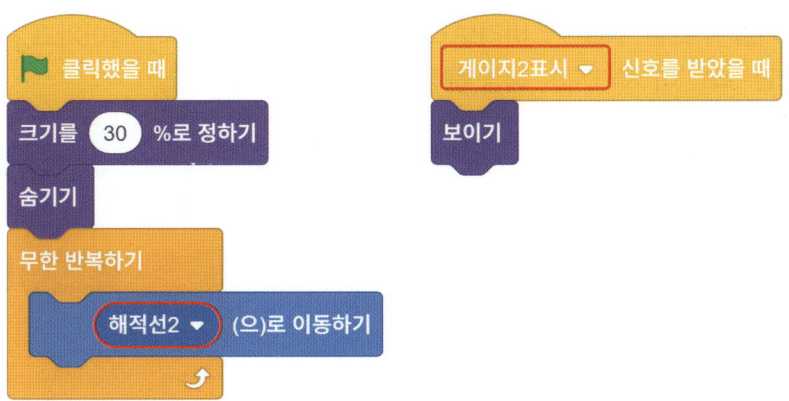

❻ 해적선을 더 추가하고 싶다면 해적선 수만큼 신호를 생성하고, '해적선'과 '게이지' 스프라이트를 복제한 뒤 코드를 해당 스프라이트에 맞게 변경합니다.

5. 폭탄 발사하기

'대포'가 폭탄을 발사할 수 있도록 설정해 보세요.

 대포 : 게임이 시작되면 키보드의 좌우 화살표키로 '대포'의 방향을 변경할 수 있어요.

① 프로젝트가 시작되면 위치와 크기를 초기화하고, '게임 시작' 신호를 받았을 때 키보드의 좌우 화살표키를 누르면 '대포'가 해당 방향을 바라보도록 그림과 같이 코드를 완성합니다.

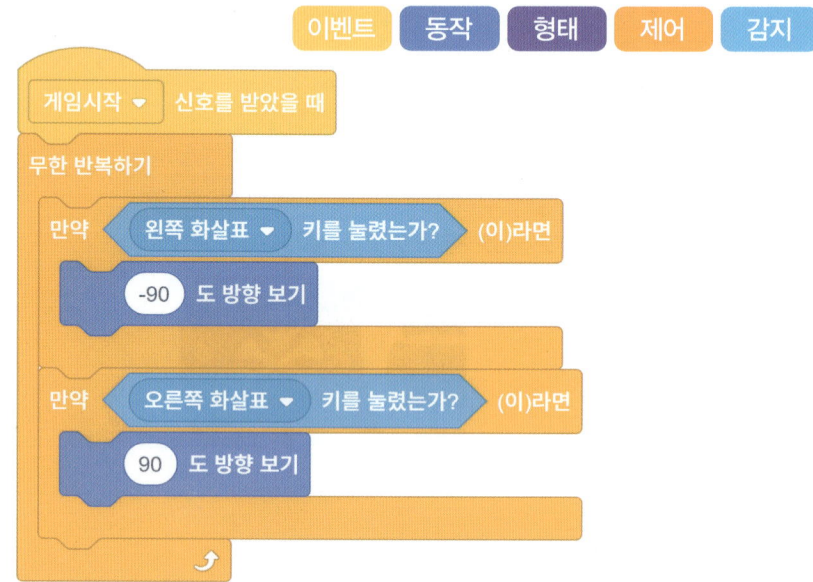

 폭탄 : '스페이스'키를 누르면 '대포'가 바라보고 있는 방향으로 '폭탄'이 날아가고, '해적선'에 닿으면 '폭탄'이 사라지며 해당 해적선의 게이지가 줄어요.

② 프로젝트가 시작되면 '폭탄'이 보이지 않도록 그림과 같이 코드를 완성합니다.

❸ '게임 시작' 신호를 받았을 때 '스페이스'키를 누르면 '0.1'초 간격으로 '폭탄'이 복제되도록 그림과 같이 코드를 완성합니다.

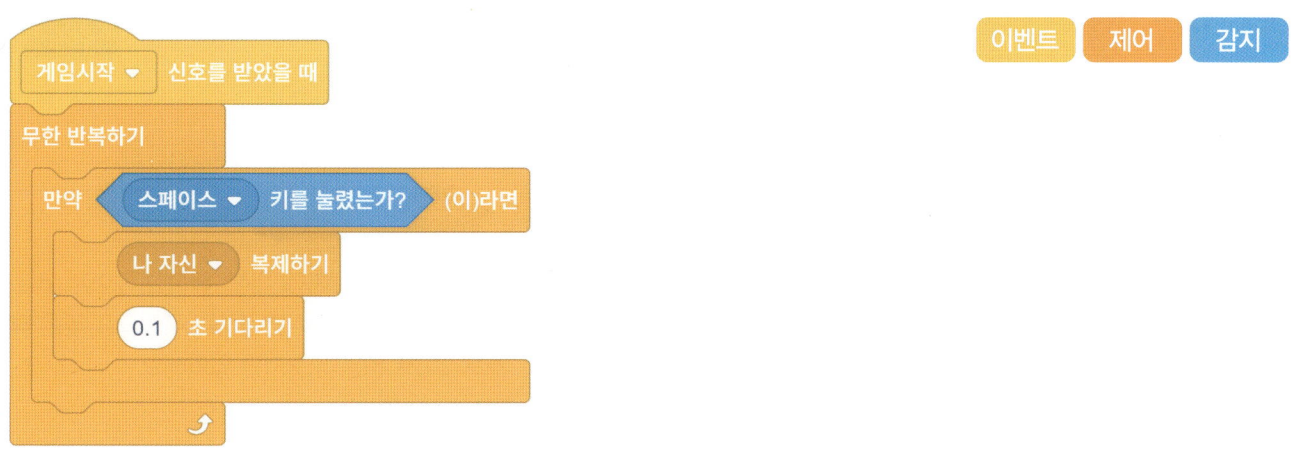

❹ 복제된 '폭탄'이 '대포' 위치에서 나타나 '대포'의 방향으로 날아가도록 그림과 같이 코드를 완성합니다.

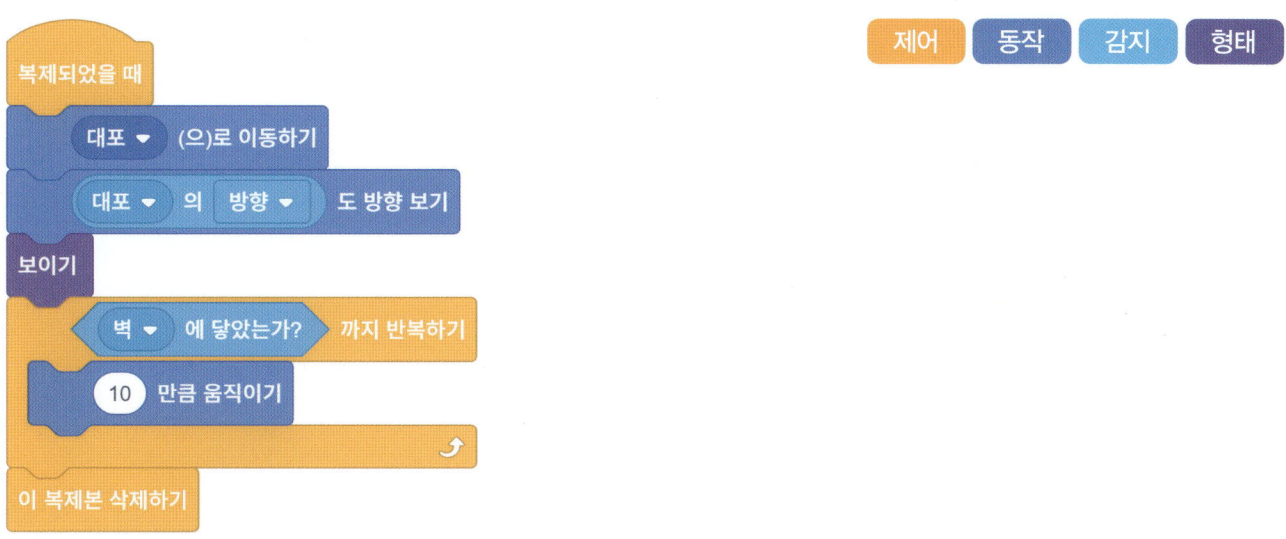

❺ 반복되는 코드를 함수로 정의하여 사용하기 위해 '충돌 함수'를 생성하고, '해적선'이 '폭탄'에 닿을 때마다 해당 '해적선 게이지'가 '1'씩 줄어들고, '폭탄'은 사라지도록 그림과 같이 코드를 완성합니다.

❻ '폭탄'이 '해적선1'에 닿으면 '충돌 함수'를 호출하여 해적선 이름의 숫자 '1'을 전달하도록 그림과 같이 코드를 완성합니다.

> 쏙쏙! 코드 이해하기
>
> 함수로 정의된 블록에 의해 '해적선 게이지' 리스트의 '입력값' 번째 항목을 변경하는 것이므로 닿은 해적선 스프라이트 이름의 숫자만 입력해요.

❼ 이후 복제한 '해적선' 개수만큼 '해적선'에 닿았는지 확인하는 블록을 추가하고 닿은 해적선 이름과 같은 함수 블록의 숫자를 입력합니다.

배 : 프로젝트가 시작되면 '배'의 원래 위치에 나타나요.

❽ 프로젝트가 시작되면 위치와 크기를 지정하도록 그림과 같이 코드를 완성합니다. 이어서 프로젝트를 실행하여 키보드의 키를 눌러 대포를 발사하고 해적선들을 물리쳐 봅니다.

156 _ 꿀꺽코딩 스크래치3.0 메이커

20 스스로 코딩

· 예제 파일 : 20강 박쥐 퇴치(예제).sb3   · 완성 파일 : 20강 박쥐 퇴치(완성).sb3

 **1** 예제 파일을 불러와 '박쥐 게이지'에 따라 배경이 바뀌도록 코딩해 보세요.

 배경
① '박쥐 게이지' 리스트에 '3'개의 항목을 추가해요.
② '박쥐 게이지' 리스트의 항목 수와 '제거 횟수' 변숫값이 같으면 '낮'으로 변경해요.
③ '낮'이 되면 프로젝트를 종료해요.

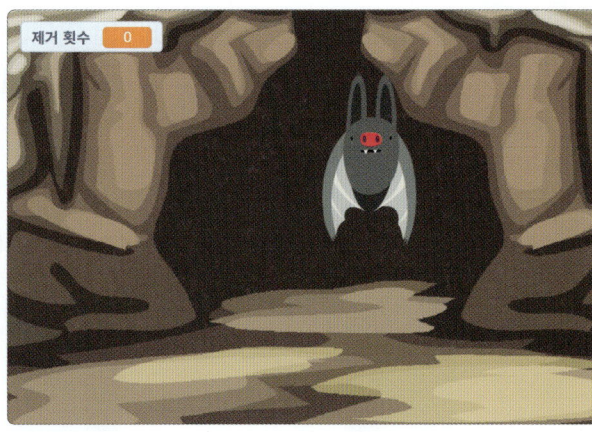

 **2** '박쥐'를 클릭하면 '게이지'가 감소하도록 코딩해 보세요.

 박쥐1, 게이지1
① '박쥐'가 랜덤 시간을 기다린 후 랜덤 방향으로 이동해요.
② '박쥐'를 클릭하면 '박쥐 게이트' 리스트의 항목이 '1'만큼 감소해요.
③ '박쥐 게이트' 리스트의 항목이 '1'보다 작으면 '제거 횟수' 변숫값을 '1'만큼 증가해요.
④ '게이지'는 '박쥐 게이지' 리스트의 항목에 따라 모양을 바꿔요.

| 힌트 | · '박쥐1', '게이지1' 스프라이트를 복제하여 '3'개의 '박쥐'와 '게이지'를 만들어요.
· 복제한 '박쥐', '게이지'의 '박쥐 게이트' 리스트의 항목과 '게이지표시' 신호를 변경해요.

21 이메일 아이디 만들기

학습목표
- 입력한 대답을 아이디, 비밀번호 리스트에 추가할 수 있어요.
- 아이디 리스트에 중복된 아이디가 있다면 다른 아이디를 입력하도록 질문해요.
- 비밀번호 표시 변숫값을 특수문자로 바꿔 표시할 수 있어요.

오늘의 작품은?

학교에서 온라인 수업과 알림장을 받으려면 이메일이 필요해요. 사이트에서 가입하기 버튼을 눌러 나만의 이메일 아이디와 비밀번호를 만들어 볼까요? 아차! 이미 가입된 아이디는 사용할 수 없으니 주의해요! 이제 학교 이메일로 소식을 주고 받을 준비가 되었어요!

• 예제 파일 : 21강 아이디 만들기(예제).sb3   • 완성 파일 : 21강 아이디 만들기(완성).sb3

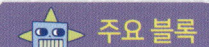 주요 블록

[너 이름이 뭐니? 라고 묻고 기다리기]   [항목 을(를) 비밀번호▼ 에 추가하기]

[비밀번호 표시▼ 을(를) ( ) 로 정하기]   [가위 와(과) * 결합하기]

1 가입 기능 설정하기

가입하기를 클릭하면 입력창을 스테이지에 나타나도록 설정해 보세요.

❶ '21강 아이디 만들기(예제).sb3' 파일을 실행하고, [변수] 탭에서 '아이디', '비밀번호' 리스트를 생성하고 모든 변수와 리스트를 숨깁니다.

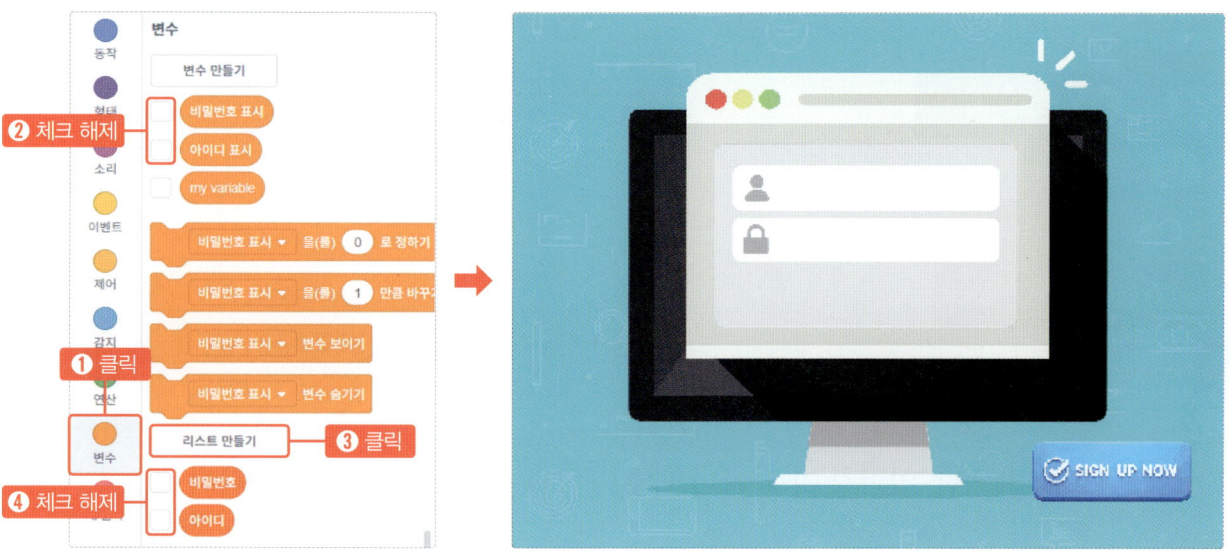

가입하기 : '가입하기'를 클릭하면 아이디를 생성할 수 있어요.

❷ 프로젝트를 시작하면 설정을 초기화한 후 '가입하기'를 클릭하면 '가입시작' 신호를 보내고 '가입하기'가 사라지도록 그림과 같이 코드를 완성합니다.

 **입력창** : 가입이 시작되면 입력창이 나타나요.

❸ 프로젝트가 시작되면 '비밀번호 표시', '아이디 표시' 변수와 '입력창'을 모두 숨기도록 그림과 같이 코드를 완성합니다.

❹ '가입 시작' 신호를 받으면 '입력창'이 나타나도록 그림과 같이 코드를 완성합니다.

 **입력창** : '완료' 신호를 받으면 '입력창'이 다시 사라져요.

❺ '완료' 신호를 받으면 '입력창'이 보이지 않도록 그림과 같이 코드를 완성합니다.

> 쏙쏙! 코드 이해하기
> 아이디를 생성할 때만 '입력창'이 나타나도록 설정해요.

2 가입 완료하기

아이디와 비밀번호를 입력하여 가입을 완료해 보세요.

안내 : 아이디와 비밀번호를 입력하면 가입 완료를 도와줘요.

❶ 프로젝트가 시작되면 스테이지에서 '안내'를 숨기도록 그림과 같이 코드를 완성합니다.

[이벤트] [동작] [형태]

❷ '가입시작' 신호를 받으면 '안내'가 스테이지에 나타나 "가입할 아이디를 입력하세요."를 묻도록 코드를 완성합니다.

[이벤트] [형태] [감지]

❸ 입력한 '대답'이 '아이디' 리스트에 있으면 "입력한 아이디를 사용할 수 없습니다. 다른 아이디를 입력하세요."라고 묻고 기다리도록 그림과 같이 코드를 완성합니다.

[감지] [제어] [연산] [변수]

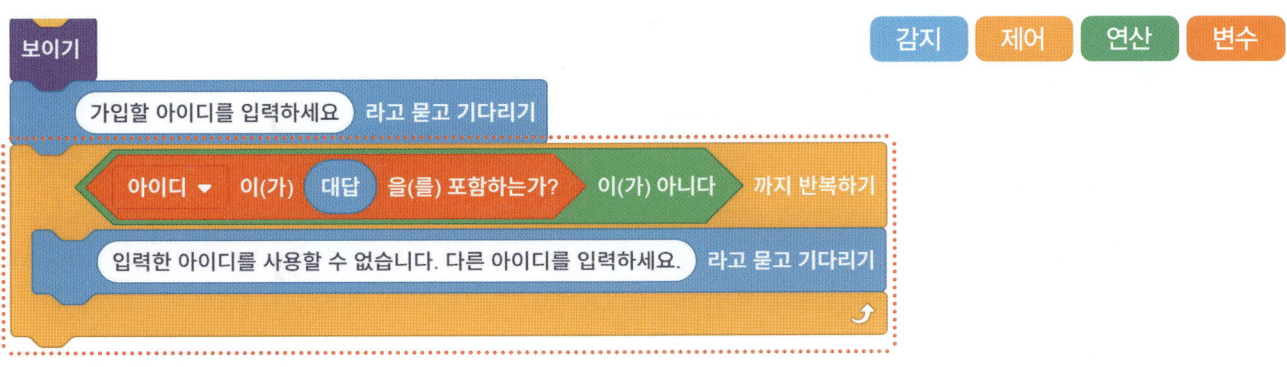

 쏙쏙! 코드 이해하기

사용자가 입력한 아이디가 '아이디' 리스트에 있다면 다른 사용자가 사용 중인 아이디라는 뜻이에요. 다른 아이디를 입력하도록 해요.

❹ 아이디가 중복되지 않으면 '대답'을 '아이디' 리스트에 추가하고 '아이디 표시' 변수가 화면에 보이도록 그림과 같이 코드를 완성합니다.

> 쏙쏙! 코드 이해하기
>
> 입력한 아이디가 보이도록 '아이디 표시' 변수 보이기를 설정해요.

❺ 이어서 사용자에게 "사용할 비밀번호를 입력하세요."라고 묻고 입력한 '대답'을 '비밀번호' 리스트에 기록하도록 그림과 같이 코드를 완성합니다.

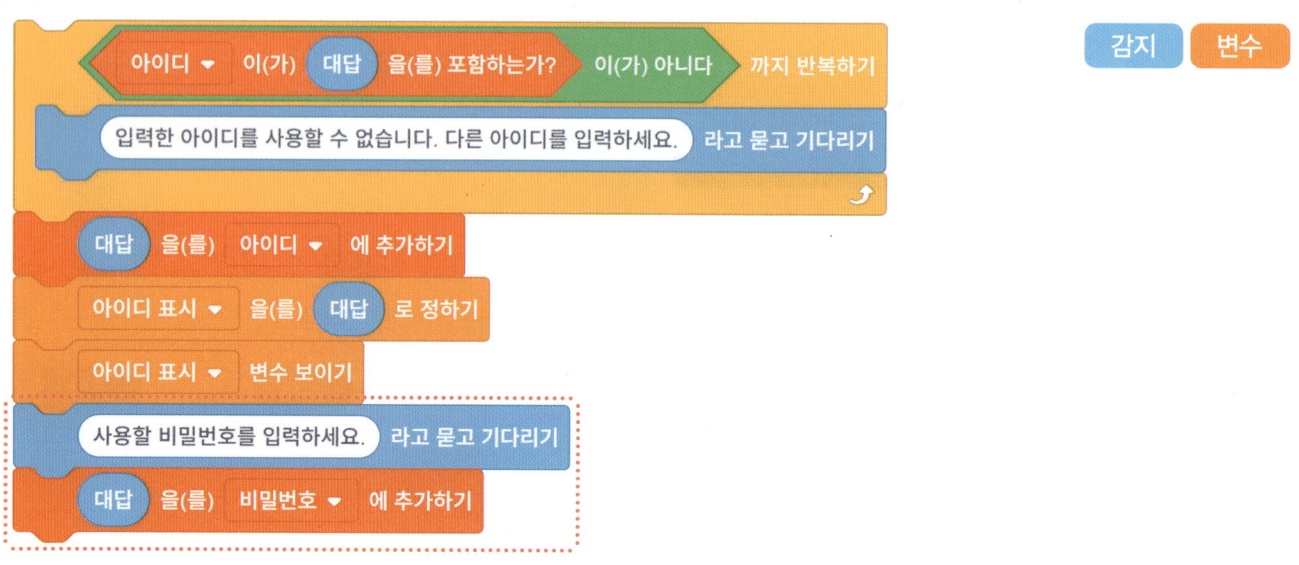

> 쏙쏙! 코드 이해하기
>
> 비밀번호는 다른 사용자와 겹쳐도 괜찮기 때문에 '비밀번호' 리스트에 같은 항목이 있어도 다시 입력받지 않아요.

❻ 입력한 '대답'의 길이만큼 반복하여 '비밀번호 표시' 변숫값이 '*'로 스테이지에 보이도록 그림과 같이 코드를 완성합니다.

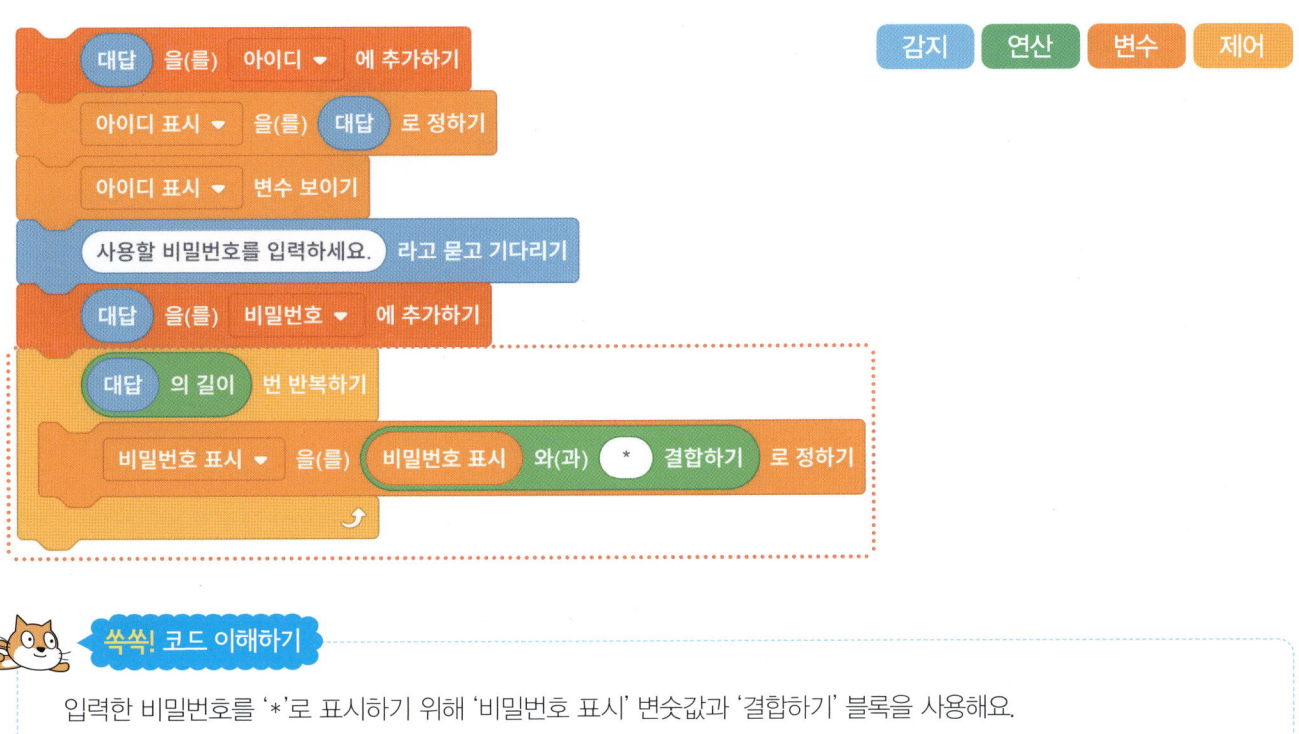

쏙쏙! 코드 이해하기

입력한 비밀번호를 '*'로 표시하기 위해 '비밀번호 표시' 변숫값과 '결합하기' 블록을 사용해요.

❼ '비밀번호 표시' 변수를 보이고 '1'초 뒤 '완료' 신호를 보내도록 그림과 같이 코드를 완성합니다.

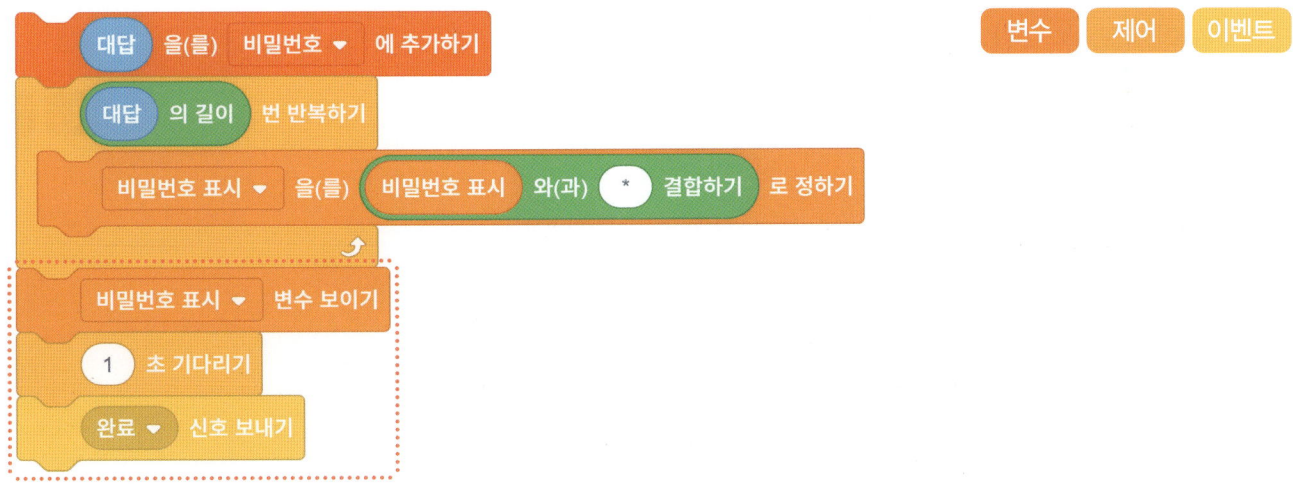

❽ '아이디 표시'와 '비밀번호 표시' 변수를 숨기고 '비밀번호 표시'를 공백으로 초기화하도록 그림과 같이 코드를 완성합니다.

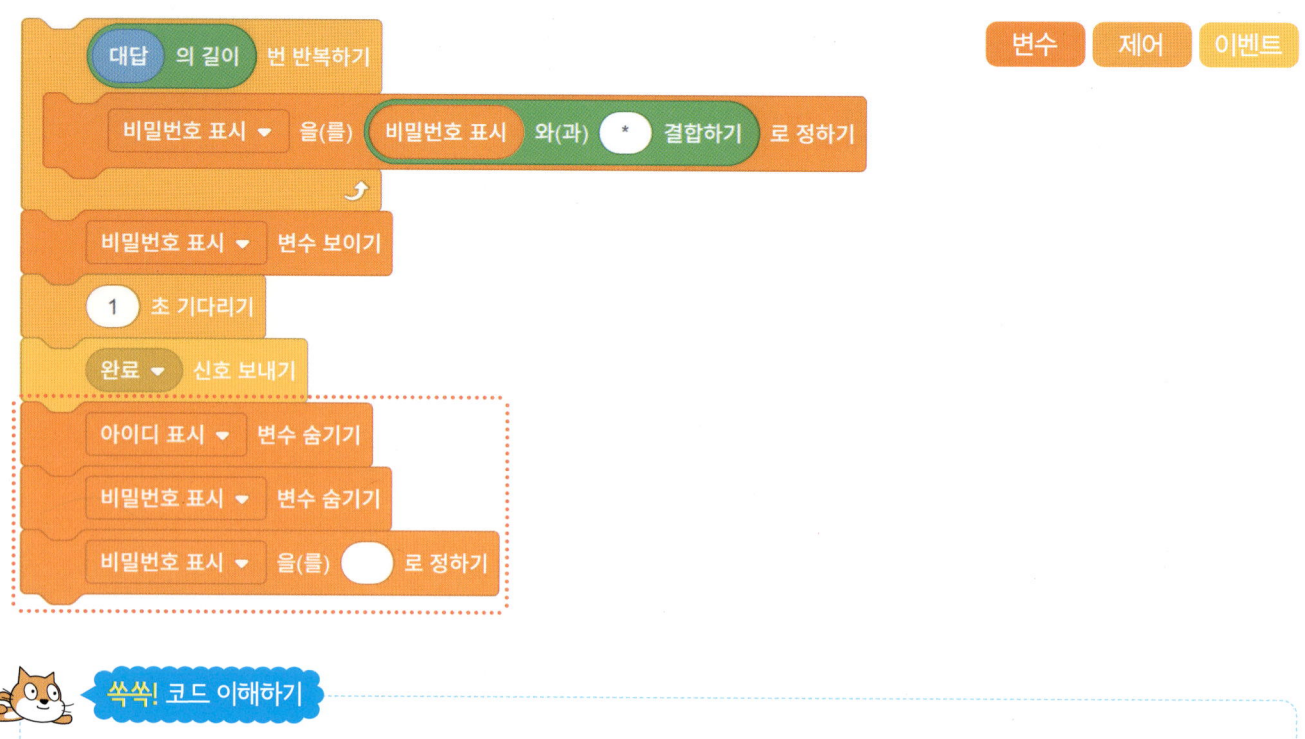

쏙쏙! 코드 이해하기

이전 비밀번호와 연결되어 표시되지 않도록 '비밀번호 표시' 변수를 공백으로 초기화해요.

❾ '안내' 스프라이트가 지정된 위치로 이동하여 "가입이 완료되었습니다."를 '2'초 동안 말하고 사라지도록 그림과 같이 코드를 완성합니다.

❿ 프로젝트를 실행한 후 가입할 아이디와 비밀번호를 생성해 봅니다.

21 스스로 코딩

• 예제 파일 : 21강 닉네임 설정하기(예제).sb3   • 완성 파일 : 21강 닉네임 설정하기(완성).sb3

미션 1 예제 파일을 불러와 사용할 닉네임을 생성하도록 코딩해 보세요.

	버튼	① '닉네임' 리스트와 '생성 확인' 신호를 생성하고 리스트를 숨겨요. ② '버튼'을 클릭하면 사용할 닉네임을 입력해요. ③ 입력한 '대답'이 '닉네임' 리스트에 포함되어 있으면 다른 닉네임을 입력해요. ④ 입력한 '대답'을 '닉네임' 리스트에 추가해요.

미션 2 닉네임이 생성되면 닉네임에게 인사하도록 코딩해 보세요.

	접속 확인	'생성 확인' 신호를 받으면 '닉네임'과 함께 "00님 반갑습니다."를 '2'초 말해요.

22 로그인 설정하기

학습목표
- 로그인 버튼을 클릭했을 때 모양이 로그인이면 신호를 보내요.
- 아이디 리스트의 순서 변숫값 번째 항목이 대답이면 반복을 중단해요.
- 비밀번호 리스트의 순서 변숫값 번째 항목이 대답이면 로그인할 수 있어요.

학교 이메일에 접속하려면 이전에 생성한 아이디와 비밀번호를 입력해야 해요. 아이디나 비밀번호를 잘못 입력하면 이메일에 접속할 수 없으니 반드시 내가 개설한 아이디와 비밀번호를 입력했는지 확인해요. 학교 이메일에 아이디와 비밀번호로 로그인 해봐요!

· 예제 파일 : 22강 로그인 설정하기(예제).sb3   · 완성 파일 : 22강 로그인 설정하기(완성).sb3

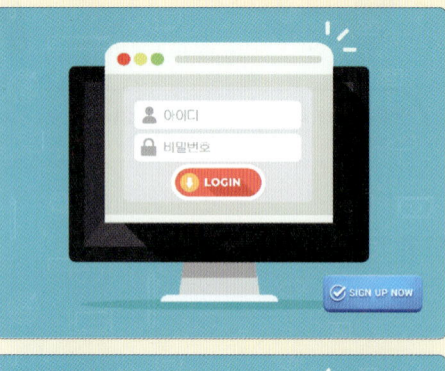

 주요 블록

1 로그인 기능 설정하기

로그인을 클릭하고 아이디와 비밀번호 입력창이 나타나도록 설정해 보세요.

❶ '22강 로그인 설정하기(예제).sb3' 파일을 실행하고 [변수] 탭에서 '순서', '아이디 기록' 변수를 생성하고, 모든 변수를 숨깁니다.

로그인 : '로그인'을 클릭하면 '로그인' 또는 '로그아웃' 신호를 보내요.

❷ 프로젝트를 시작하면 '로그인'을 클릭했을 때 모양 이름이 "로그인"이라면 '로그인' 신호를 보내도록 그림과 같이 코드를 완성합니다.

❸ '로그인'의 모양 이름이 "로그인"이 아니라면 '로그아웃' 신호를 보내고 '로그인' 모양으로 변경하도록 그림과 같이 코드를 완성합니다.

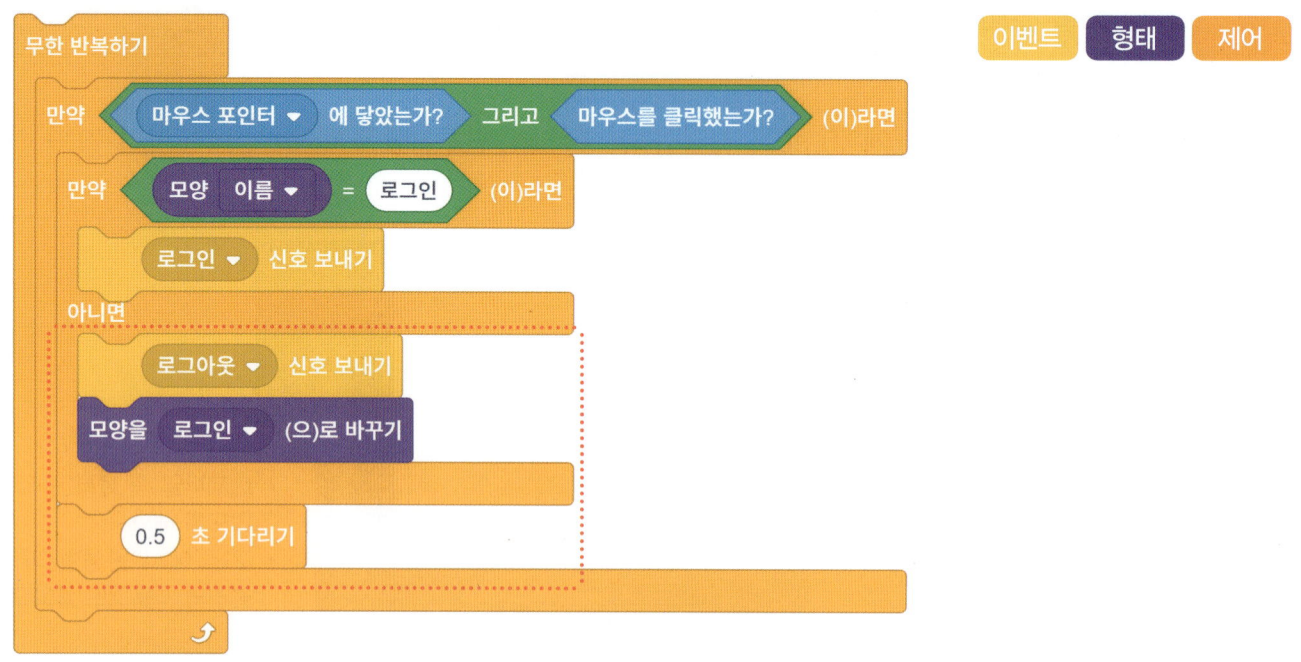

> 쏙쏙! 코드 이해하기
>
> 모양 이름이 "로그인"이 아니면 이미 로그인이 되어 있는 상태이므로 로그아웃하고 다시 로그인할 수 있도록 모양을 '로그인'으로 변경해요.

❹ '로그인 설정' 신호를 받으면 모양이 '로그아웃'으로 변경하도록 그림과 같이 코드를 완성합니다.

❺ '가입시작' 신호를 받으면 '로그인'을 스테이지에서 숨기고, '완료' 신호를 받으면 '2'초를 기다린 후 스테이지에 보이도록 그림과 같이 코드를 완성합니다.

> 쏙쏙! 코드 이해하기
>
> 가입한 후 로그인 메시지가 표시되는 동안 기다리도록 '완료' 신호를 받으면 잠시 후 화면에 나타나요.

 입력창 : '로그인' 신호를 받으면 스테이지에 나타나고, '로그인 설정' 신호를 받으면 숨겨져요.

❻ '로그인' 신호를 받으면 '입력창'이 스테이지에 나타나도록 그림과 같이 코드를 완성합니다.

이벤트 형태

❼ '로그인 설정' 신호를 받으면 '입력창'이 스테이지에서 숨겨지도록 그림과 같이 코드를 완성합니다.

이벤트 형태

 입력창 : '로그아웃' 신호를 받으면 스테이지에 나타나요.

❽ '로그아웃' 신호를 받으면 '입력창'이 스테이지에서 나타나도록 그림과 같이 코드를 완성합니다.

이벤트 형태

2 로그인 시도하기

아이디와 비밀번호를 입력하여 로그인을 시도해 보세요.

 **안내** : '로그인'을 누르면 '안내'가 나타나 아이디와 비밀번호를 물어보고, 로그인을 도와줘요.

❶ '로그인' 신호를 받으면 '안내'가 나타나 "로그인 할 아이디를 입력하세요."라고 묻고 입력한 '대답'이 '아이디' 리스트에 없다면 "입력하신 아이디가 존재하지 않습니다. 다시 입력하세요."를 묻도록 그림과 같이 코드를 완성합니다.

❷ '아이디' 리스트의 항목 수만큼 반복하며 리스트에 있는 항목과 입력한 아이디가 같다면 '아이디 기록' 변숫값으로 정하고 '아이디 기록' 변수를 보이도록 그림과 같이 코드를 완성합니다.

쏙쏙! 코드 이해하기

'아이디' 리스트에 '대답'과 같은 항목이 있으면 '아이디 기록' 변숫값으로 저장해요.

❸ '안내'가 "비밀번호를 입력하세요."라고 묻고 입력한 대답이 사용자의 비밀번호가 아니라면 "비밀번호가 틀렸습니다. 다시 입력하세요."라고 물은 후 기다리도록 그림과 같이 코드를 완성합니다.

쏙쏙! 코드 이해하기

아이디와 비밀번호는 '아이디', '비밀번호' 리스트의 같은 순서에 저장되므로 '순서' 변수를 활용하여 아이디에 맞는 비밀번호를 확인하도록 해요.

❹ 입력받은 비밀번호 길이만큼 반복하여 '*' 표시로 결합한 '비밀번호 표시' 변수가 보이도록 그림과 같이 코드를 완성합니다.

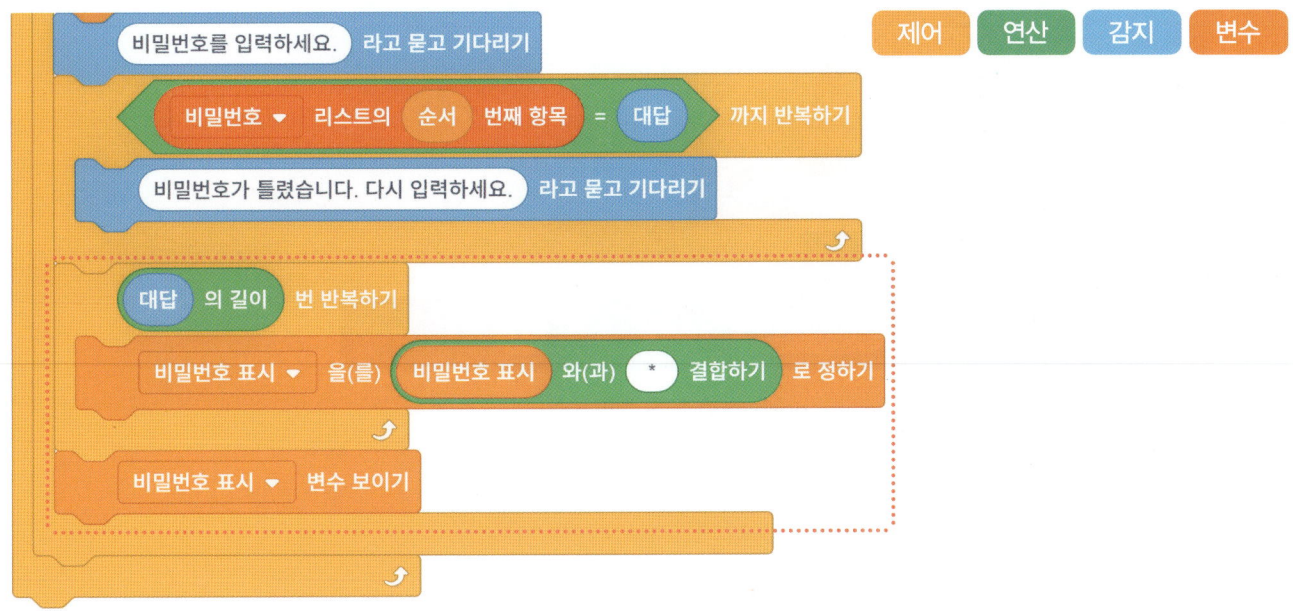

❺ '1'초 뒤 '로그인 설정' 신호를 보내고 '아이디 기록', '비밀번호 표시' 변수를 숨기도록 그림과 같이 코드를 완성합니다.

쏙쏙! 코드 이해하기

이전 비밀번호와 연결되어 표시되지 않도록 '비밀번호 표시' 변수를 공백으로 초기화해요.

❻ '안내'가 지정된 위치로 이동하여 '1'초 동안 입력한 아이디와 "님 반갑습니다." 메시지를 결합하여 말하고 스크립트를 종료하도록 그림과 같이 코드를 완성합니다.

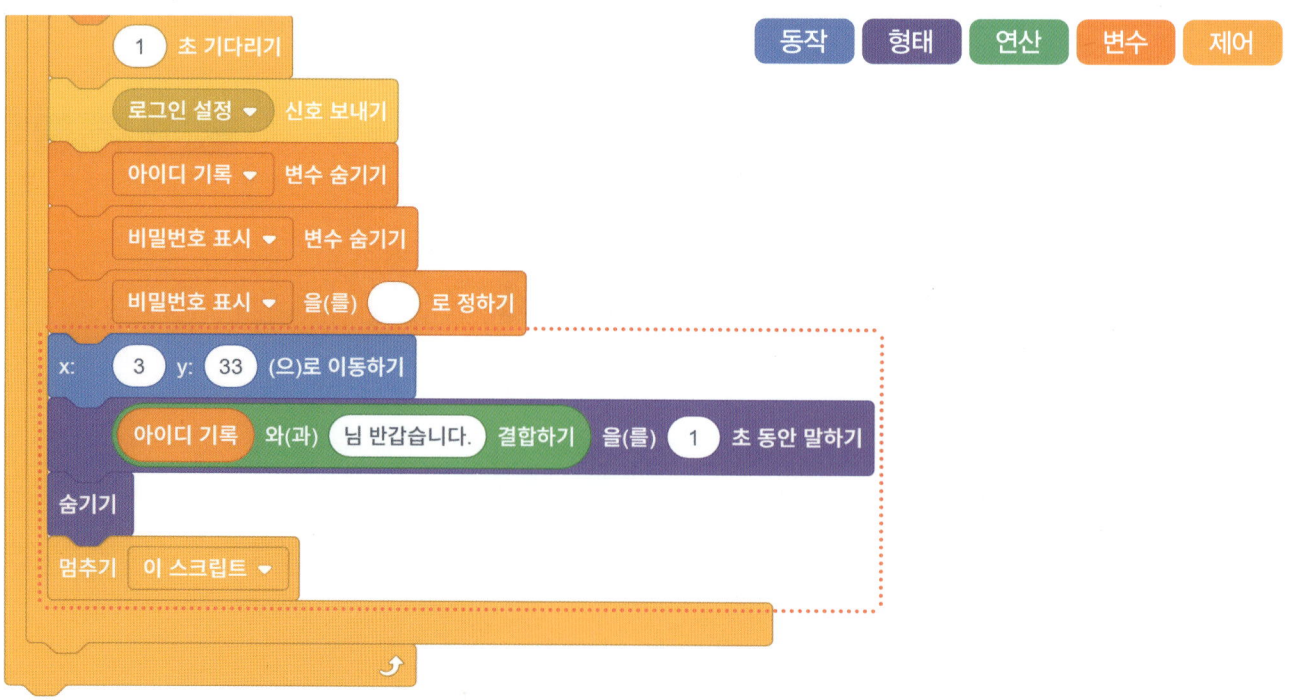

3 가입하기 버튼 설정하기

'로그인'이 되면 숨기고, '로그아웃'이 되면 다시 나타나도록 설정해 보세요.

 가입하기 : 로그인되면 '가입하기'가 사라지고, 로그아웃되면 '가입하기'가 다시 나타나요.

❶ '로그인' 신호를 받으면 '가입하기'를 숨기도록 그림과 같이 코드를 완성합니다.

❷ '로그아웃' 신호를 받으면 '가입하기'를 다시 클릭할 수 있도록 그림과 같이 코드를 완성합니다.

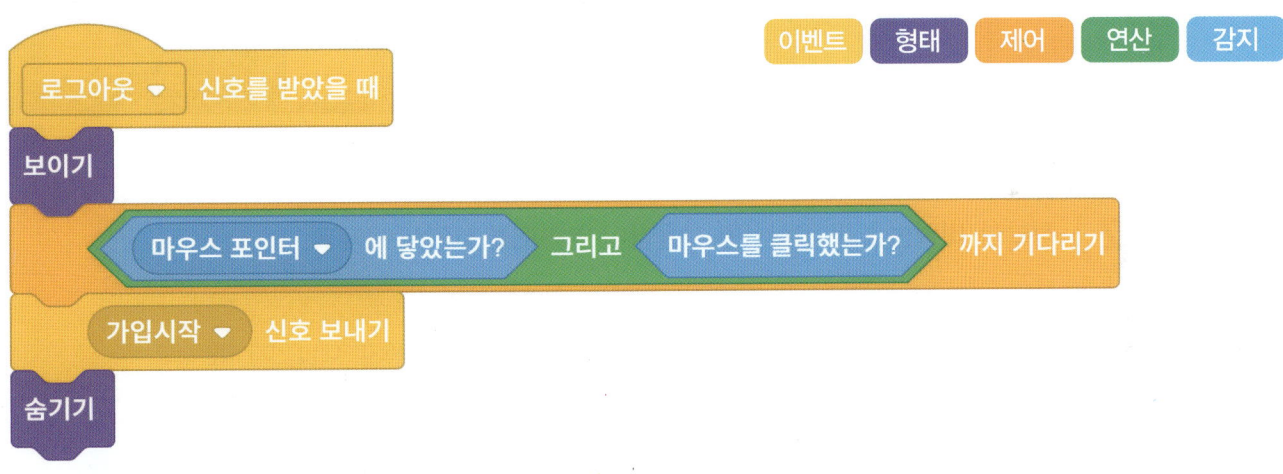

 쏙쏙! 코드 이해하기

- '로그아웃' 신호를 받으면 다시 가입할 수 있도록 '가입하기' 버튼을 스테이지에 보여요.
- '가입하기'를 클릭하면 '가입시작' 신호를 보내 다시 가입을 할 수 있도록 설정해요.

❸ 프로젝트를 실행한 후 등록한 아이디와 비밀번호로 로그인을 시도해 봅니다.

Tip 예제 파일 속 아이디(해람이)와 비밀번호(123456)을 사용하여 로그인해 보세요.

22 스스로 코딩

• 예제 파일 : 22강 사물함 열기(예제).sb3   • 완성 파일 : 22강 사물함 열기(완성).sb3

 예제 파일을 불러와 '번호키'를 클릭하면 비밀번호를 입력하도록 코딩해 보세요.

|  | 번호키 | ① '사용자', '비밀번호' 리스트와 '순서' 변수를 생성해요.
② '사용자', '비밀번호' 리스트 항목에 사용자와 비밀번호를 추가해요.
③ '번호키'를 클릭하여 비밀번호를 입력해요.
④ '비밀번호' 리스트에 '대답'을 포함하지 않으면 다시 입력하도록 해요. |

 정확한 '비밀번호'를 입력하면 사물함이 열리도록 코딩해 보세요.

| | 번호키 | ① '비밀번호' 리스트의 '순서' 변숫값 번째 항목이 '대답'인지 확인해요.
② '비밀번호' 리스트의 '순서' 변숫값 번째 항목이 '대답'이면 사용자의 사물함이 열렸음을 안내해요. |

23 과학 퀴즈 대회 순위

학습목표
- 자료를 입력하면 등수에 맞게 정렬돼요.
- 순위 확인을 클릭하면 등수를 확인할 수 있어요.
- 변수를 이용하여 등수를 출력할 수 있어요.

오늘은 기다리던 과학 퀴즈 대회에요! 대회가 끝나고 참가자들 모두 결과만을 기다리고 있어요. 누가 1등일지, 자신의 점수는 몇 점일지 궁금해요. 그때, 참가자들의 순위가 화면에 나타났어요. 자, 이제 과학 퀴즈 순위를 확인해 볼까요?

• 예제 파일 : 23강 과학 퀴즈 순위(예제).sb3   • 완성 파일 : 23강 과학 퀴즈 순위(완성).sb3

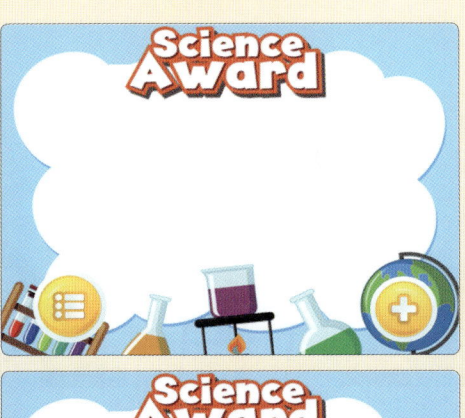

주요 블록

 항목 을(를) 아이디 ▼ 리스트의 1 번째에 넣기   아이디    > 50   아이디 ▼ 리스트의 1 번째 항목

1 자료 입력하기

과학 퀴즈 순위를 알기 위한 아이디와 점수 자료를 추가해 보세요.

❶ '23강 과학 퀴즈 순위(예제).sb3' 파일을 실행하고 [변수] 탭에서 '순서', '입력된 아이디' 변수와 '점수', '아이디' 리스트를 생성한 후 모든 변수와 리스트를 스테이지에서 숨깁니다.

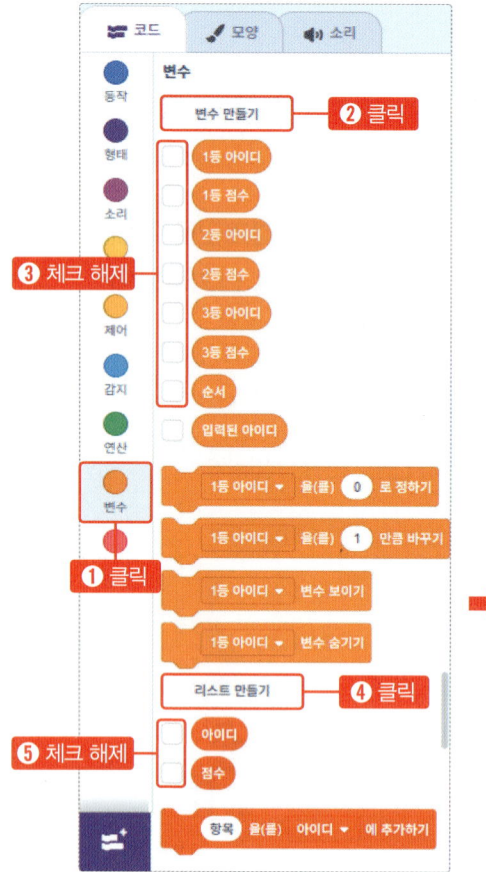

 자료 입력 : '자료 입력'을 클릭하면 아이디와 점수를 입력할 수 있어요.

❷ 프로젝트가 시작되면 위치와 크기를 정하도록 그림과 같이 코드를 완성합니다.

❸ '자료 입력'을 클릭하면 사용자에게 '아이디'와 '점수'를 입력받고, '아이디' 리스트에 항목이 없다면 리스트에 추가하도록 그림과 같이 코드를 완성합니다.

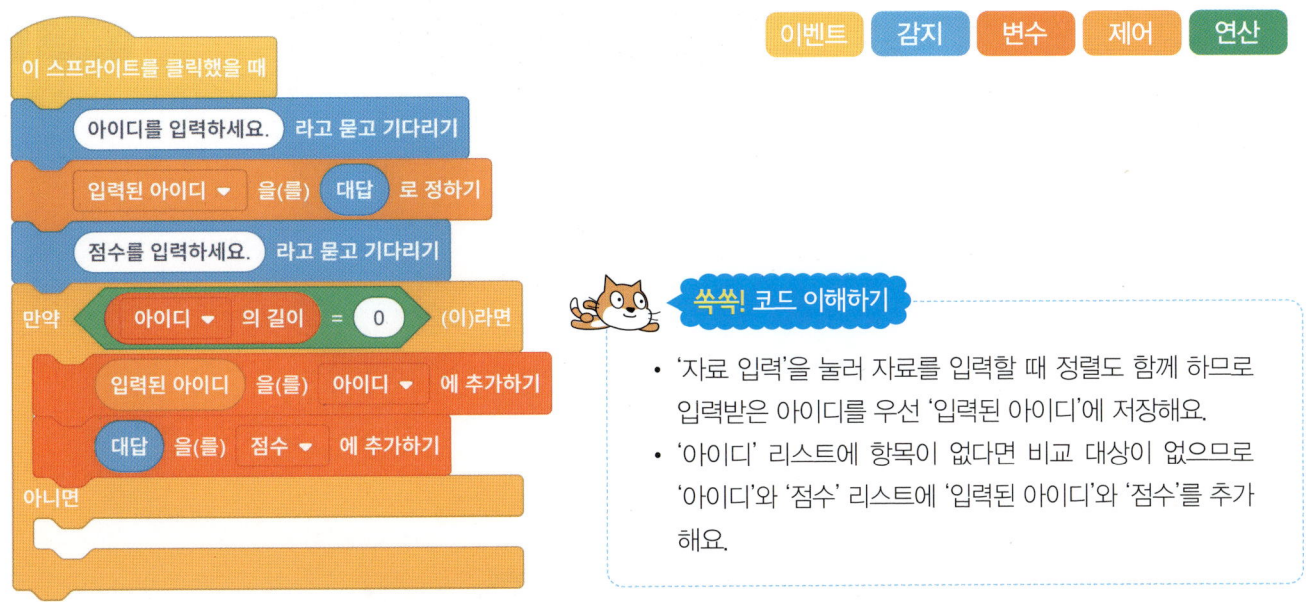

쏙쏙! 코드 이해하기

- '자료 입력'을 눌러 자료를 입력할 때 정렬도 함께 하므로 입력받은 아이디를 우선 '입력된 아이디'에 저장해요.
- '아이디' 리스트에 항목이 없다면 비교 대상이 없으므로 '아이디'와 '점수' 리스트에 '입력된 아이디'와 '점수'를 추가해요.

❹ '아이디' 리스트에 항목이 있다면 '순서' 변수를 활용하여 '점수' 리스트에 있는 이전 자료와 입력한 값을 비교하여 등수에 맞게 저장되도록 그림과 같이 코드를 완성합니다.

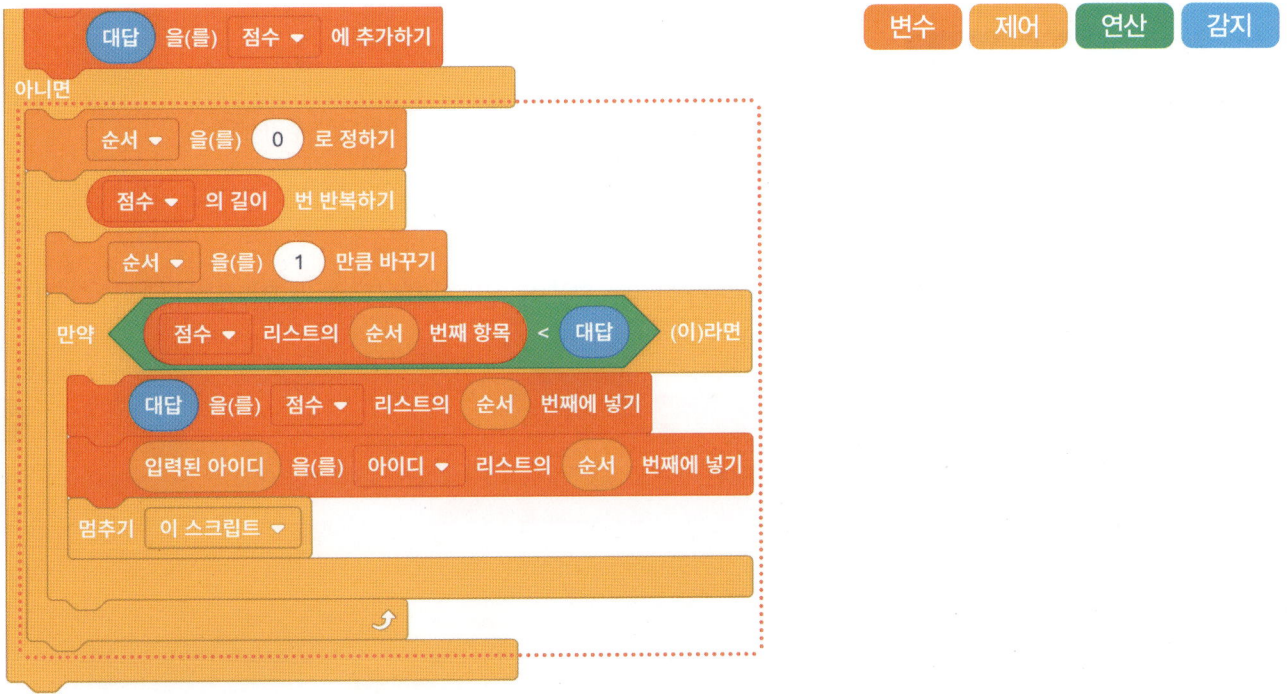

쏙쏙! 코드 이해하기

- '점수' 리스트에 있는 모든 항목을 확인한 후 '대답'보다 작은 항목이 있는지 확인하여 그 위치에 '대답'을 추가해요.
- 이전 항목보다 큰 항목의 값을 현재 위치에 추가하면 높은 점수가 가장 위쪽에 기록되기 때문에 1등부터 순위를 표시할 수 있어요.

❺ '점수' 리스트의 항목들이 입력된 값보다 크다면 입력된 값은 '점수'와 '아이디' 리스트 마지막에 추가하도록 그림과 같이 코드를 완성합니다.

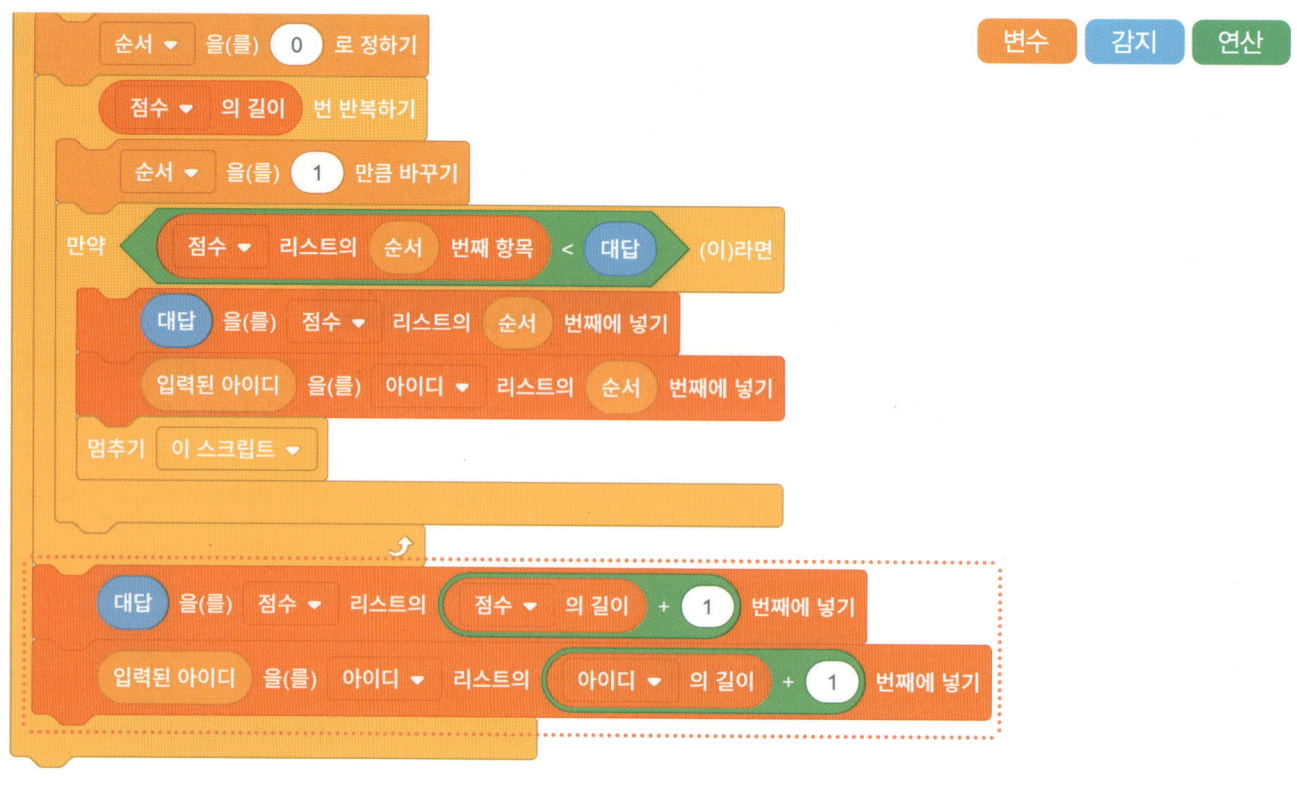

쏙쏙! 코드 이해하기

- '대답'이 '점수' 리스트의 모든 항목보다 작으면 '점수' 리스트의 마지막 항목으로 추가해요.
- '입력된 아이디'도 '점수'와 같이 리스트의 마지막 항목에 추가해요.

❻ 아이디와 점수를 모두 리스트에 추가한 후 "입력 완료"를 '1'초 동안 말하도록 그림과 같이 코드를 완성합니다.

3 순위 표시하기

'순위 확인'을 클릭하면 등수가 표시되도록 설정해 보세요.

 등수 표시 : '순위 확인' 버튼을 누르면 등수 표시가 나타나요.

❶ 프로젝트가 시작되면 설정을 초기화한 후 스테이지에서 숨기고 '랭킹 출력' 신호를 받았을 때 나타나도록 그림과 같이 코드를 완성합니다.

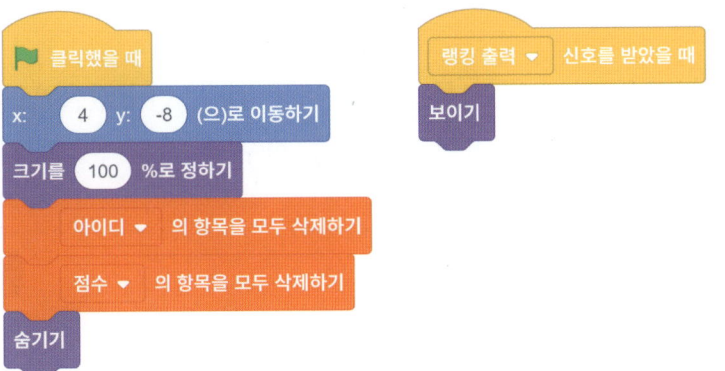

이벤트 　 동작 　 형태 　 변수

 순위 확인 : '순위 확인'을 클릭하면 1등~3등까지 아이디와 점수가 표시돼요.

❷ 프로젝트가 시작되면 '1등 아이디'~'3등 아이디', '1등 점수'~'3등 점수' 변수를 스테이지에서 숨기도록 그림과 같이 코드를 완성합니다.

이벤트 　 동작 　 형태 　 변수

```
클릭했을 때
x: -167 y: -123 (으)로 이동하기
크기를 100 %로 정하기
1등 아이디 ▼ 변수 숨기기
1등 점수 ▼ 변수 숨기기
2등 아이디 ▼ 변수 숨기기
2등 점수 ▼ 변수 숨기기
3등 아이디 ▼ 변수 숨기기
3등 점수 ▼ 변수 숨기기
```

❸ '순위 확인'을 클릭했을 때 '아이디' 리스트에 항목이 있다면 '랭킹 출력' 신호를 보내고, 없다면 '1'초 동안 "정렬할 자료가 없습니다."를 말하도록 그림과 같이 코드를 완성합니다.

❹ '랭킹출력' 신호를 받으면 '1등 아이디'~'3등 아이디', '1등 점수'~'3등 점수' 변숫값을 모두 '00'으로 정하고 '아이디' 리스트의 길이를 이용하여 '1등 아이디'와 '1등 점수'를 찾도록 그림과 같이 코드를 완성합니다.

쏙쏙! 코드 이해하기

'아이디' 리스트의 항목이 '0'보다 크다면 하나 이상의 항목이 있다는 것을 의미해요. 그 중 '1'번째 항목은 가장 높은 점수로 정렬되어 있기 때문에 1등 아이디와 1등 점수가 돼요.

❺ '아이디' 리스트의 길이를 이용하여 '2등 아이디'와 '2등 점수', '3등 아이디'와 '3등 점수'를 찾도록 그림과 같이 코드를 완성합니다.

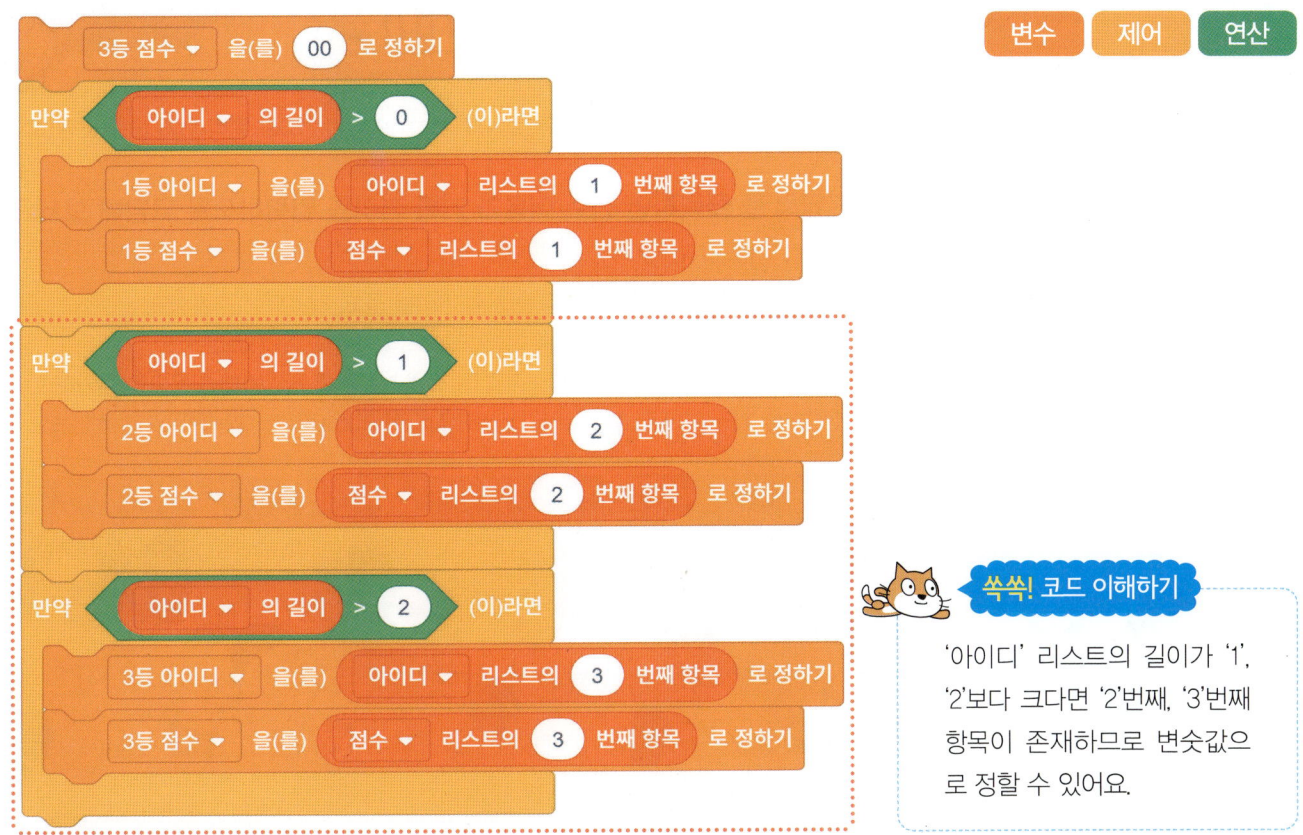

> **쏙쏙! 코드 이해하기**
> '아이디' 리스트의 길이가 '1', '2'보다 크다면 '2'번째, '3'번째 항목이 존재하므로 변숫값으로 정할 수 있어요.

❻ '1등 아이디'~'3등 아이디', '1등 변수'~'3등 변수'가 모두 스테이지에 나타나도록 그림과 같이 코드를 완성합니다.

❼ 프로젝트를 실행한 후 과학 퀴즈의 1~3등을 표시해 봅니다.

23 스스로 코딩

• 예제 파일 : 23강 멀리 뛰기 순위(예제).sb3   • 완성 파일 : 23강 멀리 뛰기 순위(완성).sb3

미션 1 예제 파일을 불러와 '입력'을 클릭하면 선수 이름과 기록 거리를 입력하도록 코딩해 보세요.

 입력

① '입력'을 클릭하면 선수 이름과 기록 거리를 묻고, 리스트에 추가해요.
② '순서' 변수를 이용하여 '기록 거리' 리스트의 항목을 확인해요.
③ '기록 거리' 리스트 항목보다 '대답'이 크면 '순서' 변숫값 번째 항목으로 추가해요.
④ '기록 거리' 리스트 항목보다 '대답'이 작다면 리스트의 마지막 항목으로 추가해요.

미션 2 선수 이름과 기록 거리를 입력하면 스테이지에 보이도록 코딩해 보세요.

 입력

① 프로젝트가 시작되면 모든 변수를 '00'으로 정하고 리스트를 초기화해요.
② '선수 이름' 리스트의 길이가 '0'보다 크면 '1등 이름'을 '1'번째 항목으로 정해요.
③ '기록 거리' 리스트의 길이가 '0'보다 크면 '1등 기록'을 '1'번째 항목으로 정해요.
④ 다른 등수에도 선수 이름과 기록 거리가 표시돼요.

24 키 순서 정렬하기

학습목표
- 오름차순 버튼을 클릭하면 자료가 작은 수에서 큰 수로 정렬돼요.
- 내림차순 버튼을 클릭하면 자료가 큰 수에서 작은 수로 정렬돼요.

 놀이공원에 놀러 가는 날이에요. 놀이기구를 타기 전에 키를 기록해 보았어요. 큰 키부터 정렬하면 롤러코스터 같은 높은 놀이기구를 탈 때 편하고, 작은 키부터 정렬하면 어린이 이용 놀이기구를 탈 때 편리해요. 오름차순과 내림차순으로 정렬해볼까요?

• 예제 파일 : 24강 키 순서 정렬(예제).sb3   • 완성 파일 : 24강 키 순서 정렬(완성).sb3

주요 블록

CHAPTER 24 키 순서 정렬하기 _ **183**

1 오름차순 정렬하기

'오름차순'을 클릭하면 리스트의 항목이 정렬되도록 설정해 보세요.

❶ '24강 키 순서 정렬(예제).sb3' 파일을 실행하고, [변수] 탭에서 '확인 횟수', '순서', '임시 이름 저장소', '임시 키 저장소' 변수를 생성한 후 모든 변수를 스테이지에서 숨깁니다.

쏙쏙! 코드 이해하기

'키', '이름' 리스트는 예제파일에 포함되어 있어요.

 오름차순 : '오름차순'을 클릭하면 키가 작은 수에서 큰 수로 정렬돼요.

❷ 프로젝트가 시작되면 위치와 크기를 초기화하고 '오름차순'을 클릭하면 '확인 횟수' 변숫값에 '키 항목 수'를 입력하도록 그림과 같이 코드를 완성합니다.

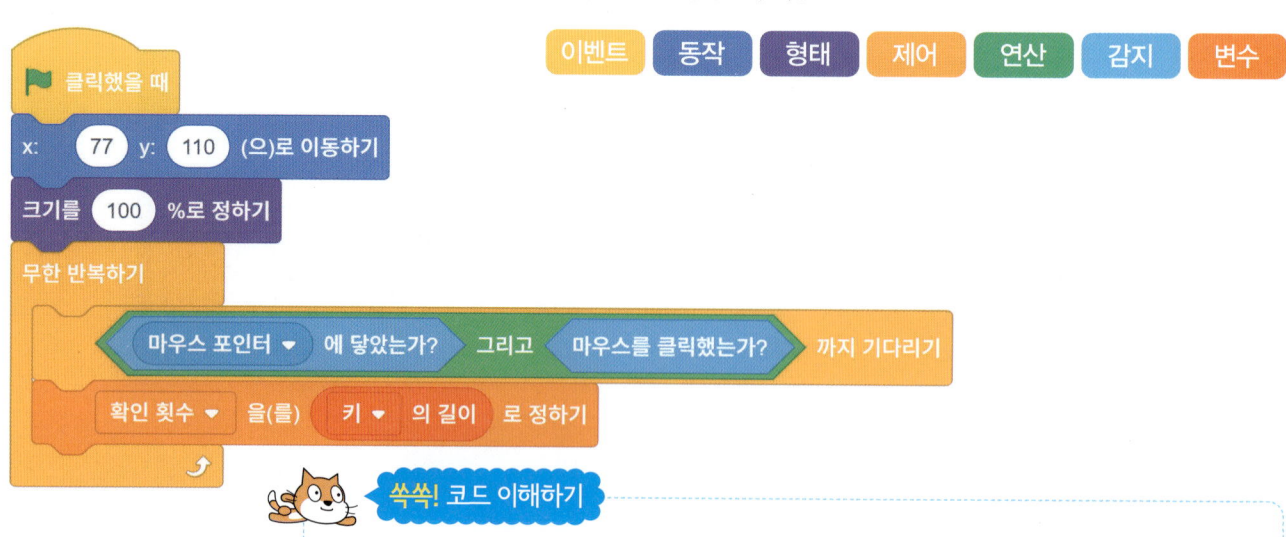

쏙쏙! 코드 이해하기

예를 들어, '10'명의 키를 오름차순으로 정렬하여 줄을 설 때 첫 번째 사람이 두 번째~열 번째 사람들과 키를 비교한 후 자리를 찾아가요. 이 때 이미 확인한 사람을 제외하기 위해 반복 횟수를 '1'만큼씩 조절해야하는데 '확인 횟수'가 조절하는 역할을 하게 돼요.

❸ '키' 리스트에 있는 모든 항목을 비교하기 위해 그림과 같이 코드를 완성합니다.

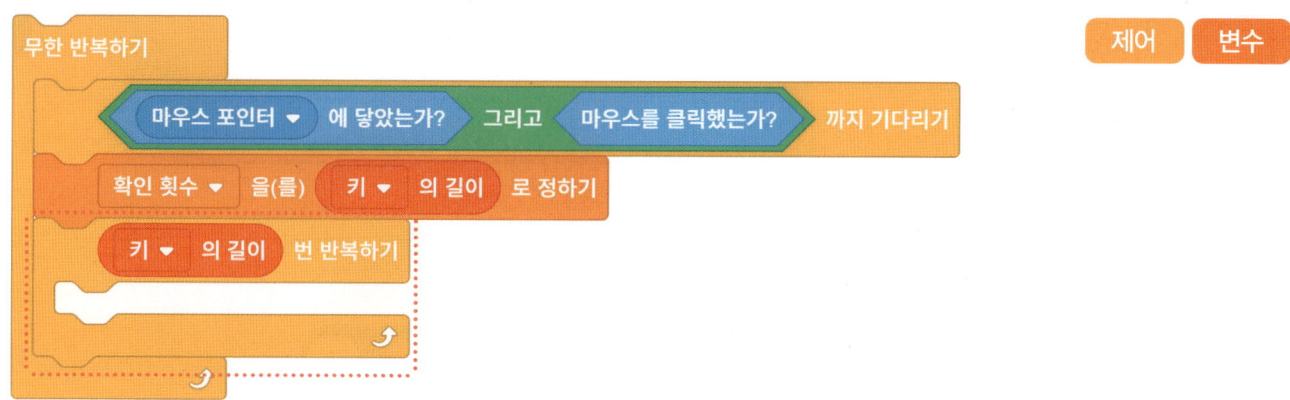

❹ '순서' 변수를 활용하여 리스트의 첫 번째 항목('순서' 변숫값 번째)과 두 번째 항목('순서' 변숫값+'1')을 비교한 후 두 번째 항목이 더 크다면 임시 이름과 키 저장소에 첫 번째 항목을 입력하도록 그림과 같이 코드를 완성합니다.

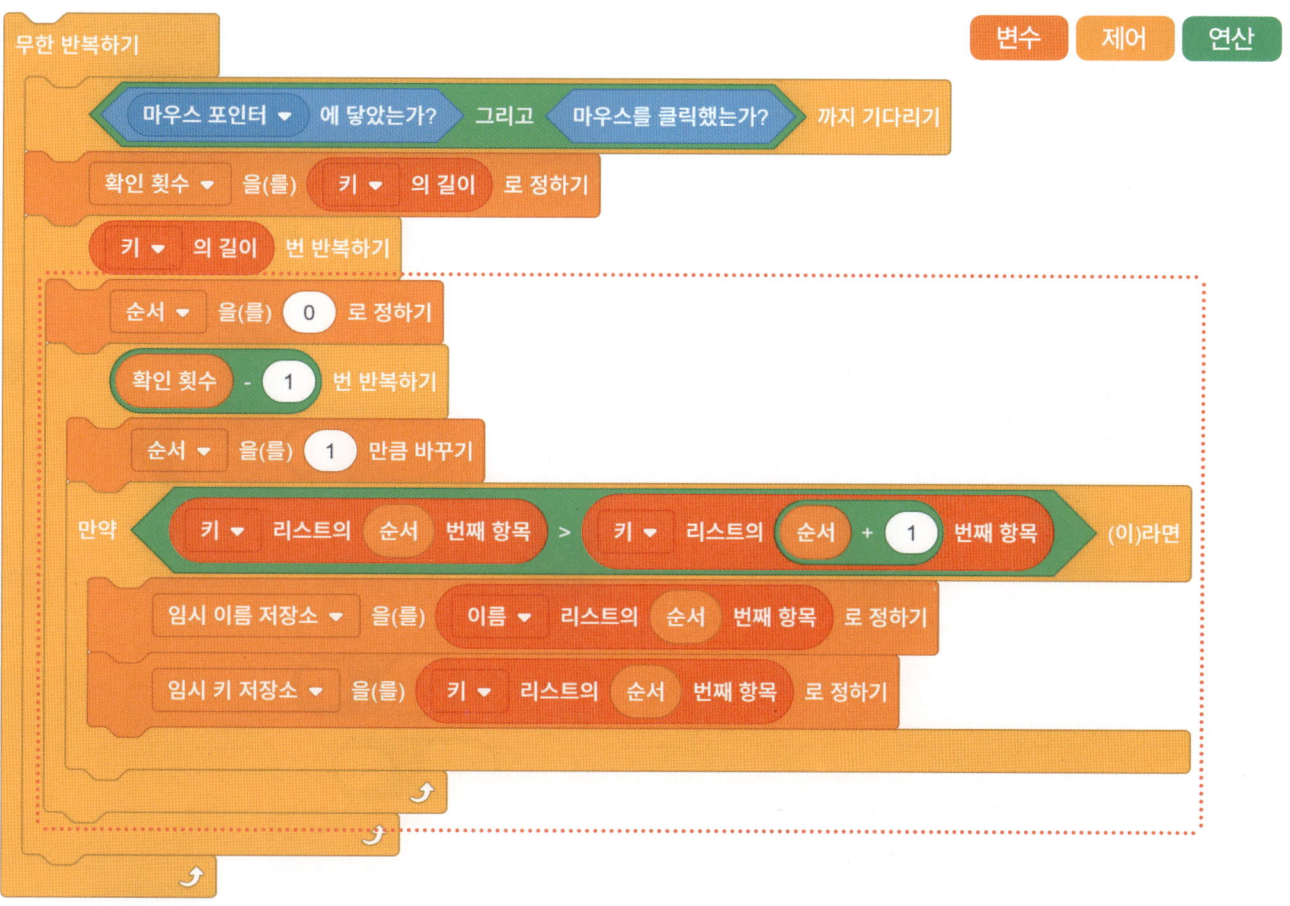

> 쏙쏙! 코드 이해하기
>
> '임시 이름 저장소', '임시 키 저장소' 변수를 활용하여 '키' 리스트의 '순서' 변숫값 번째 항목을 임시 저장해요. 예를 들어, 첫 번째 사람의 키('140')가 두 번째 사람의 키('135')보다 크다면 첫 번째 사람을 두 번째 위치에 이동하기 위해 임시 변수에 저장해요.

CHAPTER 24 키 순서 정렬하기 _ **185**

❺ 이어서 두 번째 항목을 첫 번째 항목 위치로 옮기도록 그림과 같이 코드를 완성합니다.

❻ 임시 변수('임시 이름 저장소', '임시 키 저장소')에 저장한 첫 번째 항목을 두 번째 위치로 옮기도록 그림과 같이 코드를 완성합니다.

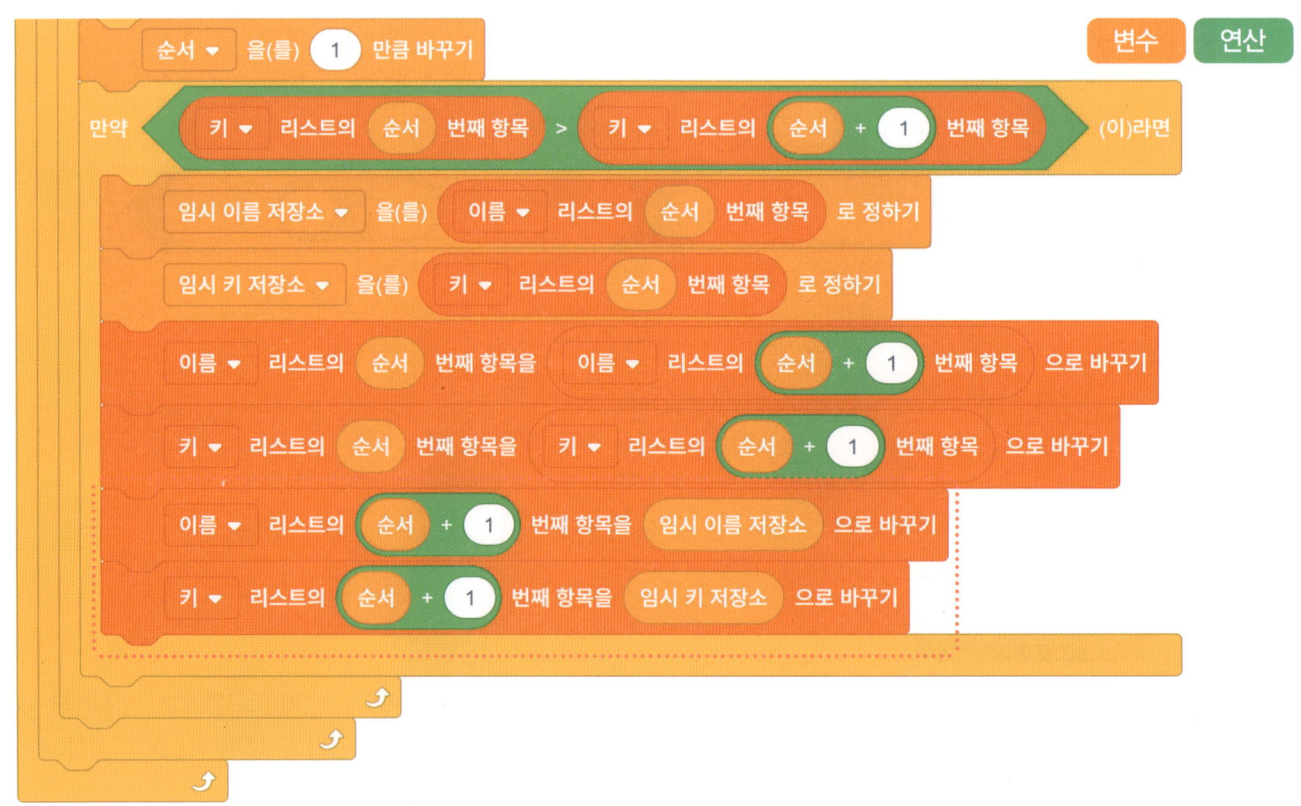

❼ 다음 자료를 비교할 때 정렬이 끝난 자료는 비교하지 않게 '확인 횟수' 변숫값을 '1'만큼 감소시키도록 그림과 같이 코드를 완성합니다.

쏙쏙! 코드 이해하기

리스트의 '1'번째 항목과 '2'번째 항목을 비교하여 정렬을 했으므로 다시 비교하지 않도록 확인 횟수('키' 리스트의 길이)를 '1'번씩 줄이도록 해요.

❽ 정렬을 마치면 "오름차순 정렬 끝!"을 '2'초 동안 말하도록 그림과 같이 코드를 완성합니다.

2 내림차순 정렬하기

리스트의 항목들이 큰 수에서 작은 수로 정렬되도록 설정해 보세요.

 **내림차순** : '내림차순'을 클릭하면 키가 큰 수에서 작은 수로 정렬돼요.

❶ '오름차순' 스프라이트의 코드를 복사하여 '내림차순'에 붙여 넣고 리스트의 항목을 비교하는 부등호('<')를 변경하여 코드를 완성합니다.

쏙쏙! 코드 이해하기

오름차순과 내림차순은 비교하는 리스트의 항목과 정렬하는 방법은 같아요. 리스트의 첫 번째 항목과 두 번째 항목을 비교하는 부등호만 '작다(<)'로 변경하면 내림차순으로 변경돼요.

❷ 프로젝트를 시작한 후 '오름차순'과 '내림차순'을 클릭하여 정렬해 봅니다.

24 스스로 코딩

• 예제 파일 : 24강 줄넘기 기록(예제).sb3   • 완성 파일 : 24강 줄넘기 기록(완성).sb3

미션 1 예제 파일을 불러와 '오름차순'을 클릭하면 작은 수에서 큰 수로 정렬되도록 코딩해 보세요.

 오름차순
① '오름차순'을 클릭하면 '줄넘기 횟수' 리스트 항목 수만큼 자료를 확인하도록 해요.
② '순서' 변수를 이용하여 '이름', '줄넘기 횟수' 리스트를 확인해요.
③ '줄넘기 횟수' 리스트의 첫 번째 항목과 그 다음 항목을 차례대로 비교해요.
④ 리스트의 모든 항목을 비교할 때마다 '확인 횟수' 변숫값이 '1'씩 감소해요.

미션 2 '내림차순'을 클릭하면 큰 수에서 작은 수로 정렬되도록 코딩해 보세요.

 내림차순
① '내림차순'을 클릭하면 '줄넘기 횟수' 리스트 항목 수만큼 자료를 확인하도록 해요.
② '순서' 변수를 이용하여 '이름', '줄넘기 횟수' 리스트를 확인해요.
③ '줄넘기 횟수' 리스트의 첫 번째 항목과 그 다음 항목을 차례대로 비교해요.
④ 리스트의 모든 항목을 비교할 때마다 '확인 횟수' 변숫값이 '1'씩 감소해요.

| 힌트 | '오름차순' 스프라이트의 코드를 이용하고, 항목을 비교하는 부등호를 변경해요.